TULLIAN TCHIVIDJIAN
JESUS + NICHTS = ALLES

JESUS
+
NICHTS
=
ALLES

TULLIAN TCHIVIDJIAN

Grace today
VERLAG

Aus dem Amerikanischen übersetzt von Bettina Krumm.

Die Deutsche Nationalbibliothek verzeichnet diese Publikation in der Deutschen Nationalbibliografie; detaillierte bibliografische Daten sind im Internet über http://dnb.dnb.de abrufbar.

Bibelzitate, sofern nicht anders angegeben, wurden der Schlachter Bibelübersetzung entnommen. Bibeltext der Schlachter, Copyright © 2000 Genfer Bibelgesellschaft. Alle Rechte vorbehalten. Alle Bibelübersetzungen wurden mit freundlicher Genehmigung der Verlage verwendet. Hervorhebungen einzelner Wörter oder Passagen innerhalb von Bibelzitaten wurden vom Autor vorgenommen.

ELB *Revidierte Elberfelder Bibel* © 1985, 1991, 2006, SCM R.Brockhaus im SCM Verlag GmbH & Co. KG, Witten.

LUT *Lutherbibel,* revidierter Text 1984, durchgesehene Ausgabe, © 1999 Deutsche Bibelgesellschaft, Stuttgart.

NEÜ *Neue evangelistische Übersetzung,* Copyright © Karl-Heinz Vanheiden.

NGÜ *Neue Genfer Übersetzung* – Neues Testament und Psalmen, Copyright © 2011 Genfer Bibelgesellschaft.

NLB *Neues Leben Bibel,* Copyright © 2006, SCM R.Brockhaus im SCM-Verlag GmbH & Co. KG, Witten.

Zitate aus den folgenden Bibeln wurden aus dem Englischen übersetzt:

ESV *The Holy Bible, English Standard Version,* Copyright © 2001 by Crossway.

MSG *The Message,* Copyright © by Eugene H. Peterson 2002. NavPress Publishing Group.

Umschlaggestaltung: Dual Identity Inc.
Corporate Design: spoon design, Olaf Johannson
Lektorat: Sonja Yeo, Thilo Niepel
Satz: Grace today Verlag
Druck: CPI – Clausen & Bosse, Leck
Printed in Germany

1. Auflage 2017

Paperback: ISBN 978-3-95933-058-9, Bestellnummer 372058
E-Book: ISBN 978-3-95933-059-6, Bestellnummer 372059

www.gracetoday.de

Für meinen Vater Stephan B. Tchividjian
(29.07.1939 - 23.01.2010)

Dein qualvoller Kampf um körperliches Überleben im Jahr 2009 hat mir Kraft gegeben für meinen qualvollen Kampf um geistliches Überleben im Jahr 2009.

Danke, Papa.

Bis bald im Himmel.

INHALT

DANKSAGUNG

Ich muss etwas bekennen: Ich bin süchtig nach dem Evangelium. Es brennt in meinem Inneren. Und jeden Tag scheint es heißer zu werden. Ich kann nicht aufhören, darüber nachzudenken, darüber zu sprechen, darüber zu schreiben, darüber zu lesen, damit zu ringen, darin zu schwelgen, mich darauf zu stellen und Gott dafür zu danken. Ich bin wohl oder übel »kurzsichtig« geworden. Meine Leidenschaft ist nur noch eine einzige. Dinge, die weniger wichtig sind, lenken mich nicht mehr so leicht ab. Ich bin nicht mehr so ängstlich wie früher. Ich ärgere mich nicht mehr so schnell. Ich bin entspannter. Was andere von mir denken (egal, ob Gutes oder Schlechtes), interessiert mich nicht mehr so sehr wie früher. Ich genieße das Leben mehr. Der Druck ist weg. Ich beginne, die Länge und Breite der Freiheit zu verstehen, die Jesus für mich erkauft hat. Ich beginne zu verstehen, dass das Evangelium viel radikaler, unverschämter, befreiender, schockierender und unvernünftiger ist, als uns allen bewusst ist. Und ich fange an, das okay zu finden. Das Evangelium ist wie Aslan in den *Chroniken von Narnia* von C. S. Lewis – gut, aber nicht ungefährlich.

In diesem Buch berichte ich davon, wie ich an diesen Punkt gelangt bin. Es stellt die befreienden theologischen und biblischen Lektionen in den Mittelpunkt, die Gott mich im Jahr 2009 – im schwersten Jahr meines Lebens – gelehrt hat. In diesem Jahr half Gott mir, inmitten von unerträglichem Leid, die Jetzt-Kraft des Evangeliums neu zu entdecken.

Ich bin dennoch nicht ganz allein an diesen Punkt gekommen. Viele haben mir geholfen. Es gibt Unmengen von Menschen, die diesen Weg mit mir zusammen gegangen sind, die mich getragen haben, wenn ich es brauchte, und die an meiner Seite geblieben sind, wenn es für sie einfacher gewesen wäre, mich zu verlassen.

Meine Gemeindefamilie von Coral Ridge: Ich liebe euch alle so sehr. Danke, dass ich euer Pastor sein darf und dass ihr mich die ganze Zeit unterstützt habt. Wir sind durchs Feuer gegangen, aber durch Gottes Gnade sind wir auf der anderen Seite wieder herausgekommen. Schnallt euch nicht ab. Die Revolution des Evangeliums hat gerade erst begonnen.

Ihr Ältesten, Diakone und Mitarbeiter von Coral Ridge: Seit mehr als zwei Jahren stehen wir jetzt Seite an Seite und Rücken an Rücken. Danke für euren Schutz, euren Rat, eure Unterstützung, eure Liebe und eure Hilfe. Ihr seid alle liebe Freunde, treue Nachfolger Jesu und aufrechtstehende Soldaten der Gnade. Es ist mir eine Ehre, an eurer Seite zu dienen.

Meine Mentoren: Es gibt viel mehr davon, als ich namentlich erwähnen kann. Doch zehn von ihnen haben mein Verständnis des Evangeliums in den letzten zwei Jahren besonders geschärft: Mike Horton, Steve Brown, Rod Rosenbladt, Gerhard Forde, Tim Keller, Paul Tripp, Elyse Fitzpatrick, Scotty Smith, Jerry Bridges und Harold Senkbeil. Ich bin Gott sehr dankbar für euch alle und dafür, wie ihr mich entweder durch eure Bücher oder eure Freundschaft und meistens durch beides herausgefordert und ermutigt habt.

Meine Freunde bei Crossway: Ihr wart von Anfang bis Ende an diesem Projekt interessiert und habt es unterstützt. Es macht Spaß, mit euch zusammenzuarbeiten.

Mein Lektor Thomas Womack: Du hast mir auch dieses Mal wieder dabei geholfen, meine Predigten in ein Buch zu verwandeln. Dein Talent sucht seinesgleichen und deine Freundschaft ist ein unverdientes Geschenk.

Meine Kinder Gabe, Nate und Genna: Ich bete beständig dafür, dass ihr die bedingungslose, unverdiente und unkontrollierbare Gnade Gottes immer mehr lieben lernt und zunehmend ihre freimachende Wirkung erfahrt. Er liebt euch, weil er euch liebt. Und ich auch. Bedingungslos. Vergesst das niemals!

TEIL EINS

ALLES

1

GOTTES BARMHERZIGKEIT IN MEINEM ELEND

=

Noch nie hatte ich so etwas Heftiges erlebt. Ich konnte kaum essen, hatte Schwierigkeiten mit dem Einschlafen und kämpfte ständig gegen Übelkeit. Ich fühlte mich völlig am Ende.

Gott, was in aller Welt tust du?

Ich brauchte Wiederbelebung.

Es war der Sommer 2009, der Tiefpunkt in dem herausforderndsten und schwersten Jahr meines Lebens. Glücklicherweise fuhren meine Familie und ich Ende Juni, wie jedes Jahr, ein paar Wochen lang in den Urlaub. Noch nie hatte ich das so nötig gehabt.

So anders

Der Gegensatz zu meinem Leben vor nur zwölf Monaten hätte nicht krasser sein können. Im Jahr davor war ich Pastor der New City Church, einer florierenden, fünf Jahre alten Gemeinde gewesen, die ich nördlich von Fort Lauderdale in Florida aufgebaut hatte. Mehrere hundert Menschen besuchten am Sonntagmorgen unsere zwei Gottesdienste in New City, für die wir Räumlichkeiten von der örtlichen Highschool angemietet hatten, und wir spürten, wie sehr wir in unserer Hingabe, einander und unserer bedürftigen Stadt die befreiende Kraft des Evangeliums zu bringen, zusammenwuchsen. Selbstverständlich hatten wir jede Menge zuversichtliche Erwartungen an unsere gemeinsame Zukunft.

Es war aber auch verständlich, dass eine andere Gemeinde ein paar Meilen weiter südlich von uns ihrer Zukunft voller Unsicherheit und mit weitaus mehr Fragen entgegensah als wir. Die presbyterianische Coral Ridge-Gemeinde in Fort Lauderdale hatte meine Familie während eines Teils meiner Kindheit besucht, als wir in den 70er-Jahren nach Südflorida gezogen waren. Die Gemeinde war vor einem halben Jahrhundert von Dr. D. James Kennedy gegründet worden und erlangte durch ihre Fernsehgottesdienste (die wöchentlich um die 3,5 Millionen Zuschauer erreichten) und die von Dr. Kennedy ins Leben gerufene Bewegung *Evangelism Explosion* landesweite Bekanntheit.

Die vielversprechenden Gemeinderäume – gekrönt von einer 90 Meter hohen Kirchturmspitze und einer Orgel mit 6.600 Orgelpfeifen – waren im Februar 1974 von meinem Großvater Billy Graham eingeweiht worden. Damals war ich 19 Monate alt. Doch im einundzwanzigsten Jahrhundert gingen die Besucherzahlen zurück, und mit Dr. Kennedys Tod im Jahr 2007 erlebte die Gemeinde einen weiteren harten Schlag.

Als Coral Ridge sich schließlich auf die Suche nach einem Nachfolger für den einzigen Pastor begab, den die Gemeinde je gekannt hatte, tauchte in der Diskussion mein Name auf. Innerhalb von ein paar Wochen kontaktierten mich mehrere Menschen aus der Gemeindeleitung von Coral Ridge und baten mich, darüber nachzudenken, für dieses Amt zu kandidieren. Das war einerseits eine Ehre, doch andererseits war es überwältigend. Aber nachdem ich und auch andere darüber gebetet hatten, wurde mir klar, dass ich daran kein Interesse hatte. Ich wusste, dass ich bereits auf dem

Posten war, an den Gott mich gestellt hatte und wo er ein bedeutendes Werk tat. Ich konnte mir nicht vorstellen wegzugehen.

Als die Monate ins Land zogen, kam mir eine neue und faszinierende Idee. Was wäre, wenn Coral Ridge und New City sich zusammenschließen würden? Durch einige überraschende Entwicklungen und Gespräche Ende 2008 hatten Gruppen aus beiden Gemeinden den Eindruck, dass diese Idee Gottes Fingerabdruck trug. Schon bald empfanden die Teams aus beiden Gemeinden, dass es richtig wäre, einen solchen Zusammenschluss aufmerksam vor Gott zu prüfen.

An einem Sonntag Mitte Januar 2009 wurde beiden Gemeinden öffentlich angekündigt, dass es möglicherweise einen Zusammenschluss geben würde. Danach würde ich leitender Pastor der neuen vereinten Gemeinde werden. Damals berichtete Fort Lauderdales führende Zeitung, dass die Coral Ridge-Gemeinde »erst nach Luft schnappte und dann Beifall spendete«, als sie die Ankündigung hörte. Aber in New City gab es Tränen. Ich betonte ihnen gegenüber meine Überzeugung, dass Gott uns bat, unser Liebstes auf den Altar zu legen.

In den kommenden Wochen fragten sich viele Menschen innerhalb und außerhalb der beiden Gemeinden, ob ein solcher Zusammenschluss jemals wirklich gelingen könnte. Selbst die Zeitung in Fort Lauderdale wies auf offensichtliche Gegensätze hin, beschrieb mich als Pastor mit »ungepflegtem Gesicht«, »sonnengebräunter Haut«, dem »Surfen und Mainstream-Musik gefielen« – nicht gerade das Bild eines Pastors, das eine etablierte Gemeinde wie Coral Ridge während der vergangenen fünf Jahrzehnte entwickelt hatte.

Die Zeitung zitierte mich mit den Worten, dass Coral Ridge über einen Zusammenschluss nachzudenken bereit sei, sei ein positives Zeichen ihrer Flexibilität: »Allen, die denken, Coral Ridge könne sich nicht verändern, zeigt dieser unkonventionelle Schritt, dass sie es können und auch dazu bereit sind.«

Und doch hatte ich genauso viele Fragen wie alle anderen.

»Schnallt euch an«

Ich musste zugeben, dass ich in New City manchmal den Wunsch verspürt hatte, schneller, höher und weiter zu kommen, als wir bisher in unserer Gemeinde gekommen waren. Ich hatte persönliche Träume und war ehrgeizig, was unsere Entwicklung anbelangte. Aber ein großer Teil von mir hoffte, dass die Tür eines möglichen Zusammenschlusses mit Coral Ridge fest verschlossen bliebe, vor allem angesichts der Tatsache, wie sehr sich die beiden Gemeinden in Kultur, Denkweise und Erwartungen voneinander zu unterscheiden schienen.

Als ich mich mit meinem Großvater darüber unterhielt, sagte er: »Das alles macht mir Angst, aber ich vertraue Gott, dass er handelt.«

Und Gott handelte *wirklich*. Ich spürte deutlich, dass er die Sache vorantrieb. Den Ältesten beider Gemeinden ging es genauso. Im März stimmten sie einstimmig für den Zusammenschluss, den ein gemeinsames Team aus beiden Gemeinden geplant hatte. Im selben Monat predigte ich das erste Mal in Coral Ridge. Im Anschluss fand eine Abstimmung der Gemeinde statt. Mehr als 90 Prozent der Gemeinde von Coral Ridge stimmte für den Zusammenschluss. Am Ostersonntag versammelten sich die beiden Gemeinden das erste Mal gemeinsam. Einen Monat später, am 10. Mai 2009, wurde ich offiziell als leitender Pastor der vereinten Gemeinde eingesetzt.

Am darauffolgenden Tag lieferte ich der Gemeinde durch meinen Blog eine schriftliche Botschaft mit dem Titel »Komm und stirb mit mir«. Zunächst rief ich mir die Eindrücke des vergangenen Abends ins Gedächtnis:

Als eine neue Gemeinde feierten wir Gottes Verheißung, seine Gemeinde zu bauen. Durch das Gebet, den Lobpreis, die Predigt und die Gelübde kam Gott uns nahe und erinnerte uns daran, dass es nur um ihn und seine Ehre, seinen Ruhm und sein Ansehen geht. Gottes Gegenwart war sehr stark und unverkennbar.

Ich wiederholte die Hauptaussage der ernüchternden Botschaft, die mein Freund John Wood, ein presbyterianischer Pastor aus Tennessee, uns an jenem Abend weitergegeben hatte:

Mit dem Feuer Gottes in den Augen erinnerte er uns alle daran, dass wir sterben müssen, um Frucht zu bringen. Jesus sagte, wir müssen sterben, um zu leben. Das tägliche Leben eines Christen ist sein tägliches Sterben: Wir sterben unseren belanglosen Annehmlichkeiten, unseren Bequemlichkeiten, unseren überheblichen Vorlieben und selbstbezogenen Ansprüchen und leben für etwas viel Größeres als unsere Bequemlichkeit und Sicherheit. ***Gott tut alles durch Menschen, die begreifen, dass sie nichts sind. Und Gott tut nichts durch die, die denken, sie seien alles.***

Dann knüpfte ich an Johns Aussage an und brachte meine Erwartung zum Ausdruck, dass Gott in unserer gemeinsamen Zukunft in Coral Ridge Großes tun würde. Und ich sprach eine Einladung aus:

Ich glaube, dass diese neue Gemeinde über all das hinaus wachsen wird, was wir erbitten oder uns vorstellen können, wenn sie voll ist mit Menschen, die sich am Evangelium berauscht haben: Menschen, die verstehen, dass wir unser Leben für einander niederlegen müssen, weil Christus sein Leben für uns niedergelegt hat. ... Eine Gemeinde, die gesättigt ist mit dem Evangelium, ist eine Gemeinde, die voller Menschen ist, die alles geben, was sie haben, weil sie verstehen, dass sie ***in Christus bereits alles haben, was sie brauchen*** *...*

Nachdem ich also rechtmäßig eingesetzt und beauftragt wurde, lade ich euch alle dazu ein, euer Leben lang mit mir zu sterben.

Diese neue Gemeinde soll der Welt zeigen, wie das menschliche Leben und die Gemeinschaft aussehen können, wenn eine Meute auf Gott fokussierter Missionare ihr Leben dafür einsetzt, zu dienen, anstatt sich dienen zu lassen.

Meine Abschlussworte waren: »Schnallt euch an.«

All das – einschließlich meiner abschließenden Ermahnung – waren Worte, an die ich in den kommenden Wochen und Monaten zwangsläufig denken würde. Auch wenn ich erwartet hatte, dass harte Zeiten anbrechen, wenn sich zwei sehr unterschiedliche Gemeinden zusammenschließen, hatte ich keine Ahnung, wie hässlich und chaotisch es werden würde.

Schmerzhaftes Crescendo

Mit dem Zusammenschluss und dem Leitungswechsel begann eine kleine, aber sehr lautstarke Gruppe von Langzeitmitgliedern aus Coral Ridge, praktisch jeder Veränderung, die wir in der Gemeinde einleiteten oder andachten, Widerstand entgegenzusetzen. Es wurden (teilweise anonyme) Blogs veröffentlicht, Nachrichten und Briefe mit falschen Anschuldigungen über mich in Umlauf gebracht. Nur drei Monate nach meiner Ankunft wurde ein heftiger Feldzug gestartet, um mich wieder loszuwerden, und er erhielt immer mehr Auftrieb. Einige begannen zu beklagen, sie hätten einen großen Fehler gemacht, als sie dem Zusammenschluss zugestimmt hatten, und beschwerten sich, das Ganze hätte sich zu einer »feindlichen Übernahme« entwickelt. Ihr Umgangston war oft gereizt und bösartig. Kampflinien wurden gezogen, Gerüchte verbreitet und die Stimmung meiner Unterstützer sank. Missverständnisse, Enttäuschungen und Leid schwollen an wie ein Crescendo.

In meiner Entschlossenheit, das umzusetzen, was wir für notwendige Veränderungen in der Gemeinde hielten, machte ich weiter – doch der Widerstand war fast heftiger, als ich ertragen konnte. Ich geriet unter heftigsten Beschuss – und war mehr als bereit aufzugeben und die Flucht zu ergreifen. Ich wurde über andere Stellenangebote im Land informiert, und glaub mir, sie waren verlockend. Es wäre so einfach gewesen, vor dem Trubel wegzulaufen, in dem ich mich befand, und nie wieder zurückzuschauen.

Das alles geschah also gerade, als im Juni 2009 glücklicherweise die Urlaubszeit an die Tür klopfte.

An unserem ersten Urlaubsmorgen wachte ich auf und war noch immer mit dem Elend erfüllt, das seit so vielen Wochen nur schlimmer wurde. Ich schlug meine Bibel auf; mein Bibelleseplan enthielt für jenen Tag auch das erste Kapitel des Briefs, den Paulus an die Kolosser geschrieben hatte.

Als ich diese Verse las – die herrliche Botschaft, die wir auf den folgenden Seiten zusammen untersuchen werden –, wurden meine Augen geöffnet. Gottes Heiliger Geist half mir zu sehen, dass

Christus und das Evangelium unfassbarerweise mehr als genug sind. Ich konnte es mit größerer Klarheit und tieferem persönlichem Bezug sehen als je zuvor. Ich spürte, wie die Ketten meines Elends abfielen.

Meine wirkliche Situation rückte in den Blickpunkt. Mir war vorher nie bewusst gewesen, wie abhängig ich von menschlicher Bestätigung und Annahme geworden war, bis mir in der aufgewühlten Auseinandersetzung in Coral Ridge so viel davon genommen wurde. Früher wurde ich in jeder Gemeinde, zu der ich mich zählte, weitestgehend angenommen, anerkannt und geschätzt. Ich hatte mich in der Gemeinde immer geliebt gefühlt. Jetzt befand ich mich zum ersten Mal in der unbehaglichen Lage, dass ich heftig abgelehnt wurde und mir mehr als nur eine Handvoll Leute misstrauten. Nun wurde mir bewusst, wie sehr ich mich auf etwas *anderes* – etwas *Weiteres* – verließ als auf die Bestätigung und Annahme und Liebe, die mir in Jesus bereits gehörten.

In Farbe

In meinem Elend forderte ich von Gott eine Erklärung. Schließlich hatte ich alles getan, worum er mich gebeten hatte – ich hatte mein Liebstes auf den Altar gelegt. Und jetzt das? Wie Jona im Bauch des großen Fisches diskutierte ich mit Gott und begründete, warum Gott mir eine Rettung schuldig war. Müde, ängstlich und wütend bestand ich darauf, Gott solle mir mein altes Leben zurückgeben. Die sanfte, jedoch direkte Antwort Gottes, die ich mir an jenem Morgen von den Seiten des Kolosserbriefs entgegenkam, war einfach, aber ernüchternd. »Du willst nicht dein altes Leben zurückhaben, sondern deine alten Götzen, und ich liebe dich zu sehr, um sie dir zurückzugeben.«

Gott forderte mich heraus, besser zu verstehen, was ich in Christus *bereits hatte*. Viel länger, als mir bewusst war, hatte ich mich von der Bestätigung anderer abhängig gemacht – um mich wichtig zu fühlen.

Gott begann mich aus dieser Sklaverei zu befreien, indem er mich dazu drängte, das Evangelium neu zu entdecken.

Ich lernte auf die harte Tour, dass nur das Evangelium uns von der Sucht nach Anerkennung frei machen kann – dass Jesus an unserer Stelle alle Erwartungen erfüllt hat, damit wir nicht unter dem versklavenden Druck leben müssen, die Erwartungen anderer zu erfüllen.

Seine frohe Botschaft begegnete mir in meiner Finsternis, als ich sie am dringendsten brauchte. Durch sein befreiendes Wort wurde ich verwandelt, befreit und erfrischt.

Ich begann, die facettenreichen Ausmaße des Evangeliums noch strahlender wahrzunehmen. Das Evangelium verwandelte sich für mich von etwas Vagem, Einfarbigem zu etwas Buntem, Lebendigem und Strahlendem. Ich entdeckte auf neue Art und Weise die *Jetzt*-Kraft des Evangeliums – dass das Evangelium uns nicht nur *von* der Vergangenheit und *für* die Zukunft rettet; es rettet uns auch *in* der Gegenwart von der Versklavung unter Dinge wie Angst, Unsicherheit, Wut, Eigensinnigkeit, Bitterkeit, Ansprüchen und Unbedeutsamkeit (mehr von alledem später). Mein Leid überzeugte mich immer wieder aufs Neue davon, dass die Kraft des Evangeliums *nach* unserer Bekehrung genauso notwendig und wichtig ist wie davor.

In unserer neuen Gemeinde würden immer noch Schwierigkeiten auf uns zukommen. In vielerlei Hinsicht lagen die schlimmsten Kämpfe sogar noch vor uns. Sie lasteten auf meinem Herzen, auf den Herzen meiner Familie und auf den Herzen vieler Menschen in der Gemeinde. Aber durch diese Feindseligkeiten machte ich mich stärker von Gott abhängig als je zuvor. Als dieses schwere Jahr vorüber war, konnte ich zurückschauen und sehen, dass *Gott mir größer erschien als je zuvor,* ich hingegen so klein wie nie.

Er hatte mich ausgezogen – mich aufs Neue ans Ende meiner selbst gebracht! Und wenn er das mit dir macht – wenn du eigentlich spürst, dass du *nichts* hast –, wird Jesus für dich mehr werden, als du dir je erhoffen oder vorstellen konntest.

An jenem Junimorgen wurde *Jesus plus Nichts ist gleich Alles* – das Evangelium – für mich mehr als eine theologische Leidenschaft, mehr als ein erkenntnismäßiges Schlagwort. Es wurde mein greifbarer Rettungsanker. Als ich das Evangelium wiederentdeckte, konnte ich Folgendes erkennen:

> Weil Jesus stark für mich war, war ich frei, schwach zu sein;
> weil Jesus für mich gewonnen hatte, war ich frei, zu verlieren;
> weil Jesus jemand war, war ich frei, niemand zu sein;
> weil Jesus außergewöhnlich war, war ich frei, gewöhnlich zu sein;
> weil Jesus für mich erfolgreich, war ich frei, zu versagen.

Das begann mein Leben erneut auf helle und befreiende Weise zu bestimmen. Ich glaube, Gott will, dass diese befreiende Wahrheit auch dein Leben und das Leben der Gemeinde bestimmt.

Lass uns also zusammen die explosive Botschaft der Befreiung entdecken: *Jesus plus Nichts ist gleich Alles.*

2

ALLES WOLLEN

=

Der Satz auf dem Umschlag dieses Buches klingt doch richtig, oder nicht? Irgendwie klingt es gut:

Jesus …
plus Nichts …
ist gleich Alles.

Ich wette sogar, dass du kurz zustimmend genickt hast. Jedenfalls ist das keine Aussage, mit der du nicht einverstanden wärst – zumindest oberflächlich gesehen. Aber was bedeutet sie *wirklich*? Warum sollte sie einen weiteren Gedanken verdienen, geschweige denn einer genaueren Prüfung unterzogen werden? Wie kann sie mir und dir helfen?

Dieser Satz hat zwar die Form einer Gleichung, aber ihr Ergebnis ist weniger eine Summe als eine Verwirklichung, ein Bestimmungsort, eine Erkenntnis – eine *Erfahrung*. Um sie also genauer zu untersuchen und besser zu verstehen, beginnen wir am Ende der Gleichung – mit »Alles«. Darauf werden wir uns auf den Anfangsseiten konzentrieren; danach werden wir uns behutsam von hinten nach vorne arbeiten. Mal sehen, was wir unterwegs entdecken werden. Und mit neuer und tieferer Einsicht (hoffe und bete ich) werden wir dann diese These von vorne nach hinten durchgehen und alles aus ihr herausholen, was möglich ist. Thematisch gesehen ist die Kurzfassung dieses Buches also folgende:

a) Alles
b) Nichts
c) Jesus
  d) Jesus
  e) plus *Nichts*
  f) ist gleich *Alles*

Und jetzt schnallt euch an, denn eins weiß ich sicher: *Jesus plus Nichts ist gleich Alles* ist eine Wahrheit, die kein Mensch auf dieser Erde bereits völlig ergriffen hat. Diese Wahrheit ist so tief vergraben, dass sie nur darum bettelt, endlich ausgebuddelt zu werden, damit wir sie noch lieber gewinnen und noch intensiver genießen.

Wirklich alles?

Ist es nicht interessant, dass diese stillschweigende Verheißung von *Alles* nichts ist, dem wir uns instinktiv widersetzen oder vor dem wir zurückschrecken? Ich bezweifle, dass deine Reaktion auf die erste Begegnung mit dem Titel dieses Buches war: »Wer will oder braucht schon ›alles‹? *Gerade genug* – und vielleicht sogar noch weniger – ist alles, was mich interessiert. Ich brauche nur *das Minimum*; lass es kümmerlich, leicht und klein sein. Mit Grenzen, Unzulänglichkeit, Einengung, Einschränkung – hey, damit kenne ich mich aus.«

Nein, das hast du bestimmt nicht gedacht. Denn die menschliche Seele verlangt nach dem Gegenteil. Im Lauf der Geschichte konnten die Philosophen und Weisen nur feststellen, dass unser

Herz ein Loch hat und dass wir eine allumfassende und unstillbare Sehnsucht nach *mehr* haben, nämlich danach, etwas Höheres, Tieferes, Volleres, Reicheres, Stärkeres, Weiseres, Sichereres, Glücklicheres zu erreichen. Ganz ehrlich: Wir wünschen uns ein besseres Leben mit gewaltigen und beeindruckenden Perspektiven. Wir sehnen uns nach völliger Annahme und Gunst, wir sehnen uns nach dauerhafter Zuneigung und Bestätigung, wir sehnen uns nach Sinn und Ziel und wir sehnen uns nach Freiheit von unseren Begrenzungen, Einschränkungen und Fehlern.

Egal, auf welche Art wir das Privileg haben, Sicherheit, Glück, Hilfe, Rettung, Bestätigung und Sinnhaftigkeit zu erleben – es reicht noch nicht aus. Wir sehnen uns nach etwas, das wir noch nicht haben. Und egal, ob uns das bewusst ist oder nicht, es ist die Triebkraft all unseres Strebens. Wir verlangen nach mehr – manchmal zwar wild und ohne jede Logik, aber immer beständig und unaufhörlich. Wir versuchen alles, um die Leere in uns zu füllen, die wir so sehr hassen.

Die weisesten Menschen der Welt haben daraus gefolgert, dass dieses Phänomen ein Hinweis auf Gott ist. Augustinus hat das vor sechzehn Jahrhunderten auf den Anfangsseiten seiner *Bekenntnisse* vielleicht am prägnantesten formuliert. Folgende bekannte Worte richtete er an den Herrn: »Für dich, o Herr, hast du das Menschenherz erschaffen. Und es findet keine Ruhe als in dir.« Ist die Menschheit jemals besser beschrieben worden?

Bist du in deinem Leben ruhelos? Wenn wir ehrlich sind, glaube ich, trifft das auf uns alle zu. Denn wir sehnen uns nach dem *Alles.*

Zwölf Jahrhunderte nach Augustinus griff der brillante Pascal dasselbe menschliche Dilemma auf. »Denn alle Menschen verlangen, glücklich zu sein«, sagte er. »Das ist der Beweggrund von allen Handlungen der Menschen, selbst derer, die sich tödten und hängen.« (Wie scharfsinnig dieser Pascal doch ist.) Danach führte er das endlose Stöhnen und Seufzen der Menschheit als Bestätigung dafür an, dass niemand dieses innewohnende Verlangen wirklich stillen kann: »Alle klagen: Fürsten und Unterthanen, Vornehme und Geringe, Starke und Schwache, Gelehrte und Unwissende, Gesunde und Kranke, in allen Ländern, allen Zeiten, allen Altern, und allen Verhältnissen.« Solch eine umfassende Unzufriedenheit sollte uns überzeugen, »wie unvermögend wir sind zum Glück zu gelangen durch unsere Anstrengungen«, sagt Pascal, aber es ist eine Lektion, die wir nicht begriffen haben: »So, da die Gegenwart uns nie befriedigt, reizt uns die Hoffnung und führt uns von Unglück zu Unglück ...«

Dennoch, fährt Pascal fort: »daß es einstmals im Menschen ein wahres Glück gab, von welchem ihm jetzt nichts übrig ist als die Erinnerung und die ganz leere Spur, die er vergebens mit allem, was ihn umgiebt, aus zu füllen unternimmt, indem er in den Dingen, die da nicht sind, die Hilfe sucht, welche er von den gegenwärtigen nicht erhält und welche weder die einen noch die andern im Stande sind ihm zu geben.« Warum können sie es ihm nicht geben? Pascal kommt zu der scharfsinnigen Schlussfolgerung: »Weil dieser unendliche Abgrund nur ausgefüllt werden kann durch einen unendlichen und unveränderlichen Gegenstand – das bedeutet, nur durch *Gott selbst*.«[1]

Das *Alles,* nach dem wir uns sehnen, ist so gewaltig, umfassend, tief und hoch, dass es sich sogar so weit erstreckt – bis zu *Gott selbst.*

Unser Dilemma

In unserer Zeit beschäftigt sich der Seelsorger, Pastor und Autor Paul David Tripp mit diesen Dingen. In seinem Buch *A Shelter in the Time of Storm (Eine Zuflucht in stürmischen Zeiten)* berichtet er von »dem Dilemma deiner Menschlichkeit«; und zeigt voll Fürsorge und Weisheit auf, wo das hinführen kann:

> *Du hast die Einzelheiten deines Schicksals und Lebens sicher nicht im Griff, doch als ein rationales, zielgerichtetes, seelisches Wesen schreist du nach einem tiefen und bleibenden Gefühl des Wohlergehens. Auf deiner Suche entdeckst du sogar, dass du dazu angelegt bist, dich mit einem Jemand zu vereinigen … So gesehen ist jeder Mensch auf der Suche nach Gott; das Problem ist, dass wir das nicht wissen und dass wir auf unserer Suche nach Stabilität immer wieder aufs Neue versuchen, einen soliden Ersatz für Gott zu finden, der am Ende jedoch mit uns zusammen untergeht …*
>
> *Ein Fels muss her. Eine innere Ruhe, die tiefer ist als gedankliches Verstehen, menschliche Liebe, persönlicher Erfolg und die Anhäufung von Besitz. Es gibt einen Felsen, der dir Ruhe geben wird, wenn dir all die anderen Dinge genommen wurden. Dieser Fels ist Christus, und es ist in dir angelegt, dass du in ihm das findest, was du suchst. In seiner Gnade wird er mit dir nicht verstecken spielen. Schrei zu ihm in deiner Schwachheit und Erschöpfung. Er wird dich finden und dein Fels sein.*
>
> *Er ist der Fels, nach dem du dich sehnst, er ist der einzige, der dir das Gefühl geben kann, dass alles gut ist. Und wenn du deine Hoffnung in die trügerischen Felsen dieser gefallenen Welt aufgibst und dich nach dem wahren Felsen zu sehnen beginnst, wird er sich ausstrecken und dich auf festen Grund stellen.*[2]

An dieser Stelle kommen mir die bekannten Worte von C. S. Lewis aus *Christentum schlechthin* in den Sinn: »Wenn in uns ein Verlangen lebt, das durch nichts anderes auf dieser Welt gestillt werden kann, so geht doch wohl daraus hervor, dass der Mensch für eine jenseitige Welt erschaffen ist.«[3] In Lewis' Essay ist diese »jenseitige Welt« natürlich das ewige Leben in der Gegenwart Gottes, unseres Retters.

Wir fassen also zusammen: Augustinus sagt, ohne Gott sind wir zur Ruhelosigkeit verdammt; Pascal sieht einen unendlichen Abgrund in uns, den nur Gott füllen kann; und in uns allen ist angelegt, dass wir Gott suchen, sagt Tripp. Und Lewis behauptet, dass all das daran bewiesen wird, wenn unsere tiefsten Wünsche unerfüllt bleiben.

Um einen geistlichen Blick auf diesen in uns angelegten menschlichen Hunger nach dem Alles zu bekommen, muss man sich nur einige wenige Bibelstellen ansehen, auch wenn unzählige mehr uns in dieselbe Richtung lenken würden.

1. Mose 1 legt das stärkste Fundament für die Verbindung des Menschen mit der *Allheit*. Das allererste ist die Tatsache, dass wir in Gottes Bild geschaffen wurden. Das ist eine atemberaubende Tatsache, voller Reichtum und Geheimnisse. In einer bezeichnenden Weise *Gott ähnlich* zu sein – ihn irgendwie sogar zu repräsentieren, ihn in irgendeiner Weise widerzuspiegeln –, welche größere Verbundenheit mit unermesslicher Weite und Bedeutung und Sinnhaftigkeit könnte es sonst geben?

Darüber hinaus betont dieses Kapitel, dass der neu erschaffene Mensch Herrschaft übertragen bekommt »über alles Lebendige, das sich regt auf der Erde« und dass er auswählen darf aus dem, was ihm zur Nahrung gegeben wurde, nämlich »alles samentragende Gewächs …, das auf der ganzen Erdoberfläche wächst, auch alle Bäume, an denen samentragende Früchte sind« (1Mo 1,28–29).

Man beachte das Ausmaß! Der von Gott geschaffene Mensch führte ursprünglich ein Leben, das nicht von Begrenzungen bestimmt wurde. Sein täglicher Lebensraum war durchdrungen von einem sehr realen Gefühl des *Alles*. Und dieses Alles enthielt vor allem eine ungehinderte Beziehung mit Gott selbst.

Wenn du ans Ende der Bibel blätterst, siehst du, dass es dort darum geht, wie grenzenlos umfassend die Zukunft deiner und meiner menschlichen Existenz ist. Das gesamte Weltall ist frisch und neu, es gibt »einen neuen Himmel und eine neue Erde; denn der erste Himmel und die erste Erde waren vergangen« (Offb 21,1). Der Herr verkündet auf seinem Thron: »Und der auf dem Thron saß, sprach: Siehe, ich mache alles neu!« (V. 5). Auch an dieser Stelle geht es wieder um gewaltige Ausmaße.

Wir vergessen nicht, dass sich zwischen 1. Mose 1 und den letzten Seiten der Offenbarung eine monumentale Geschichte entfaltet, die von unberechenbaren Tragödien gekennzeichnet wird. Aber wir sollen auch hier begreifen, was Gott am Ende für sein erlöstes Volk tun wird: »Gott wird abwischen alle Tränen von ihren Augen« (Offb 7,17). Halte hier einen Augenblick inne. Können wir schon ermessen, was diese Aussage bedeutet und welche Erfahrung sie uns ermöglicht? »Und der Tod wird nicht mehr sein, weder Leid noch Geschrei noch Schmerz wird mehr sein; denn das Erste ist vergangen« (Offb 21,4).

Mehr als Gerede?

Noch liegen Offenbarung 21 und 22 jedoch in der Zukunft. Heute erleben wir, dass wir die Ruhelosigkeit, auf die sich Augustinus bezieht, den Abgrund, den Pascal beobachtet, die Suche nach festem Boden, von der Tripp schreibt, und die unerfüllten Wünsche, die Lewis erwähnt, nicht völlig überwinden können – sie alle weisen uns auf Gott hin.

Wenn diese Männer recht haben, dann gibt es ein *Alles* – eine Fülle, eine Vollständigkeit, ein überfließendes Leben –, das auch tatsächlich verfügbar und erreichbar ist, und es ist sicherlich jede Mühe wert, herauszufinden, wie wir dieses Alles tatsächlich erleben können.

Doch die uns umgebende zynische und säkulare Kultur macht sich über dieses Wir-brauchen-Gott-so-dringend-Gerede lustig. Für sie erscheint das, wovon Augustinus und Pascal und die anderen sprechen, wie ein überheblicher Mythos – nichts anderes als altmodischer, sentimentaler Unsinn.

»Oh nein«, werden moderne religiöse Denker schnell erwidern. »Es stimmt – *Gott und nur Gott allein* kann uns wirkliche Zufriedenheit bringen.« Doch ist diese Reaktion für viele oder die meisten dieser religiösen Menschen nicht nur bloßes Gerede? Ist das nicht nur eine nachgeplapperte Phrase, eine Idee, der man zwar beigepflichtet, sich aber nie wirklich zu eigen gemacht hat? Stimmt es nicht, dass das Leben der Religiösen am Ende so leer aussieht wie das aller anderen – und bei Weitem nicht die Zufriedenheit aufweist, von der sie behaupten, ihr Gott gebe sie ihnen?

Und viele von ihnen wissen das. Tief in ihrem Inneren sind sie sich dieser schmerzlich enttäuschenden Ungereimtheit nur allzu bewusst. Also lassen sie ihre Seelen in eine traurige und erschöpfte Resignation abgleiten. Was soll's? Warum mehr erwarten?

Am Ende verlieren sie vielleicht sogar alle Zuversicht in die Behauptung, dass nur Gott Zufriedenheit schenken kann. Sie verlieren ihr echtes Gespür für das *Alles.*

Doch tief in ihrem Inneren sind die Sehnsüchte natürlich immer noch da, genauso stark wie eh und je.

Was also machen wir mit ihnen?

TEIL ZWEI

NICHTS

+

3

IMMER NOCH AUF DER SUCHE

=

Zumindest auf eine Art und Weise sind du und ich uns wahrscheinlich ähnlich: Vermutlich hast du (genau wie ich) keine wirklichen Einwände gegen die Vorstellung, dass Gott ganz allein vollumfänglich dazu in der Lage ist, uns mit dem »Alles« zu versorgen, wonach wir als Menschen je verlangen könnten. Die rationale Annahme, dass Gott groß ist, wird wahrscheinlich mit dem Etikett »Tatsache« versehen und (wie auch bei mir) fein säuberlich in den Teil deines Gehirns gestellt, wo solche Floskeln einsortiert und gelagert werden.

Wenn wir also in dieser Diskussion weiterkommen wollen – wenn wir wollen, dass *Jesus plus Nichts ist gleich Alles* wirklich jeden Nerv berührt –, müssen wir uns damit tiefer befassen als nur auf der Verstandesebene. Wir werden in die geheimen, schattenhaften Regionen unseres Herzens hinabtauchen und einen Sprung in die Tiefen unserer Seele riskieren müssen.

Noch mehr Ruhelosigkeit

Denk noch einmal an Augustinus' klassische Beobachtung, dass unsere Herzen nur in Gott Ruhe finden werden. Als ich weiter oben davon sprach, fragte ich dich, ob du selbst ruhelos bist. Vielleicht hast du gedacht: »Ein bisschen wahrscheinlich«, oder »nicht so sehr«, oder sogar »nein, im Moment nicht«. Aber wenn du dein Inneres aufrichtig und sorgfältig durchforschst, kommst du meiner Meinung nach nicht weit, ohne enorme Ruhelosigkeit zu finden. Und je tiefer du forschst (wenn du mutig genug bist, das zu tun), umso mehr Spuren davon wirst du vermutlich finden.

Egal, welche Anzeichen und welches Ausmaß von Ruhelosigkeit du finden würdest, ich glaube, sie ist nur deshalb da, weil wir versuchen, unsere Ruhe in etwas zu finden, das geringer ist als Jesus. Und je genauer wir diese Anzeichen der Ruhelosigkeit untersuchen – je mehr Licht wir auf sie werfen –, umso schneller wird uns bewusst: »In diesem bestimmten Punkt, in diesem bestimmten Teil meines Lebens erwarte ich von einer Sache oder Person, die geringer ist als Jesus, dass sie für mich das ist, was nur Jesus sein kann.«

Was hinter unseren Süchten steckt

Gelegentlich führe ich Seelsorgegespräche mit Menschen, die ein Suchtproblem haben – Pornografie, Spielsucht, Arbeitssucht und so weiter. Eine der Fragen, die ich ihnen stelle, ist: *Was fehlt dir im Leben, dass es dich dazu treibt, dieser bestimmten Sucht nachzugehen?* Sie geben sich der Sucht hin, weil ihnen etwas anderes, wonach sie sich sehnen, fehlt. Tief in ihrem Inneren spüren sie, dass etwas Notwendiges, etwas Belebendes nicht vorhanden ist. Sie versuchen, die Leere mit der Sucht zu füllen.

Was ist also das *wirkliche* Bedürfnis, das sie stillen wollen? Ich bitte sie, das zunächst auf der Herzensebene herauszufinden.

Im Grunde genommen ist die schlimmste Sucht nichts anderes als die Ruhelosigkeit, die jeder von uns erlebt. Und die erste Frage, die wir stellen sollten, ist immer dieselbe: Worauf sind wir *wirklich* aus? Was fehlt uns *wirklich* in unserem Inneren? Vielleicht ist es menschliche Annahme oder Bestätigung (in welcher Weise und von wem auch immer). Vielleicht ist es ein Gefühl von Identität oder Geführtsein oder Bedeutung oder Sinnhaftigkeit. Es kann genauso gut das Erleben von Sicherheit oder Freiheit und Befreiung sein.

Wir sind ständig auf der Suche nach diesen Dingen.

Ich bitte dich jetzt, ganz still zu werden und dich einfach nur zu fragen: *Wobei* genau erlebe ich Unruhe, Ungeduld, Unbehagen, Angst? Warum? Worum geht es dabei wirklich? Finde heraus, woher deine Ruhelosigkeit kommt – denn genau in diesem Bereich musst du dich mit dem Evangelium auseinandersetzen.

Ich werde dich später noch einmal bitten, dich so zu prüfen – aber jetzt sollten wir uns erst einmal die Zeit nehmen, besser zu verstehen, wie wir das meiste aus dieser Art von Selbstprüfung herausholen können.

Wo wir nicht hinschauen

Eigentlich sollte es die Leere, die wir füllen wollen, *nicht* geben. Es ist gut, dass wir diese klaffenden Löcher, die wir empfinden, stopfen wollen. Wir haben recht damit, dass wir das finden und füllen wollen, was uns fehlt.

Aber wie nehmen wir das in Angriff? Wie sollen wir vorgehen?

Wir fangen am besten damit an, dass wir folgende Tatsache anerkennen: Egal, welcher Mangel der eigentliche Grund für unsere Ruhelosigkeit ist – egal, ob er groß oder klein, egal, ob er lebenswichtig oder eher banal ist –, der fehlende Teil ist etwas sehr Bestimmtes, das *Christus bereits für ruhelose Sünder wie dich und mich erworben hat.*

Doch davon erwartet normalerweise keiner von uns die Stillung seiner Bedürfnisse.

Bevor wir Christen wurden, widersprach es unserem Wesen, unsere Zufriedenheit ausschließlich in Christus und im Evangelium zu suchen; doch selbst nachdem Gott uns gerettet hat, wenden wir uns nicht automatisch an diese Adresse.

Viele von uns verstehen das Evangelium so, dass es uns zwar in das Leben als Christ *hineinbringt*, aber dass wir (laut unserer Vermutung) nur durch unsere eigene Anstrengung und Leistung darin *bleiben* können. Wir geben zwar zu, dass das Evangelium der Funke ist, der das Leben als Christ entzündet, aber oft verstehen wir nicht, dass es auch der Brennstoff ist, der uns als Christen weitergehen und wachsen lässt.

Erst wenn wir verstehen und akzeptieren, dass das Evangelium seine Bedeutung in der Praxis des christlichen Lebens tatsächlich nie verliert, werden wir aufhören, die Wirkungskraft des Evangeliums weiter zu untergraben und zu schmälern.

Etwas hinzufügen

Wenn wir also von Natur aus nicht auf das vollbrachte Werk Jesu blicken, das uns im Evangelium als das »Alles« dargestellt wird – wohin schauen wir dann?

Als Christ tauscht man das Evangelium normalerweise nicht offensichtlich gegen etwas anderes aus. Wir versuchen stattdessen, ihm etwas *hinzuzufügen*.

Du fragst dich: *Ach komm, kann das wirklich so schädlich sein?* Ja, kann es.

Vielleicht erinnerst du dich daran, wie C. S. Lewis den Gedanken des »Hinzufügens« in seinem bekannten Werk *Dienstanweisungen an einen Unterteufel* behandelt.

Eine der satanischen Strategien gegen Christen, in denen der hochrangige Dämon Screwtape seinen Schützling Wormwood unterrichtet, besteht in Folgendem (in Screwtapes Worten): »sie in dem Geisteszustand zu erhalten, den ich ›Christentum und‹ nenne.« Screwtape nennt ein paar Beispiele (was zu Lewis' Zeit, Mitte des zwanzigsten Jahrhunderts, modern war): »Christentum und Neue Psychologie, Christentum und neue Moral, Christentum und Glaubensheilung« und sogar »Christentum und Vegetarismus«.[4] Das alles waren verschiedene Manifestationen der akuten, vom Teufel genährten Versuchung, in die Gläubige geraten, ihrem Glauben an Jesus und das Evangelium *etwas anderes hinzuzufügen* – nur weil wir all diesen Mangel in uns verspüren.

Screwtapes Liste würde heute zweifellos anders aussehen. Die verlockenden Formeln von heute würden lauten: »Christentum und Coolsein«, »Christentum und Selbstbestätigung«, »Christentum und Selbstverbesserung«, »Christentum und persönliche Entwicklung« oder »Christentum und geistliche Entwicklung«. Diese wiederum können Unmengen an anderen Formeln hervorbringen: »Christentum und Umweltschutz«, »Christentum und Heimunterricht«, »Christentum und soziale Gerechtigkeit«, »Christentum und Vielfalt und Toleranz«, ganz zu schweigen von unzähligen Variationen von »Christentum und Politik« – liberal, konservativ, freiheitlich, Hope-and-Change, Take-Back-America und so weiter.

Darüber hinaus gibt es noch jede Menge Zusätze, die zeitlos attraktiv für alle Generationen sind: »Christentum und Beliebtheit«,

»Christentum und Erfolg«, »Christentum und Macht«, »Christentum und sozialer Status«, »Christentum und Reform«, sogar »Christentum und Tradition«.

Die Liste könnte ewig fortgesetzt werden. Sie würde all das einschließen, woran wir uns hängen, was wir nicht loslassen, weil wir es dazu benutzen, die Leere in uns zu füllen, die nur Gott füllen kann.

Screwtape sagt dem Dämonen Wormwood, dass er, wenn er die Christen schwächen, ablenken, vom Weg abbringen und kraft- und wirkungslos halten will, nur dafür sorgen muss, dass sie nie zu der Überzeugung gelangen, »bloßes Christentum« sei ausreichend. Er solle dafür sorgen, dass sie es gut finden, dem Glauben noch etwas hinzufügen. Das kann der letzte Schrei sein; wahrscheinlich packt uns jedoch eher eine persönliche Bindung oder Obsession – wegen unserer endlosen, schmerzhaften Suche nach etwas, das unsere innere Leere füllt.

Christentum und ... Für viele von uns könnte das so aussehen: Jesus und unsere Errungenschaften, Jesus und unsere Stärken, Jesus und unser guter Ruf, Jesus und unsere Beziehungen, Jesus und der Wohlstand unserer Familie, Jesus und unsere Ambitionen, Ziele und Träume, Jesus und unsere persönlichen Vorlieben, Geschmäcker und Stile, Jesus und unser geistliches Wachstum, Jesus und unsere Hobbys, Freizeitaktivitäten und Unterhaltungsgewohnheiten – und vor allem, Jesus und unsere persönlichen Lebensregeln.

Egal, wo unser Herz hingezogen wird – sei es ein kultureller Trend, eine Sache, eine Unterhaltung, eine persönliche »Leidenschaft«, eine Beziehung, ein Vorhaben, ein Abenteuer, eine angenehme Routine – und egal, wie unterschwellig diese Sache uns einlullt: Die kalte, harte Wahrheit ist, dass sie nahezu sofort *zum Götzen wird*, an dem sich unser Herz festhält. Wie Martin Luther einst sagte: »Woran du dein Herz hängst, das ist in Wirklichkeit dein Gott« – dein greifbarer Retter.

Jesus plus X. Diese Formel sieht so unschuldig und harmlos aus, sie erscheint sogar fast lobenswert (wir greifen Jesus unter die Arme!). Aber bei einer solchen Rechnung kann nie etwas Gutes herauskommen. Letztlich kann es nur eine Gleichung geben – *Jesus plus Nichts.* Alles, was wir Christus hinzufügen wollen, führt zu dem, was Michael Horton »Christsein ohne Christus« nennt (was er in dem Buch *Christless Christianity* erklärt; ein Buch, das man gelesen haben muss).[5]

Ein berühmter Spruch von Johannes Calvin lautet, dass unser Herz eine Fabrik ist, in der Götzen produziert werden. Er verstand, wie wir alle tagtäglich auf diesen Weg des Götzendienstes gezogen werden, Christen genauso wie Nichtchristen, Menschen mit Gemeinde genauso wie Menschen ohne Gemeinde. Wir sind es gewohnt, die Dinge, die wir uns ersehnen und brauchen, von einer Sache oder Person zu erwarten, die geringer ist als Jesus. Und nichts davon ist je groß genug, um die Leere zu füllen.

Die Definition von Götzendienst

Der Götzendienst versucht einfach nur, unsere Identität auf etwas anderes zu bauen als auf Gott. Ein Götze ist etwas, das den Platz in unserem Leben an sich reißt, der rechtmäßig Gott gehört. Ein Götze ist etwas oder jemand, von dem du in deinem Herzen beschließt, dass du es/ihn haben *musst,* damit dein Leben bedeutend, wertvoll, sicher, aufregend oder frei ist.

Es gibt eine Möglichkeit, wie du deine Götzen sichtbar machen kannst: Überleg einfach mal, was in deinem Leben dich dazu bringen würde, nicht mehr weiterleben zu wollen, wenn du es verlieren würdest. Oder um es positiv auszudrücken: Wofür lebst du *wirklich*? Worauf verlässt du dich? Was macht dein Leben lebenswert? Wenn es letzten Endes etwas oder jemand anderes ist als Jesus, dann ist es zum Götzen geworden.

Die meisten Götzen sind an sich gesehen gute Dinge, gute Geschenke von Gott – unser Ehepartner, unsere Kinder, unsere Hoffnungen und Träume, unsere Arbeit, unser Erfolg, unsere Begabung, unser Aussehen, unser Ruf. Der Ärger beginnt erst dann, wenn wir diese Dinge zum *Nonplusultra* machen. Wenn wir uns davon abhängig machen, dass diese Dinge und diese Menschen uns mit dem Sinn und Ziel, der Freiheit, Sicherheit und Bedeutung versorgen, die nur Jesus geben kann.

In Kapitel 1 habe ich erzählt, dass ich nicht gewusst hatte, wie abhängig ich von menschlicher Bestätigung und Annahme war, bis all das wegfiel. Menschliche Bestätigung und Annahme sind an sich nichts Schlimmes. Eigentlich sind sie ein Geschenk von Gott. Aber ich hatte sie zu Götzen gemacht, weil ich sie zur Hauptquelle meines Lebenssinns, meines Wertes, meiner Wichtigkeit und Bedeutung gemacht hatte, sodass ich ohne sie elend und deprimiert war.

Wie der Schmerz, den ich erlebte, könnte Gott deinen aktuellen Schmerz dazu gebrauchen, dein Leben und dein Herz aufzubrechen, um ein Geschenk von ihm daraus zu entfernen, das dir wichtiger geworden ist als er selbst. Oder um es mit den Worten von Paul Tripp zu sagen: »Inwiefern ist deine momentane Enttäuschung, Entmutigung oder dein Kummer ein Schaufenster auf das, was dein Herz *wirklich* in Beschlag genommen hat?«[6]

Jesus sagte, er kam, um die Gefangenen frei zu machen. Er kam, um uns aus der Knechtschaft zu erlösen. Das erklärt, warum Gott so leidenschaftlich gerne unsere Götzen zerschmettert.

Worauf hoffst du also (*außer auf Jesus*), dass es dir Annahme, Bestätigung, Sicherheit, Bedeutung, Sinn, Identität und Richtungsweisung verschafft?

Alles Nichtigkeit

Ich weiß, du verstehst: Dieser Götzendienst, von dem wir so heftig bedroht werden, beinhaltet nicht nur, dass wir uns wie in alten Zeiten oder in irgendeiner heidnischen Kultur tief im Dschungel vor irgendeiner hölzernen oder steinernen Statue niederwerfen. Aber trotzdem ist das Fazit für jene Form der Anbetung von falschen Göttern dasselbe wie für unseren intellektuell ausgereiften Götzendienst des einundzwanzigsten Jahrhunderts.

Das Fazit ist folgendes: Gott verkündet allen Götzen: »Siehe, ihr seid *nichts*, und euer Tun ist *Nichtigkeit*« (Jes 41,24 ELB). Er spricht über den Götzen aus: »Siehe, sie alle sind Betrug« (Jes 41,29 ELB). Sie »nützen nichts« (Jes 44,9). Sie sind »nichts als wertloser Plunder« (Jer 10,15 NLB).

Das Neue Testament bestätigt das: »Die Götzen gibt es in Wirklichkeit gar nicht« (1Kor 8,4 NGÜ); Götzen sind »nichtig« (Apg 14,15) und »wertlos« (NLB).

Der Götzendienst bringt in unserem Leben nur eine absolute, schreckliche *Nichtigkeit* hervor – und hat damit die absolut gegenteilige Wirkung von der Absicht, mit der wir diese Götzen anfangs geschaffen, geliebt und festgehalten haben.

Jesus vermittelt uns am Ende von Lukas 16 ein eindringliches Bild dieser Nichtigkeit. Es ist die berühmte Geschichte von dem reichen Mann und dem armen Lazarus. Es lohnt sich, diese Geschichte neu zu betrachten und dabei über die Dynamik des Götzendienstes nachzudenken.

Interessanterweise hat die Überlieferung in den vergangenen Jahrhunderten dem reichen Mann aus diesem Gleichnis gelegentlich einen Namen verliehen. Der bekannteste davon ist *Dives*, ein lateinisches Wort für »reicher Mann«. Ein jahrhundertealtes, traditionelles englisches Volkslied, das von Dives und Lazarus handelt, blieb unter diesem Titel auch in neueren klassischen Bearbeitungen erhalten. Doch als Jesus das Gleichnis erzählte, hatte dieser Kerl *keinen Namen*. Er baute seine Identität auf seinen Reichtum, sein angenehmes Leben, seine Luxusgüter und sein üppiges Wohlergehen – und verlor bei seinem Tod alles.

Im starken Gegensatz dazu erwähnt Jesus den Namen des armen Mannes, Lazarus, in der Geschichte sofort. In seiner irdischen Existenz sitzt Lazarus als hungriger Bettler vor dem Tor des reichen Mannes, während die Hunde die Wunden lecken, mit denen sein Körper übersät ist. Doch in der Ewigkeit wird Lazarus von Engeln weggetragen, um an der Seite von Vater Abraham Trost zu finden, während der namenlose reiche Mann weit entfernt auf die andere Seite einer »großen Kluft« gebracht wird, wo er in den Flammen entsetzliche Qualen erleidet. Als er in Todesqualen aufschreit und um Erbarmen fleht, spricht Vater Abraham ihn an, jedoch ohne Namen, nur mit »Sohn« (Lk 16,25). Er hatte seine Identität in sein materielles Streben, seine Leistungen und seine Dinge gesetzt – hatte sie zu seinen Götzen gemacht – und büßte dadurch seine eigene Identität ein. Er verlor buchstäblich sich selbst!

Aller Götzendienst führt uns auf diesen Weg der Namenlosigkeit. Und die Geschichte von Jesus erinnert uns daran, dass dieser letztliche Zustand der Nichtigkeit bei Weitem nicht nur eine schwammige, schmerzlose, formlose Existenz, sondern in jeglicher Hinsicht akut schmerzhaft ist. Er bringt innerliche und äußerliche Qual. Jesus will, dass wir dieses tragische Schicksal mit unserem Verständnis von Götzendienst in Verbindung bringen.

Was fehlt?

Ich will dir jetzt noch einmal folgende Frage stellen, während du zur Ruhe kommst: Verspürst du tief in dir genau diese Rastlosigkeit, Unruhe, Ungeduld und Angst? Wenn ja, warum? Was fehlt dir und womit versuchst du, dieses Loch zu stopfen?

4

SCHWARZE LÖCHER

Diese Götzen, zu denen wir uns so hingezogen fühlen, diese Vertreter namenloser Nichtigkeit, sind überall. »Es gibt mehr Götzen als Realitäten in der Welt«, schrieb Friedrich Nietzsche in seinem Buch *Götzendämmerung.*[7] Das gilt nicht nur außerhalb der Gemeinde, sondern auch innerhalb.

Die größte Gefahr, die die Ausbreitung des Evangeliums auf dieser Welt und in meinem und deinem Leben bedroht, ist nicht der Götzendienst, der von außerhalb, sondern der von innerhalb der Gemeinde kommt, sagt die Bibel.

Das ist größtenteils der Grund, warum gesagt wird: »Denn die Zeit des Gerichts ist gekommen, und es muss bei den Kindern Gottes beginnen« (1Petr 4,17 NLB).

Worin besteht diese große Gefahr?

Die größte Gefahr

Die Bibel macht deutlich, dass der Hauptfeind des Evangeliums das ist, was wir oft »Gesetzlichkeit« nennen. Ich nenne es gerne *Leistungsorientiertheit.* Ein weiterer Aspekt und die weitaus häufigste Ausprägung unter Christen ist der *Moralismus.* Streng genommen sind diese drei Begriffe – Gesetzlichkeit, Leistungsorientiertheit und Moralismus – nicht genau identisch in dem, was sie aussagen. Aber es gibt so viele Überschneidungen und Querverbindungen, dass wir sie im Grunde genommen als ein und dieselbe Sache betrachten können.

Und worum genau handelt es sich bei dieser einen Sache?

Nun, sie zeigt sich, wenn wir es versäumen, dem Evangelium zu glauben. Sie zeigt sich, wenn wir die Anweisungen zu unserem Verhalten von den Aussagen des Evangeliums trennen, wenn wir die Imperative (Anweisungen) von den Indikativen (Aussagen) des Evangeliums abkoppeln. Gesetzlichkeit tritt dann auf, wenn das, *was wir tun müssen*, am Ende wichtiger ist als das, was Jesus bereits getan hat.

Wenn wir Erfolg haben, führt uns unsere Leistungsorientiertheit zu Stolz, und wenn wir versagen, zu Verzweiflung. Aber letztlich führt sie uns in jedem Fall in die Knechtschaft, weil sich alles nur noch um *uns* dreht und um das, was wir tun müssen, um unsere eigene Identität aufzubauen, anstatt in Jesus zu ruhen und in der Identität, die er für uns errungen hat. Dieser Fokus ist falsch und in allen seinen Ausprägungen gegen das Evangelium und führt uns deshalb in die Sklaverei.

Das typische Beispiel hierfür ist ein Mensch, der versucht, sich an eine Liste seiner liebsten religiösen Regeln zu halten. Im Grunde versucht er nichts anderes zu erreichen als das, was jeder weltliche Mensch versucht, indem er ebendiese Regeln absichtlich bricht. Beide sehen das, *was sie tun*, als Mittel an, um das zu erlangen, wonach sie in ihrem tiefsten Inneren so verzweifelt suchen. Beide erwarten von sich selbst, dass sie das stillen, was nur Gott stillen kann. Für beide gilt, dass sie *alles von sich selbst abhängig machen* und nicht von Christus. A. W. Pink hat es einmal so ausgedrückt: »Der große Fehler, den die Menschen machen, liegt darin, dass sie hoffen, in sich selbst das zu finden, was nur in Christus zu finden ist.«[8]

Beide laufen nicht auf Jesus zu, sondern von ihm weg. Beide unterwerfen sich ihm nicht, sondern ignorieren ihn. Bei beiden handelt es sich um ein Projekt zur Selbstrettung – beide strengen sich an, sich zu ihren eigenen Bedingungen und durch ihre eigene Kraft zu retten, zu heiligen und zufriedenzustellen. Die einen versuchen das, indem sie sich von Zwängen losreißen, während andere sich vielerlei eigene Zwänge auferlegen. Und weil das menschliche Herz so vielfältig durchtrieben ist, versucht ein guter Teil der Menschen, auf einzigartige und verzwickte Weise *beide* Ansätze miteinander zu vermischen.

Es fällt uns sehr schwer zu akzeptieren, dass wir alle diese grundlegende Neigung in uns haben, vor allem denen von uns, die schon lange in der Gemeinde sind. Wir wissen, dass es falsch ist, die Unmoral anzubeten, wie das in der Welt alle zu tun scheinen; aber es fällt uns schwer zu verstehen, dass es genauso falsch ist, die Moral anzubeten, wie das in der Gemeinde alle zu tun scheinen.

Tief in uns wissen wir, dass Gott ungerechte »böse« Werke hasst; wir sind aber nicht annähernd so überzeugt davon, dass er selbstgerechte »gute« Werke genauso hasst, wenn nicht noch mehr. Tatsächlich ist das Gefährlichste, wenn du auf deinen Gehorsam stolz wirst.

In seinem außergewöhnlichen Buch *A More Radical Gospel* schreibt der verstorbene lutherische Theologe Gerhard Forde:

> *Die wahre Wurzel des Problems sind nicht unsere Missetaten, die wir seit jeher unter dem Namen Tatsünden kennen. Das viel ernsthaftere Problem ist das, was wir als Ursünde bezeichnen. Sie ist viel subtiler und lange nicht so offensichtlich. Die Anmaßung unseres ethischen Verhaltens, unserer Moral, unserer guten Werke, unserer Beharrlichkeit, es selbst zu schaffen, hat unsere Beziehung mit Gott zerstört.*

Weil all das uns auch gegen die Gnade richtet, ist unsere Beziehung mit Gott zerstört. … Der allmächtige Gott will so sehr, dass wir ihn einfach nur als Geber absoluter Gnade kennen. Doch wir sagen »nein« dazu. Wir sagen, dass wir es lieber selber schaffen wollen, dass Gnade uns »zu billig« ist. Das zerstört unsere Beziehung mit Gott genauso sicher wie unsere Unmoral.[9]

Unsere »guten Werke« können genau das werden, was uns so viel Selbst-Trost und Selbstbestätigung verschafft und was wir so tödlich anziehend finden. Selbstgerechtigkeit ist unser Versuch, abseits seiner Gerechtigkeit für unsere eigene Gerechtigkeit zu sorgen. Gott *hasst* das, weil er uns liebt. Und Selbstgerechtigkeit kann nur dazu führen, dass wir uns unserer Freiheit berauben lassen.

Wir schaffen das

Warum finden wir dann diese Gesetzlichkeit, diese Leistungsorientiertheit, dieses Streben nach eigener Moral so anziehend?

Weil wir damit unser Ego streicheln können; wir verehren damit den Götzen des eigenen Ichs. Wir bleiben dadurch unabhängig und »schaffen es selber«. Als Reaktion auf unser tiefes Bedürfnis nach Annahme, Sinn und Bedeutung gehen wir arroganterweise davon aus, *wir hätten die Fähigkeit,* diese Bedürfnisse irgendwie herauszufinden und selbst zu stillen. Stolz erstellen wir unseren eigenen Moralkodex, unsere eigenen Vorschriften und Anforderungen, unsere eigenen erreichbaren Maßstäbe und *befolgbaren* Regeln – und das alles, um für die innere Erfüllung zu sorgen, die unsere Seele einfordert. Wir halten uns an Bibelstellen fest, die unseren Regelsatz unterstützen, und wir rechtfertigen unsere Gesetzlichkeit mit dem Deckmantel, das moralische Gesetz so einzuhalten, wie wir es von der Bibel her verstehen.

Diese selbstauferlegten Einschränkungen, denen wir uns hingeben, *erscheinen* so richtig, so klug. (Der Apostel Paulus wäre auch dieser Meinung; all diese Dinge haben tatsächlich »einen Anschein von Weisheit«, Kol 2,23 ELB). Sie versprechen Sicherheit, Ordnung und Beständigkeit in einer kaputten, chaotischen, verrückten, launenhaften Welt – in einer Welt, die uns Angst macht. Wir hassen alles, was unvorhersehbar ist; wir hassen es, wenn wir die Dinge nicht im Griff haben. Darum mögen wir Regeln, denn wir denken, sie beschützen uns vor all dem. Wir sind Kontrollfreaks – wir haben Angst und vertrauen nur widerwillig jemandem außer uns selbst.

Unsere Regeln werden zu unserem Ersatzretter und sie zu halten wird zu unserem Selbstrettungsplan. Jesus lassen wir dabei getrost außen vor. Wenn wir genug Regeln und Bestimmungen aufgestellt haben, *brauchen wir Jesus nicht.* Außerdem macht Jesus uns Angst – er ist so unvorhersehbar, so unkontrollierbar. Das Betriebssystem Jesu – bedingungslose Gnade – ist wild. Es ist unbändig, unkontrollierbar. Es bringt alles aus dem Gleichgewicht, es entreißt uns die Kontrolle und liefert uns völlig der Barmherzigkeit Gottes aus. Darum verbringen wir unser Leben damit, eine Existenz aufzubauen, die wir kontrollieren können.

All das spielt sich ganz subtil in unserem Inneren ab. Die meisten von uns glauben zwar, dass wir Jesus mit unseren Regeln und Bestimmungen *ehren*, dass wir ihm Aufmerksamkeit schenken und ihm mehr denn je gefallen. Aber damit zeigen wir nur, dass wir uns selbst viel mehr glauben als Jesus. Unser Standardglaubensmodus besteht darin, vor allem unserer eigenen Fähigkeit zu vertrauen, mit der wir eine sichere, kontrollierbare, vorhersehbare Welt schaffen wollen.

Die Gesetzlichkeit hält unsere Illusion aufrecht, dass *wir das schaffen.* Ganz allein können wir für den Sinn, das Ziel, den Schutz und die Bedeutung sorgen, die wir gerne haben wollen – ein Verlangen, das uns erdrücken wird, wenn es nicht gestillt wird. *Wir schaffen das* – wir müssen nur zur richtigen Zeit auf die richtige Art das Richtige tun. Wenn wir uns nur genügend anstrengen, dann wird alles, wonach wir uns zutiefst sehnen, uns gehören. Und dann können wir uns beglückwünschen, weil wir wissen, dass wir das ohne die Hilfe anderer und ohne Gottes Hilfe geschafft haben.

Predige!

Was normalerweise in unseren Gemeinden gepredigt und gelehrt wird, macht alles nur noch schlimmer: Es lenkt unseren Fokus auf uns selbst – unseren Götzendienst. Viele Predigten heutzutage sind unabsichtlich und unbewusst vom Moralismus unterwandert. Moralistisches Predigen verstärkt nur unsere innere Annahme, dass die Leistung, die wir für Gott erbringen, ihn so sehr beeindrucken wird, dass er uns dafür segnet. Christen haben vielleicht keine Mühe damit, zu glauben, dass unser gutes Verhalten nicht notwendig ist, um uns Gottes Gunst anfänglich zu *verdienen*; aber ich habe noch keinen Christen getroffen, der nicht täglich – auf irgendeine Art – ein Problem damit hat zu glauben, dass unser gutes Verhalten auch nicht notwendig ist, um Gottes Gunst zu *behalten.*

So viele moderne Predigten verstärken diese Versklavung an das eigene Ich. »Tut mehr, strengt euch mehr an« ist der immer wiederkehrende Refrain. »Das hier sollst du tun; wenn du es noch nicht tust, dann fang an und tu es.« Viele der heutigen Predigten liefern nichts anderes als eine »To do«-Liste und verstärken unsere Gebundenheit an eine leistungsorientierte Sicht auf das christliche Leben. Das alles ist Gesetz (was wir tun müssen) und nicht das Evangelium (was Jesus getan hat).

Die Welt behauptet beharrlich, dass wir umso freier werden, je größer wir werden und je besser es uns geht. Die moderne Gemeinde hat diese narzisstische Anschauung geschluckt und hat viel zu oft Schuld daran, Gottesdienste zu produzieren, die kaum mehr sind als Motivationsseminare zur Selbsthilfe, voller »Du schaffst es«-Lieder und -Predigten. Doch was wir im Evangelium finden, ist das genaue Gegenteil. Das Evangelium ist keine gute Nachricht für Gewinner, sondern für Verlierer. Sie ist für die, die von dem knechtischen Glauben freigemacht werden wollen, ihre ganze Bedeutung, Sinnhaftigkeit und Sicherheit hänge von ihrer Fähigkeit ab, ein »besserer Mensch« zu werden.

Moralistisches Predigen wird angetrieben von der Angst vor der unerhörten Freiheit, die die Gnade des Evangeliums bewirkt und verspricht. Die Angst, die wir dabei empfinden, ist die folgende: Wenn wir zu viel über die Gnade und ihre radikale Freiheit nachdenken und sprechen, fallen wir auf der anderen Seite vom Pferd. Wir missbrauchen sie. Um also alles ausgewogen zu halten, müssen wir ein wenig Gesetz hineinwerfen, um dafür zu sorgen, dass die Christen nicht vom rechten Weg abkommen.

Teil eines weitverbreiteten Irrtums in der heutigen Gemeinde besteht darin, es gebe zwei gleichgroße Gefahren, von denen die Christen sich fernhalten müssen.

Auf der einen Seite des Weges ist ein Graben mit dem Namen »Gesetzlichkeit«; auf der anderen Seite ein Graben mit dem Namen »Freibrief« oder »Gesetzlosigkeit«. Man sagt, es sei Gesetzlichkeit, wenn man sich zu viel auf das Gesetz und auf Regeln konzentriere. Gesetzlosigkeit sei, wenn man sich zu viel auf die

Gnade konzentriere. Um also eine geistliche Ausgewogenheit beizubehalten, müsse man Gesetz und Gnade im Gleichgewicht halten. Wenn du zu viel Gesetz bekommst, musst du es mit Gnade ausgleichen. Wenn du zu viel Gnade bekommst, musst du es mit dem Gesetz ausgleichen. Diese Gegensätzlichkeit entlarvt unser Versagen, die Gnade des Evangeliums als das zu verstehen, was sie wirklich ist; sie verrät, wie blind wir für die radikale Tiefe und Schönheit der Gnade sind.

Ich glaube, es ist theologisch präziser zu sagen, dass das Evangelium einen Hauptfeind hat – die Gesetzlichkeit –, der sich jedoch in zwei Ausprägungen präsentiert. Manche meiden das Evangelium und versuchen sich selbst zu »retten«, indem sie sich an die Regeln halten, das machen, was man ihnen sagt, die Maßstäbe erfüllen und so weiter (das nenne ich »Gesetzlichkeit durch die Vordertür«). Andere meiden das Evangelium und versuchen, sich selbst zu »retten«, indem sie die Regeln brechen und tun, was sie wollen, ihre eigenen autonomen Maßstäbe entwickeln und so weiter (»Gesetzlichkeit durch die Hintertür«).

Es gibt also zwei »Gesetze«, nach denen wir außerhalb von Christus leben können. Das eine Gesetz, das besagt: »Ich kann Freiheit und Erfüllung im Leben finden, wenn ich die Regeln einhalte« und das andere Gesetz, das besagt: »Ich kann Freiheit und Erfüllung im Leben finden, wenn ich die Regeln breche.« In beiden Fällen versuchst du, dich selbst zu »retten«, das heißt, beide Ansätze sind gesetzlich, da sie Selbstrettungspläne sind.

Was manche einen »Freibrief« nennen, ist nur eine weitere Ausprägung von Gesetzlichkeit. Die Schuld der Menschen außerhalb der Gemeinde besteht normalerweise darin, dass sie der Gesetzlichkeit des Regel-Brechens folgen, während die Schuld der Menschen innerhalb der Gemeinde darin besteht, der Gesetzlichkeit des Regel-Haltens zu folgen.

Die größte Lüge über Gnade, die Satan der Gemeinde unterjubeln will, ist der Gedanke, Gnade sei gefährlich und müsse deshalb unter Kontrolle gehalten werden. Wenn wir diese Lüge glauben, beweisen wir nicht nur, dass wir die Gnade nicht verstanden haben, sondern behindern sogar die Ausbreitung des Evangeliums in unserem Leben und in der Gemeinde, indem wir unsere eigene Knechtschaft aufrechterhalten. Die Wahrheit ist aber, dass Ungehorsam nicht dann auftritt, wenn wir *zu viel* über Gnade nachdenken, sondern wenn wir das *zu wenig* tun.

Eine meiner Aufgaben als Pastor ist, die Menschen in ein tieferes Verständnis von Gehorsam zu führen – sie zu lehren, zu den Dingen, die Gott hasst, nein zu sagen, und zu den Dingen, die Gott gefallen, ja. Allzu oft habe ich jedoch den falschen Schluss gezogen, zügellose Menschen könne man nur zum Gehorsam bringen, indem man ihnen noch mehr Regeln gibt – das Gesetz aufrichtet. Es ist aber so, dass man zügellose Menschen nur zum Gehorsam zu bringen kann, wenn sie schmecken, dass Gott Sünder radikal und bedingungslos annimmt. Nur Gnade bringt Herzen zum Schmelzen und verändert uns von innen heraus. Wir machen nur dann Fortschritte im Gehorsam, wenn unseren Herzen bewusst wird, dass Gottes Liebe für uns nicht von unserem Fortschritt im Gehorsam abhängt.

Eine »Gnade, ja – aber«-Einstellung ist die Art von ängstlicher Haltung, bei der der Moralismus in unseren Herzen und in der Gemeinde weiterhin sein Unwesen treiben kann. Die Macht dieser Unwahrheit gelangt unbewusst in unsere Predigten, deren Antriebskraft darin besteht, dass Christen sich ordnungsgemäß verhalten. Auf diese Botschaften sprechen unsere selbstbezogenen Herzen gut an, die sich voller Stolz gerne an solch einer Lehre festhalten.

Ich hab alles im Griff

Wir seufzen vor Erleichterung, wenn wir solche Predigten hören, denn sie bestärken uns in unserem von uns selbst abhängigen Streben nach Sicherheit und Kontrolle. In unserem Wahn gehen wir sogar davon aus, dass wir das Ziel bereits erreicht haben. *Ich hab alles im Griff,* sagen wir uns selbst.

Aber keiner von uns hat *jemals* alles im Griff. Wenn wir unsere Augen öffnen, sehen wir, wie die Bibel uns bestätigt, dass wir viel schlimmer dran sind, als wir denken – dass wir viel selbstbezogener, arroganter und gieriger sind, als wir es uns jemals eingestehen würden, ganz zu schweigen davon, es anderen Menschen gegenüber zuzugeben. Diese Zutaten schaffen einen äußerst fruchtbaren Nährboden für einen selbstvergötternden, gesetzlichen Moralismus. Und dort wächst und gedeiht er.

Das ist ein Bild, das auf mich zutrifft und auch auf dich. Dieses Zeug gedeiht in uns allen. Bis zu einem gewissen Maß sind wir alle schuldig. Uns alle trifft die Schuld, dass wir zu Jesus etwas Eigenes hinzugefügt haben, was auch immer das ist. Mich trifft genauso die Schuld wie dich oder alle anderen. Darin bin ich Experte.

Was es mit uns macht

Doch die Folgen unseres gesetzlichen, moralisierenden Leistungsdenkens sind für mich genauso tragisch wie für dich.

Es erzeugt beispielsweise ein Anspruchsdenken, das uns zu Nörglern macht. Das können wir in dem berühmten Gleichnis sehen, das Jesus vom verlorenen Sohn erzählte. Die Haltung des älteren Bruders, als er erfährt, dass sein Vater dem verlorenen Bruder großzügig Gnade schenkt, ist abscheulich: »Hör mal«, wirft der ältere Sohn seinem Vater vor, »All die Jahre habe ich schwer für dich gearbeitet und dir nicht ein einziges Mal widersprochen, wenn du mir etwas aufgetragen hast. Und in dieser ganzen Zeit hast du mir nicht einmal eine junge Ziege gegeben, um mit meinen Freunden ein Fest zu feiern. Doch jetzt, wenn dein Sohn daherkommt, nachdem er dein Geld mit Huren durchgebracht hat, feierst du und schlachtest unser bestes Kalb« (Lk 15,29–30 NLB). Er sagt ihm: *Du schuldest mir was!* Genau dasselbe sagen wir zu Gott (oder denken es zumindest).

Das macht die Gesetzlichkeit aus unserer Beziehung zu unserem himmlischen Vater, der voller Liebe und überschwänglicher Gnade ist. Wir glauben, dass, wenn wir etwas für ihn *tun, tun, tun*, er *verpflichtet* ist, etwas für uns zu tun. Und wenn er unsere Erwartungen nicht erfüllt, jammern wir und ärgern uns – zumindest innerlich. Wir vergessen völlig, was in Philipper 2,14 (NLB) steht. »Was ihr auch tut, tut es ohne zu klagen und zu zweifeln.« In solchen Momenten sind wir eigentlich meilenweit davon entfernt, dieses Gebot aufrichtig befolgen zu können.

Die Wahrheit ist: Ich bin ein chronischer Nörgler, und du genauso. Wir alle sind in gewissem Maße Nörgler, denn wir alle haben zu einem gewissen Maß ein Anspruchsdenken. Und diese Art der Gesetzlichkeit macht uns mürrisch.

Eine zweite tragische Folge von gesetzlichem Moralismus ist, dass er das Gute der guten Nachricht verschleiert. Um heutzutage Menschen zu erreichen, muss man das Evangelium vom Moralismus unterscheiden können, denn die meisten Menschen außerhalb der Gemeinde denken, dass es beim Christsein nur um Moralismus geht – Regeln, Maßstäbe, Verhalten und Reinigung des eigenen Lebens. Millionen von Menschen sowohl innerhalb als auch außerhalb der Gemeinde glauben, dass die Kernbotschaft des Christentums ist: »Wenn du dich richtig verhältst, dann gehörst du dazu«. Aus menschlicher Sicht ist das der Grund, warum viele Menschen das Christentum ablehnen. Ein Freund von mir erzählte mir vor Kurzem, dass sein kürzlich verstorbener Vater nie zur Gemeinde gegangen war, weil er dachte, er wäre nicht gut genug. Er sagte, sein Vater dachte, in der Gemeinde ginge es darum, dass ein guter Mensch anderen guten Menschen erzählt, wie sie noch bessere Menschen sein könnten. Aber das steht nicht in der Bibel.

Meine Freunde aus der Mars Hill-Gemeinde in Seattle haben eine kurze Liste mit dem Titel »Wie werde ich gesetzlich« zusammengestellt, abgeleitet von einer Predigt, die dort von Mark Driscoll gehalten wurde. So geht man vor:

1. Stelle Regeln auf, die nicht in der Bibel stehen.
2. Streng dich an, die Regeln zu befolgen.
3. Geißle dich, wenn du die Regeln nicht befolgst.
4. Sei stolz, wenn du es schaffst, die Regeln zu befolgen.
5. Ernenne dich zum Richter über andere.
6. Werde zornig, wenn andere deine Regeln brechen oder andere Regeln haben.
7. »Schlage« die Versager.

Außenseiter entlarven diese Art von selbstgerechtem, moralisierendem Spiel, das viele Menschen in der Gemeinde treiben, sehr schnell. Sie sehen, wie stolz, selbstgerecht und schlichtweg unattraktiv diese Menschen werden und wollen nicht dazu gehören. Ich bin Menschen begegnet, die sich vom Christentum abgewendet haben, und meistens sagen sie, dass sie das aufgrund der Selbstgerechtigkeit bekennender Christen getan haben.

Ein drittes Unheil, das aus der Gesetzlichkeit erwächst, besteht darin, dass sie uns in die Falle von Knechtschaft und Verzweiflung lockt. Der Inbegriff von Knechtschaft ist, sich über das zu definieren, was wir tun müssen, was wir schaffen müssen und was wir werden müssen. Wenn wir tief in uns glauben, dass Gottes Segen davon abhängig ist, wie gut wir uns verhalten, verkümmern wir und stöhnen unter der schweren Bürde der Autarkie.

In diesem Leistungsdenken finden wir schließlich heraus, dass wir aus unserem Leben eigentlich eine Tragödie machen, wenn wir der Star in unserer eigenen Show sind. Wenn es im Leben nur um *uns* geht – was wir tun und was wir leisten können – wird unsere Welt erstickend klein; wir schrumpfen. Wenn wir alles nur von *uns* abhängig machen, führt das nicht zur Befreiung, sondern in die Verzweiflung.

Wenn wir im Vertrauen auf diese Gesetzlichkeit – unsere Regeltreue, unsere Fähigkeiten, unsere Leistung – leben, um unsere kleine, sichere und kontrollierbare Welt aufrechtzuerhalten, nach der wir so süchtig sind, wird eines Tages alles anfangen zu bröckeln. Unsere Kinder, unsere Ehe, unsere Finanzen oder unsere Karriere werden ins Schleudern geraten. Und das ist verheerend. Wir haben uns so sehr abgemüht, unsere Gebrechlichkeit und unsere Schwächen zu verbergen, indem wir unseren Selbstwert auf unseren Erfolg gebaut haben, und dann plötzlich können diese Mängel nicht mehr verborgen bleiben. Wir fühlen uns hoffnungslos.

Die bittere Wahrheit trifft uns hart: Diese attraktiven Götzen, an die wir uns immer wieder vertrauensvoll gewendet haben, sind in Wirklichkeit »nichts« und »weniger als nichts« (Jes 41,24 ESV). Sie sind nur schwarze Löcher, die schwärzesten aller schwarzen Löcher, und sie ziehen uns hinunter in die Trostlosigkeit.

Darum bitte ich dich noch einmal: Prüfe dich. Erforsche dein Herz. Erkenne die Wirklichkeit. Auf wen (anstatt auf Jesus) schaust du und von wem erwartest du deinen Lebenssinn, deine Bestimmung, Bedeutung, Sicherheit, Führung, Annahme und Bestätigung? Stell dir dieselbe mutige und bohrende Frage, die auch Leo Tolstoi einst stellte: »Ist in meinem Leben ein Sinn, der nicht zunichte würde durch den unvermeidlichen, meiner harrenden Tod?«[10] Wofür lebst du? Was soll dir die Freiheit und den Wert verschaffen, nach denen du dich sehnst?

Das Herzstück des menschlichen Problems ist das Problem des menschlichen Herzens. Darum sind Regeln, Bestimmungen, gutes Verhalten, persönlicher Erfolg und Leistung niemals die Lösung. Wir können unser Herz nicht ändern, indem wir unser Verhalten ändern. Wir können nicht durch äußere Reinigung innerlich rein werden. Nur innere Reinigung führt auch zu äußerer Reinigung – und das kann nur Einer tun.

Und das begann ich im Sommer 2009 auf ganz neue Weise zu verstehen.

TEIL DREI

JESUS

+

5

JESUS, ALLES UND NOCH MEHR

=

Ja, unsere inneren, überweltlichen Sehnsüchte sind real und tief; in mancherlei Hinsicht scheinen sie oft unergründlich. Sicher sollten wir in der Lage sein, *irgendetwas* dagegen zu unternehmen.

Doch all die selbsterzeugten Möglichkeiten, mit denen wir versuchen, diese Sehnsüchte zu stillen, die Menge an Götzen, die wir aufstellen und verehren, werden sich am Ende alle nur als nichtig erweisen. Sie sind *klein* – lächerlich klein –, eine Tatsache, die absolut klar wird, wenn unsere Augen geöffnet werden und wir sehen, wer allein dazu in der Lage ist, diese klaffenden Löcher in unserer Seele zu stopfen.

Als ich in meinem superstressigen Jahr 2009 mit meiner Familie in den Urlaub startete, von dem ich dir erzählt habe, wurde meine Seele durch den Kolosserbrief wieder mit der Wirklichkeit in Einklang gebracht, dass Christus erhaben und genug ist. Ich entdeckte aufs Neue, dass der Brief an die Kolosser die Vorrangstellung Jesu mit so viel Reichtum und Tiefe verkündet wie keine andere Stelle in der Bibel.

In jenen darauffolgenden Tagen, Wochen und Monaten kehrte ich oft zu diesem Buch zurück, sah und kostete es mit neuen Augen und neuem Verlangen. Als ich mich durch diesen Brief arbeitete und wohl jedes Buch las, das über den Kolosserbrief geschrieben worden war, um ihn besser und tiefer zu verstehen, gelangte ich erneut ans Ende meiner selbst. Ich wurde aus meiner

Wohlfühlzone herausgerissen und in etwas hineingedrängt, das sich außerhalb meines Sicherheitsgefühls befand. Die Botschaft dahinter war unbehaglich und herausfordernd, während der große Arzt ans Werk ging.

Ich lernte noch viel mehr darüber, was es für uns bedeutet, Menschen zu sein, die sich auf Gott ausgerichtet haben und vom Evangelium gesättigt sind. Ich erfuhr, wie sehr ich an minderwertige Dinge gebunden war und dass Jesus gekommen war, um mich zu befreien. Ich sah mit klareren Augen, dass Gott, weil ich ein Sünder bin - weil wir alle Sünder sind -, in deinem und meinem Leben viel herummeißeln, -schneiden und -schleifen muss, um unsere Herzen immer enger auf ihn und das Evangelium auszurichten.

Egal, wie jung oder alt wir sind, er muss ein Werk in unserem Leben tun – er ist immer noch dabei, die Gefangenen auf liebevolle Weise zu befreien.

Konkurrierende Kräfte

Als der Apostel Paulus den Brief an die Kolosser schrieb (um 60 n. Chr.), war Kolossä ein Handelszentrum, in dem ein reges Kommen und Gehen von Reisenden stattfand. Es war ein pluralistischer Ort, eine Stadt, in der man über konkurrierende Vorstellungen, Philosophien und Weltanschauungen, die alle um Anerkennung und Überlegenheit rangelten, sprach und sie förderte. (Klingt das etwa wie ein Ort oder eine Kultur, die du kennst?)

In diesen Mix hinein wurde eine Gemeinde gepflanzt, doch die Gläubigen dort wurden oft von den Kräften und Gedanken abgelenkt, die sie in ihre kulturelle Gefolgschaft aufnehmen wollten.

In der Zwischenzeit waren unter den Gläubigen in Kolossä Irrlehrer aufgestanden, die sie mit der Verheißung eines tieferen Heils, einer besseren Rettung, einer gesteigerten Freiheit, eines aufgeklärteren Wissens, einer höheren Macht in ihrem Leben lockten – Dinge, die über das hinausgingen, was Christus für sie getan hatte. Diese verlockenden Einflussnehmer zogen die Menschen weg von Jesus und hin zu einem attraktiven Spektrum zusätzlicher Segnungsquellen.

Die heutige Welt ist nicht viel anders, oder? Überall um uns herum werden uns Waren angepriesen; überall werden wir mit dieser Idee bombardiert, dass Jesus nicht genug ist.

Paulus wusste, dass diese Schmälerung von Christus, diese Abwertung von Gottes Sohn, die gefährlichste und zerstörerischste Ketzerei war, denen die Gläubigen in Kolossä vermutlich begegnen konnten. Darum schrieb er ihnen diesen Brief, um die Überlegenheit Christi über alle menschlichen Philosophien und Traditionen, alle menschliche Meinungen, Vorlieben, Persönlichkeiten und Errungenschaften zu zeigen. Diese Überlegenheit war so überwältigend, so unglaublich umwerfend, so grenzenlos, dass wir uns vorbehaltlos an diesem Fazit festhalten können: *Jesus plus Nichts ist gleich Alles – und Alles minus Jesus ist gleich Nichts.*

Eine aussagekräftige Struktur

Der Kolosserbrief beginnt, wie die anderen paulinischen Briefe, mit einem *lehrmäßigen* Inhalt (Kapitel 1 und 2), dann folgen Überleitungen zur praktischen Umsetzung dieser Lehre (Kapitel 3 und 4). Um in grammatikalischen Begriffen zu sprechen, beginnt Paulus mit dem *vertikalen Indikativ* (was Gott in Christus für uns getan hat) und geht dann über zum *horizontalen Imperativ* (wie wir angesichts dessen, was Gott für uns getan hat, leben sollen).

Diese Reihenfolge ist bei den paulinischen Lehren äußerst wichtig. (Die Bibel ist so reich und tief und facettenreich, dass wir nicht nur von dem lernen, *was* in der Bibel steht, sondern auch davon, *wie* sie es ausdrückt.) Paulus wusste, dass wir über unser Leben als Christ immer zuerst vertikal nachdenken müssen und erst dann horizontal. Wir müssen uns immer zuerst in das vertiefen, was Gott bereits für uns *getan hat*, bevor wir selbst etwas *tun*. Diese absichtlich gewählte Reihenfolge ist entscheidend, denn sie unterscheidet in unseren Gedanken das Evangelium vom Moralismus und hilft uns, das Evangelium vor dem Moralismus in unserem Handeln zu bewahren.

Ist Paulus gegen Moral? Natürlich nicht! Seine Briefe sind voller Anweisungen, wie Christen leben sollten. *Moral* ist etwas Gutes; Moralismus hingegen ist schlecht (wie wir bereits herausgefunden haben). Wenn man einem Wort die Nachsilbe *-ismus* anhängt, macht man aus ihm ein Nonplusultra, dem man sich völlig hingeben muss. Obwohl also der Grundbegriff von Moral gut ist, trifft das nicht auf das Extrem des Moralismus zu.

Paulus war ursprünglich ein Pharisäer, und die Pharisäer im Neuen Testament waren äußerste Moralisten. Sie achteten auf ausgesprochen clevere Weise darauf, dass ihr äußeres Verhalten tipptopp war. Jesus bezeichnete sie sogar als weißgetünchte Gräber und bescheinigte ihnen damit, wie »rein« sie äußerlich wirkten. Jeder sah sie als supergeistlich an, als die wahrhaftig Religiösen. »Aber in eurem Inneren«, sagte Jesus ihnen, »seid ihr verfault und tot.«

Der Moralismus schlägt die folgende Trommel: *Wenn ich mich bessere, dann werde ich angenommen – von Gott, von anderen, sogar von mir selbst.* Doch das Evangelium sagt etwas radikal anderes. Das Evangelium verkündet, dass durch Jesu Werk für uns jeder »in Christus« bereits von Gott angenommen ist. Darum braucht es keine Besserung, kein gutes Verhalten und keine Leistung mehr, um die tiefe Annahme zu erleben, nach der wir uns sehnen und für die wir uns im Grunde tagtäglich abmühen. Das mag wie eine unbrauchbare Unterscheidung aussehen, doch es macht den alles entscheidenden Unterschied.

Darum tut Paulus uns einen Gefallen, wenn er den Kolosserbrief (und seine anderen Briefe) so strukturiert, dass er zuerst das betont, was Gott in Christus für uns getan hat, und erst danach erklärt, wie sich unser Leben und unser Verhalten deshalb entwickeln sollten.

Über-Dimensionen

Paulus lehrt im Kolosserbrief nichts, was wir nicht auch in seinen anderen Briefen finden könnten. Das Besondere am Kolosserbrief ist nicht seine Lehre, sondern seine *Dimensionen.* Was Paulus im Kolosserbrief über Christus sagt, ist wirklich kolossal – beeindruckend und gewaltig und übersteigt die Grenzen unseres Verstehens.

Wie wir sehen werden, hat dieser Brief auch Gewaltiges über unsere Sünde zu sagen und noch Größeres über das Evangelium und darüber, was es bewirkt. Im Kolosserbrief zeigt Paulus uns, dass Jesus groß ist, unsere Sünde groß ist, das Evangelium groß ist, Gottes Gnade groß ist und unsere Rettung groß ist. An den Wahrheiten, die dieses Buch vermittelt, gibt es überhaupt nichts Kleines. Und der Inbegriff, die Krönung all dieser Gewaltigkeit, ist die unberechenbare Größe von Jesus Christus selbst.

Eine notwendige Größe

Diese Größe von Christus Jesus ist etwas, das wir unbedingt besser verstehen müssen.

Nur wenn wir ihn so sehen, wie er ist, können wir die Versuchung zum Götzendienst überwinden.

John Piper schreibt in seinem Buch *Sehnsucht nach Gott:* »Ich kenne keinen anderen Weg für den langfristigen Triumph über die Sünde, als sich mit Hilfe einer überragenden Zufriedenheit in Gott von ihr zu distanzieren.«[11] Und nichts kann uns diese »überragende Zufriedenheit in Gott« besser geben als ein deutlicherer Fokus auf Jesus und seine Größe. Wenn wir fasziniert und gefesselt sind von der Person Jesu, sind wir fähig und bereit, den ständigen Versuchungen zu widerstehen, uns mit etwas Geringerem zufriedenzugeben.

Und lass mich hier betonen, dass dieser intensivere Blick auf Christus nicht irgendeine intellektuelle Anstrengung ist, sondern die Faszination unseres Herzens, etwas Aufregendes und Frohes. Letzten Endes braucht es diese Art der Freude, um Götzendienst und Sünde zu besiegen. Der Puritaner Matthew Henry schrieb im achtzehnten Jahrhundert: »Die Freude am Herrn wird uns wappnen gegen die Angriffe unserer geistlichen Feinde und uns den Geschmack an den Vergnügungen nehmen, die der Versucher als Köder an seine Haken hängt.«[12]

Ein Lied über die Erhabenheit Christi

Die Stelle im Kolosserbrief, an der die Größe Christi am sichtbarsten wird, sind die Verse 15–20 in Kapitel 1. Die Gelehrten vermuten, dass diese Zeilen ursprünglich ein Loblied auf Christus waren. Paulus bricht hier in Lobgesänge aus, die zeigen, wie gewaltig Jesus und wie mächtig seine Rettung ist. Ein Kommentator beobachtet, dass Paulus sich hier schon fast in einem Zustand der Ekstase befindet, ergriffen von der Ehrfurcht über die unermessliche Größe unseres Retters.

Achte mal darauf, wie oft Paulus selbst in solch einer kurzen Stelle die *Allheit* erwähnt, die mit Jesus Christus verbunden ist:

> *Er ist … der Erstgeborene aller Schöpfung. Denn in ihm ist alles … geschaffen worden … Alles ist durch ihn und zu ihm hin geschaffen; und er ist vor allem, und alles besteht durch ihn … Er ist der Anfang …, damit er in allem den Vorrang habe; denn es gefiel der ganzen Fülle, in ihm zu wohnen und durch ihn alles mit sich zu versöhnen … – Kolosser 1,15–20* ELB

Paulus macht gigantische Aussagen über die uneingeschränkte Absolutheit der Vorrangstellung Christi. Er will, dass seine Leser von der schieren Größe Christi ergriffen werden, dass sie von seiner grenzenlosen Souveränität, seinem Glanz, seiner Schönheit, Macht und Vertrauenswürdigkeit völlig hingerissen sind.

Im Grunde genommen *besitzt* Jesus das Konzept »Alles«. Paulus will, dass wir von allem, was Jesus ist, tief beeindruckt sind – und die Wahrheit spüren, dass alles andere in unserem Leben im Vergleich damit bemerkenswert gering ist. Gott will, dass wir von Ehrfurcht ergriffen werden, wenn wir die Größe Christi sehen, und dann auf verwunderliche Weise durch eine neue Erkenntnis unserer eigenen Kleinheit Befreiung erleben.

Herr der Schöpfung

Während Paulus die Absolutheit der Erhabenheit und Herrlichkeit Christi besingt, hebt er besonders hervor, dass Christus souverän und der Höchste ist über der gesamten Schöpfung (V. 15–17) sowie über der Gemeinde, die seine neue Schöpfung ist (V. 18–20).

Indem Paulus verkündet, dass es in der geschaffenen Ordnung nichts Größeres oder Bedeutenderes gibt als Jesus, spricht er von Christus als dem »Erstgeborenen aller Schöpfung« (V. 15). Das kann nicht bedeuten, dass Jesus selbst ein erschaffenes Wesen ist, denn das würde anderen Bibelstellen widersprechen – einschließlich der Verse 16–17 in Kolosser 1, wo wir sehen, dass die gesamte geschaffene Ordnung von, durch und für Christus gebildet wurde. Der Zusammenhang hier »unterscheidet aufs Schärfste zwischen Christus und der Schöpfung«.[13]

Mit der Aussage »Erstgeborener aller Schöpfung« meint Paulus also eigentlich die erhabene Stellung von Christus als dem Erstwichtigen, dem Erstplatzierten, der jedes Recht und Privileg über die gesamte Schöpfung innehat. Mit anderen Worten, er will damit ausdrücken, dass Jesus Gott ist. Christus ist *Herr* über die Schöpfung.

Das erinnert mich an einen berühmten Ausspruch von Abraham Kuyper, einem niederländischen Theologen des letzten Jahrhunderts: »In Gottes ganzer Schöpfung gibt es nicht einen Quadratzentimeter, über den Jesus nicht ausruft ›Meiner!‹.« Genau das sagt Paulus hier.

Das Crescendo in Paulus' Loblied auf Christus geht noch weiter: »Alles besteht durch ihn.« Auf geheimnisvolle Weise ist Christus der zentrale Anziehungspunkt der gesamten Schöpfung.

Das gilt nicht nur physikalisch gesehen, sondern auch in jeglicher anderen Hinsicht. Das ist der Grund, warum unser Leben zusammenbricht und zerfällt, wenn unser Wesen in irgendeiner Weise von Christus getrennt ist. Gibt es in deinem Leben Dinge, die zerfallen? Nur Christus kann dein Leben in wahrer Ganzheit wieder zusammensetzen.

Herr der Gemeinde

Paulus fährt fort mit der Aussage, dass, so wie Christus Herr über die gesamte Schöpfung ist, er als »Haupt des Leibes« (V. 18) auch Herr über die Gemeinde ist. Christus ist der König der Könige, der Herr der Herren.

Während Paulus die Vorrangstellung Christi in der Gemeinde verkündet, verwendet er erneut den Begriff »Erstgeborener« – Christus ist »der Anfang, der Erstgeborene aus den Toten« (V. 18). Jesus hatte in seinem Dienst Lazarus und andere Menschen von den Toten auferweckt, doch Lazarus und die anderen starben später wieder. Die Auferstehung Christi war die erste ihrer Art, die eines Tages auch alle seine Nachfolger erleben werden, wenn wir vollständig erlöst und verwandelt werden.

Die zentrale Bedeutung der Auferstehung Christi liegt in der Tatsache, dass sie nur der Beginn des rettenden, erneuernden und auferweckenden Werkes Gottes ist, das seinen Höhepunkt in der Auferstehung aller Gläubigen und der Wiederherstellung des gesamten Kosmos haben wird.

Gott in Christus und Christus in Gott sehen

Das Crescendo schwillt noch ungleich weiter an, als Paulus schreibt: »Denn es gefiel der ganzen Fülle, in ihm zu wohnen«

(V. 19). Die Tragweite dieser Worte ist atemberaubend, unendlich bedeutend, grenzenlos tief und gewichtig. Bei dieser Aussage sollten wir lange verweilen, damit sich ihre Wahrheit immer mehr entfalten kann, denn wir werden nie erschöpfend all das begreifen, was sie beinhaltet und bedeutet und bietet. Sie ist alle Aufmerksamkeit wert, die wir ihr je schenken könnten.

Das bedeutet beispielsweise, dass alles, was wir in der Bibel über die Güte, Größe, Herrlichkeit, Heiligkeit und Gerechtigkeit Gottes, unseres Vaters, lesen können, gleichermaßen auf Christus, den Sohn Gottes zutrifft. Das ist ein wichtiger Grund dafür, das Alte Testament immer mit Jesus Christus im Blick zu lesen, da das Bild Gottes, das wir dort sehen, auch das Bild von Christus ist, das wir haben sollen.

Denk zum Beispiel an all die Lobpreisungen in der Zusammenstellung der untenstehenden Verse – sie alle gelten für Jesus, sie alle beschreiben die Größe und Herrlichkeit Christi, der die Fülle Gottes selbst ist. Du kannst sie mit frohem und dankbarem Herzen dazu verwenden, das Lamm Gottes anzubeten – in der innigen Gemeinschaft mit ihm, für die du geschaffen wurdest.

Du wirst mir den Weg zum Leben zeigen und mir die Freude deiner Gegenwart schenken. Aus deiner Hand kommt mir ewiges Glück. – Psalm 16,11 NLB

Herr, die Erde ist erfüllt von deiner Gnade. – Psalm 119,64 NLB

Denn du bist groß und tust Wunder. Du allein bist Gott.
– Psalm 86,10 NLB

Deine Gerechtigkeit, Gott, reicht bis zum Himmel. Herrliche Taten hast du vollbracht. Gott, wer ist dir gleich?
– Psalm 71,19 NLB

Herr, wie groß ist deine Barmherzigkeit. – Psalm 119,156 NLB

Alles muss dir dienen. – Psalm 119,91

Groß ist der Herr und sehr zu loben! Seine Größe ist unerforschlich! – Psalm 145,3 NLB

Unser Herr ist groß und seine Macht ist gewaltig! Seine Erkenntnis übersteigt alles, was wir begreifen können! – Psalm 147,5 NLB

Denn wie groß ist seine Güte und wie groß ist seine Huld! – Sacharja 9,18 LUT

Die Gnade des Herrn nimmt kein Ende! Sein Erbarmen hört nie auf. – Klagelieder 3,22 NLB

Diese Größe Gottes in der Person Christi ist der Grund, warum Paulus sagen kann: »In ihm [Christus] erfüllen sich alle göttlichen Zusagen« (2Kor 1,20 NLB).

Jeder Segen

Paulus sagt also, dass wir in Christus Jesus *all der Fülle Gottes* begegnen. Diese hochtrabende Aussage wird auch als »Gott in all seiner Fülle«, »alles, was Gott ist«, »die ganze Natur Gottes«, »das gesamte Wesen Gottes«, »die Gesamtheit göttlicher Kräfte und Eigenschaften« wiedergegeben.[14]

In der Übersetzung von Eugene Peterson steht, dass Christus »so geräumig … so weit ist, dass alles von Gott in ihm [Christus] ohne Gedränge seinen angemessenen Platz findet« (Kol 1,19 MSG).

Alles von Gott ist in Christus, und beachte, dass Paulus sagt, es sei alles dort, weil »es Gott gefiel« (V. 19). Die Botschaft aus der Höhe, die Jesus bei seiner Taufe im Jordan hörte, war und bleibt dieselbe: »Du bist mein geliebter Sohn; an dir *habe ich Wohlgefallen!*« (Lk 3,22).

Und all das ist ein Segen für dich und mich.

Wir können es als »die ganze Fülle … der Gerechtigkeit, Weisheit, Kraft und aller Güter« ansehen, wie Johannes Calvin es ausdrückt. Wir müssen »alles Gute, das wir zu unserm Heil erbitten, aus der Fülle Christi … schöpfen«, sagt er, »da es ja so von Gott bestimmt worden ist.« Calvin schreibt weiter: »Christus ist uns alles, außer ihm haben wir nichts.«[15] Jedes Mal, wenn wir uns an etwas Geringeres, Ersatzretter, falsche Götter – Götzen – klammern, berauben wir uns folglich der Freiheit, die Christus für uns erworben hat.

Für Christen bedeutet die Fülle Christi *alles* für *alle*. Der Apostel Johannes hat es folgendermaßen ausgedrückt, als er uns Christus und sein Evangelium vorstellte: »Und aus seiner *Fülle* haben wir *alle* empfangen Gnade um Gnade« (Joh 1,16).

Das Unsichtbare sehen

Es gefiel der ganzen Fülle, in ihm zu wohnen – diese herrlichen Worte aus Paulus' Loblied auf Christus im Kolosserbrief verweisen zurück auf den Eröffnungssatz des Liedes: »Er ist das Bild des unsichtbaren Gottes« (Kol 1,15 ELB). In Christus können wir das sehen, was sonst unsichtbar ist – »Gott … an sich … in seiner nackten Majestät«, wie Calvin es ausdrückt.[16]

Wir bekommen etwas unvergleichlich Strahlendes und Helles zu sehen. Wir sehen »das helle Licht des Evangeliums von der Herrlichkeit des Christus …, welcher Gottes Ebenbild ist«, wie Paulus es an einer anderen Stelle ausdrückt (2Kor 4,4). Dieses »Ebenbild Gottes« ist etwas, das »Christus immer war, ist und sein wird«[17] – eine solide, ewig gültige Wahrheit, kein abgehobener, abstrakter Begriff, sondern eine praktische Realität, die uns immer zu unserem Segen und Nutzen zur Verfügung steht.

Dieser Ausdruck »Ebenbild« vermittelt uns, dass Jesus das exakte Abbild und auch die genaue Manifestation oder Offenbarung Gottes ist. Wenn wir uns Christus im Neuen Testament ansehen (genauso wie im Alten), müssen wir uns nie einer sorgfältigen geistigen Prüfung unterziehen und denken: *Oh, aber das ist Jesus und nicht Gott.* Wenn wir Jesus sehen, sehen wir Gott; und jeder flüchtige Blick, den wir auf ihn erhaschen, dient unserer eigenen Erleuchtung und Ermutigung und ist ein Licht auf unserem täglichen Weg. »Denn Gott, der dem Licht gebot, aus der Finsternis hervorzuleuchten, er hat es auch in unseren Herzen licht werden lassen, damit wir erleuchtet werden mit der Erkenntnis der Herrlichkeit Gottes im Angesicht Jesu Christi« (2Kor 4,6).

Alles, überall

Während unsere Augen durch die Bibel geöffnet werden, erweitert sich unsere Wahrnehmung der Fülle Christi in alle Richtungen und verstärkt alles, was wir über ihn lernen, von ihm sehen und erkennen.

Aufs Neue erkennen wir, dass die Gemeinde »sein Leib ist, die Fülle dessen, der alles in allen erfüllt« (Eph 1,23).

Wir erfahren, dass der auferstandene und verherrlichte Christus »hinaufgestiegen ist über alle Himmel, damit er alles erfülle« (Eph 4,10).

Wir sehen, wie Gott Jesus eingesetzt hat »zum Erben von allem, durch ihn hat er auch die Welten geschaffen« (Hebr 1,2).

Und am Ende, auf der letzten Seite der Bibel hören wir, wie die göttliche Fülle in der Stimme des Retters widerhallt, wenn er ruft: »Ich bin das A und das O, der Anfang und das Ende, der Erste und der Letzte« (Offb 22,13).

Jesus war sich der göttlichen Fülle deutlich bewusst, als er auf der Erde diente. Er bezeugte: »Denn der Vater liebt den Sohn und zeigt ihm alles, was er selbst tut« (Joh 5,20). Jesus erklärte: »Alles ist mir von meinem Vater übergeben worden … und niemand erkennt den Vater als nur der Sohn und der, welchem der Sohn es offenbaren will« (Mt 11,27).

Mit jeder neuen Wahrnehmung der Fülle Christi, die wir empfangen, öffnen wir uns für noch mehr Segen, denn Jesus selbst bezeugt: »Denn wer hat, dem wird gegeben werden, und er wird Überfluss haben« (Mt 13,12).

Ich frage mich, ob es in der Bibel irgendein anderes so vorherrschendes Thema gibt, das gleichzeitig von ihren Lesern derart übersehen und unterschätzt wird wie das allumfassende Ausmaß dessen, wer Christus ist.

Alles, was wir brauchen

Im gesamten Kolosserbrief hebt Paulus die göttliche Vollkommenheit Christi immer wieder und auf verschiedene Weise hervor: »Denn in ihm wohnt die ganze Fülle der Gottheit leibhaftig« (2,9). In Christus sind »alle Schätze der Weisheit und der Erkenntnis verborgen« (2,3). Kurzum, »Christus [ist] alles« (3,11 ELB). *Christus ist alles* – und alles, was wir brauchen.

Nachdem wir gesehen und gehört haben, wie Christus beschrieben wird und wie anbetungswürdig er ist, ist es der Gipfel der Dummheit, wenn wir uns abwenden und unser Leben etwas Geringerem hingeben als Jesus. Kein erschaffenes Etwas kann je das für uns sein, was nur der Schöpfer selbst sein kann. Das erinnert mich an die Worte von Francis Schaeffer: »Wenn Christus nicht Herr über alles ist, dann ist er überhaupt nicht Herr.«

Warum sollten wir uns an etwas anderes wenden als an Christus und all seine Fülle? Das ist nicht auch nur im Geringsten vernünftig. Und doch tun wir das ständig. C. S. Lewis hat unsere Situation in diesen oft zitierten Zeilen gut aufgegriffen:

> *Wenn wir die geradezu schamlosen Verheißungen auf Belohnung und die phantastischen Belohnungen, die in den Evangelien verheißen werden, betrachten, scheint es, als müssten unsere Wünsche dem Herrn eher zu schwach als zu groß vorkommen. Wir sind halbherzige Geschöpfe, die sich mit Alkohol, Sex und Karriere zufriedengeben, wo uns unendliche Freude angeboten wird – wie ein unwissendes Kind, das weiter im Elendsviertel seine Schlammkuchen backen will, weil es sich nicht vorstellen kann, was eine Einladung zu Ferien an der See bedeutet. Wir geben uns viel zu schnell zufrieden.*[18]

Wir geben uns zu schnell zufrieden – und auch wenn wir uns den Vergnügungen ärmlicher Schlammkuchen hingeben, machen wir die äußerst schmerzliche Entdeckung, dass wir in Wirklichkeit überhaupt nicht »zufrieden« sind.

Darum müssen unsere Herzen und Gedanken ständig erfrischt werden, nicht nur von der Größe Christi, sondern auch von der Größe des Evangeliums.

Versöhnt

Am Ende dieses Liedes über die Vorrangstellung Christi bringt Paulus die herrliche Reichweite Christi dort zur Geltung, wo sie uns am grundlegendsten berührt. »Durch« diesen Jesus, verkündet Paulus, wird Gott wirklich »*alles* mit sich … versöhnen – indem er Frieden gemacht hat durch das Blut seines Kreuzes – durch ihn, sei es, was auf der Erde oder was in den Himmeln ist« (1,20 ELB).

Jesus ist mächtig – er hat die Macht, uns zu erretten. Und jetzt schauen wir uns an, auf welche mächtige Weise er uns errettet hat.

6

DIE GRÖSSTE UND BESTE NACHRICHT

=

Das »Alles«, für das Jesus in unserem Leben stehen kann, ist immer direkt und zwangsläufig mit unserem grundlegendsten Bedürfnis verknüpft – nach einem Retter, der uns von unserer Knechtschaft unter die Sünde, von unserer Bindung an die Unabhängigkeit und von der Last unserer Götzen befreit. Das ist ein Bedürfnis, dem wir nie entwachsen.

Als ich in jenem Sommer 2009 meine Augen und mein Herz auf den Brief richtete, den Paulus an die Kolosser geschrieben hatte, war mir eine Stelle wichtiger als alle anderen. Gott zeigte mir, wie furchtbar stark meine götzendienerische Abhängigkeit von menschlichem Beifall und der dadurch bedingten zerstörerischen Unsicherheit und dem Stress war. Zur selben Zeit begann er, diese Ketten zu durchbrechen und mich mit den erstaunlichen Worten aus Kolosser 1,12 (NGÜ) frei zu machen (die übrigens in der Vergangenheitsform stehen): Der Vater »[hat] euch *das Recht gegeben*, an dem Erbe teilzuhaben, das er in seinem Licht für sein heiliges Volk bereithält.«

»Tullian«, sagte er zu mir, »ich habe dir *bereits das Recht gegeben.* Du musst den Anforderungen nicht allein gerecht werden und auch von niemandem noch mehr Bestätigung erwarten. In Christus gehörst du dazu!« Diese gottgegebene Berechtigung bedeutete für mich auch ein strahlendes Erbe, das nie geschmälert oder weggenommen werden konnte.

Gott öffnete meine Augen, sodass all die Dinge, die ich in Christus bereits besaß, für mich auf atemberaubende Weise wieder ganz neu aufgewertet wurden.

Ich hatte Probleme

Immer wieder kam ich zurück zu Kolosser 1 und wurde mir des Ausmaßes meiner Knechtschaft und der tiefen Abgründe, in die sie mich gestürzt hatte, immer stärker bewusst – doch nicht ohne dass mich die Stärke der Botschaft des Evangeliums, das mir dort begegnete, auch immer wieder aufbaute.

Ich sah, dass ich Probleme mit Sicherheit hatte; mir wurde klar, wie verletzlich und angreifbar ich mich fühlte und wie tief ich mich nach mehr Schutz sehnte. Doch Gott versicherte mir, dass meine Identität und mein Wert *nichts* mit meiner Stärke oder meiner Fähigkeit zu gewinnen zu tun hatte. Meine Identität und mein Wert hingen überhaupt nicht von mir selbst ab, sondern nur von dem Werk, das Jesus *für* mich vollbracht hatte.

Wunderbare, ermutigende Befreiung!

Mit den nächsten Worten, die Paulus (wieder in der Vergangenheitsform) an die Kolosser richtete, half Gott mir zu verstehen, wie gewisslich sicher und absolut unangreifbar meine Stellung ist: »*Er hat uns gerettet* aus der Macht der Finsternis und *versetzt* in das Reich des Sohnes seiner Liebe. In ihm haben wir die Erlösung, die Vergebung der Sünden« (Kol 1,13–14).

Tullian, du wurdest bereits aus den Klauen der Finsternis gerettet und in das Reich Jesu versetzt; du bist und bleibst in Jesus heil und unversehrt – weil er vor langer Zeit das alles für dich vollbracht hat.

Mit dieser Perspektive erinnerte er mich aufs Neue daran, dass unser Kampf nicht gegen Fleisch und Blut ist, sondern gegen die Fürstentümer und Gewalten in der Himmelswelt. Das half mir aufs Neue zu erkennen, wer mein wirklicher Feind war.

Aber mir wurde klar, dass ich auch noch andere Probleme hatte. Ich hatte Angst um meinen Ruf, weil so vieles über mich gesagt wurde, was nicht stimmte. Schließlich hatte ich mich sehr angestrengt, um meinen guten Ruf zu erlangen, und jetzt wurde ich in Frage gestellt und verleumdet. Ich hatte Angst, die Menschen, die ich respektierte (und die, deren Respekt ich haben wollte), würden schlecht von mir denken. Schließlich glaubte ich, meine Identität sei direkt damit verknüpft, was ich erreichen könnte, wer ich werden könnte und wie gut die Menschen von mir dachten. Das war Knechtschaft.

Auch hier öffnete mir Kolosser 1,12 (ELB) die Augen: »dem Vater danksagend, der euch fähig gemacht hat zum Anteil am Erbe der Heiligen im Licht.«

Tullian, du bist einer dieser Heiligen im Licht. Du bist mit ihm vereint; sein Name, seine Gegenwart, seine Persönlichkeit und sein Ruf werden dich immer »überschatten« und dein ganzes Inneres ausfüllen. Weil Jesus ein Jemand war, hast du die Freiheit, ein Niemand zu sein.

Hier war meine Identität. Ja, ich habe sie nicht verdient; ja, sie ist mir nur durch Gottes erstaunliche Gnade in Christus zugefallen; doch sie war tiefer und entsprach genauer dem, was ich bin, als alles, was ich für mich allein erreicht hatte. Als mir das endlich klar wurde, war das so befreiend für mich. Weil Christus für mich das Werk vollbracht hat, muss ich nichts mehr beweisen und meinen Ruf nicht mehr schützen.

Und ich wurde auch noch mit etwas anderem konfrontiert: Durch all den Aufruhr in der Gemeinde sah ich endlich, wie sehr ich mich an eine schmerzhafte Situation gebunden fühlte, von der ich unbedingt befreit werden wollte. Ich hatte nicht darum gebeten. Und obwohl ich gewusst hatte, dass die Vereinigung von zwei Gemeinden schwer sein würde, hatte ich keine Ahnung gehabt, wie viel Schmerz, Angst und Isolation ich erleben würde. Wie hätte ich die Verzweiflung, Hoffnungslosigkeit und Niedergeschlagenheit, die ich durchlebte, vorhersehen können? Ich fühlte mich abgelehnt, drangsaliert und in gewissem Sinne verlassen. Ich wollte da raus. Ich wollte frei sein.

Die Stelle aus dem Kolosserbrief sprach Bände zu meinem Herzen und zeigte mir meinen wahren Stand: »Er hat uns gerettet … In ihm haben wir die Erlösung.«

Gott erinnerte mich daran, dass ich in Christus bereits frei war. Ich war bereits erlöst – freigekauft vom Sklavenmarkt der Sünde und des Todes. Die tiefe Befreiung, die ich mir ersehnte, hatte ich bereits. Jetzt war ich in alle Ewigkeit frei.

Im Gegensatz zu dem, was ich gedacht hatte, brauchte ich keine lindernden Umstände, keine Befreiung von den Schwierigkeiten und keinen Abstand vom Schmerz, um frei zu sein. Mir wurde klar, dass die Freiheit, die Jesus für mich erworben hatte, keine Freiheit von Schmerz und Leid im Hier und Jetzt ist, sondern Freiheit von Bitterkeit, Zorn, Angst, Ärger, Selbstmitleid, Kränkungsgefühlen und Hoffnungslosigkeit angesichts des gegenwärtigen Schmerzes und Leids – Freiheit von meinem belastenden Gefühl, ich hätte Besseres verdient, Freiheit von der Last meines Anspruchsdenkens. Ich erkannte: Nur das Evangelium kann uns von dem versklavenden Druck befreien, uns selbst verteidigen zu wollen. Das ist *echte* Freiheit – Gott-große Freiheit!

Weil in der Gemeindesituation alles so chaotisch geworden war, sehnte ich mich außerdem nach Reinigung und Wiederherstellung.

Das Gefühl von Reinigung, das ich brauchte, kam durch die Gegenwartsform der Worte aus derselben Kolosserstelle – »In ihm *haben wir die Erlösung*, die Vergebung der Sünden« (V. 13–14). Wir haben sie *jetzt*!

Und Gott sagte: »Tullian, in meinem geliebten Sohn stehst du jetzt in diesem Moment vollständig gereinigt vor mir. Dir ist vergeben. Darum wird die Grundlage für unsere Beziehung nie wieder deine Reinheit oder Schmutzigkeit – deine Tugend oder Schlechtigkeit – sein, sondern das Werk, das mein Sohn für dich vollbracht hat.«

In alledem zeigte mir Gott nichts Neues; er half mir, das Alte wiederzuentdecken – er richtete mich neu aus auf die *Jetzt*-Kraft des Evangeliums. Er erinnerte mich daran, wer ich in Christus bereits bin und welche Vorteile ich davon habe, dass ich mit ihm vereint bin. Und ich sah all das mit neuen Augen; in dieser dunklen Zeit verband er das Licht des Evangeliums wieder mit meinem alltäglichen Leben.

Ich denke gerne immer wieder über diese Verse im ersten Kapitel des Kolosserbriefes nach (NGÜ), mit denen Gott mich so nachhaltig wiederbelebte:

> *… dass er [der Vater] euch das Recht gegeben hat [Vergangenheit, es ist bereits vollbracht], an dem Erbe teilzuhaben, das er in seinem Licht für sein heiliges Volk bereithält. Denn er hat uns aus der Gewalt der Finsternis befreit [wiederum Vergangenheit; die Befreiung ist geschehen] und hat uns in das Reich versetzt [noch einmal Vergangenheit; die Versetzung ist bereits erfolgt], in dem sein geliebter Sohn regiert.*

Durch ihn, Jesus Christus, sind wir erlöst; durch ihn sind uns unsere Sünden vergeben [Gegenwart; das ist jetzt der Fall].

Manchmal versetzt Gott uns in eine Lage, in der unser einziger Trost nicht aus dem kommt, was andere über uns denken, sondern aus dem, was Gott in Christus über uns denkt – dass wir *für immer* berechtigt, gerettet, geliebt, angenommen, rein und bejaht sind und Vergebung haben. Damit hatte Gott meine Aufmerksamkeit. Ich brauchte dringend eine frische und vom Evangelium durchtränkte Erinnerung daran, wer ich in Christus bin – und genau das gab er mir.

Aufgrund des vollbrachten Werkes Christi besitzen wir Christen *bereits* alles – Anerkennung, Liebe, Sicherheit, Freiheit, Sinnhaftigkeit, Schutz, Neuanfang, Reinigung, Vergebung, Gerechtigkeit und Rettung –, wonach wir uns sehnen und was wir täglich in Tausenden von Dingen suchen, die geringer sind als Jesus, vergänglich und unfähig, ihre Versprechungen einzulösen.

Einzig und allein das Evangelium ist groß genug, unsere tiefsten ewigen Sehnsüchte zu stillen – sowohl jetzt als auch in alle Ewigkeit.

Und wenn es dieses Evangelium nicht gäbe, wäre die *Allheit* Christi für uns nur ein fernes, unerreichbares Nichts.

Evangeliums-Wachstum für uns alle

Die Auswirkung dessen, was ich im Kolosserbrief begriff, wurde vor allem von etwas anderem verstärkt, was ich in den Anfangsstellen dieses Briefes sah.

Am Anfang des Briefes spricht Paulus vom »Wort der Wahrheit des Evangeliums« und dem fügt er hinzu: »das zu euch gekommen ist, wie es auch in der ganzen Welt [ist] und Frucht bringt, so wie auch in euch« (Kol 1,5–6). Er spricht zu Christen und sagt ihnen, dass das Evangelium nicht nur auf der ganzen Welt Frucht bringt und wächst, sondern *auch in ihnen.*

Es waren vor allem diese Verse, die mich schon vor langem davon überzeugten, dass das Evangelium nicht nur für Nichtchristen ist. Es ist größer als das; es ist auch für Christen. Das Evangelium steht sowohl für das *Wesen* des christlichen Wachstums als auch für seine *Grundlage.* Egal, welche Fortschritte wir in unserem Leben als Christ machen – egal, was uns weiterbringt oder nach vorne treibt – die Richtung wird immer tiefer *in* das Evangelium hineinführen, nicht von ihm weg oder neben ihm her. Das Wachstum im Leben eines Christen besteht in dem Prozess, jeden Tag das »Es ist vollbracht« Christi in neuen und tieferen Teilen unseres Wesens aufzunehmen, und es geschieht dadurch, dass der Heilige Geist täglich das gute göttliche Wort der Rechtfertigung in unsere Bereiche des Unglaubens bringt – die Bereiche, die ein Autor unsere »nicht evangelisierten Gebiete«[19] nennt.

Paulus sagte den Kolossern (die in ihrer Kultur ständig von miteinander im Wettstreit liegenden Weltanschauungen und Rettungs- und Freiheitsangeboten versucht wurden), dass nur das Evangelium Christi die Macht hat, solch eine Freiheit – solch eine radikale und wunderbare Rettung – zu bewirken. Er wollte damit sagen: »All die Freiheit und Befreiung, nach der ihr euch sehnt, gehört euch in Christus bereits. Ihr müsst nicht mehr an anderen Orten danach suchen, in anderen Lehren, Philosophien oder Lebensstilen. Man verkauft euch gefälschte Freiheiten, gefälschte Befreiungen. Ihr habt bereits *das Wahre,* kauft euch also nichts, was ihr schon besitzt.«

Paulus versuchte, die Christen in Kolossä davon zu überzeugen, nicht unterhalb der hohen Vorrechte zu leben, die ihnen in der Allheit Christi *bereits* gehörten.

Das war die gute Nachricht.

Was die Nachricht so gut macht

Diese Nachricht ist deswegen so gewaltig und wundervoll, weil die schlechte Nachricht so enorm schrecklich ist. Das Evangelium ist groß, weil unsere Sünde groß ist.

Wir werden Christus nie als einen großen Retter kennenlernen, wenn wir uns selbst nicht zuerst als große Sünder verstehen. Wir werden niemals wirklich Befreiung spüren, wenn wir nicht zuerst Verzweiflung erleben. Wir werden nie die Herrlichkeit wahrer Freiheit erfahren, wenn wir nicht erst das Leid unserer eigenen Sklaverei verspüren.

Im Kolosserbrief kommt Paulus sowohl auf die schlechten als auch auf die guten Nachrichten zu sprechen. Und um mit den schlechten Nachrichten den richtigen Eindruck zu hinterlassen, drückt er sich sehr lebhaft aus. Achte auf seine Wortwahl: »Auch euch, die ihr einst entfremdet und feindlich gesinnt wart in den bösen Werken …« (Kol 1,21). *Entfremdet. Feindlich. Böse.* Nicht gerade das, was man heute unter politischer Korrektheit versteht.

Paulus beschreibt hier die natürliche Verfassung des Menschen ohne Gottes rettende Gnade. Die Bibel macht deutlich, dass wir alle tot geboren wurden in unseren Übertretungen und Sünden, als Sklaven unserer selbst, innerlich geknechtet. Wir erfahren, dass jeder von uns als Feind Gottes auf diese Welt kommt (Röm 5,10). Keiner – nicht einmal das süßeste Kind – beginnt sein Leben frei, moralisch neutral oder Gott wohlgesonnen. Wir kommen auf diese Welt und brauchen Befreiung, Auferstehung und Rettung durch Gottes erlösende Gnade. Wir alle verdienen rechtmäßig – automatisch, wegen unserer Sünde – nicht Gottes Gnade, sondern Gottes Zorn (Eph 2,1-3). Wir alle beginnen unser Leben entfremdet von Gott, beziehungsmäßig getrennt von ihm.

Paulus sagt in Kolosser 1,21 auch, dass wir »feindlich gesinnt« waren. Dabei geht es nicht um bloße Gleichgültigkeit, sondern um offene Feindseligkeit.

Vielleicht reagierst du auf Paulus' Aussage mit Gedanken wie diesen: »Also, ich kann mich nicht daran erinnern, Gott gegenüber feindselig gewesen zu sein, als ich noch kein Christ war. Ich hatte einfach nur kein Interesse; Gott war mir nicht wichtig und ich verschwendete keinen Gedanken an ihn.« Lass mich eins klarstellen: Die Bibel stellt Gleichgültigkeit und Feindseligkeit gegenüber Gott auf dieselbe Stufe. Gott kommt uns bei dem in die Quere, was wir unserer Meinung nach brauchen, um glücklich und frei zu sein, deshalb ignorieren wir ihn – bewusst oder unbewusst – und hoffen, er lässt uns in Ruhe. Das ist der Gipfel dreister Überheblichkeit.

Doch keiner von uns kommt auf diese Welt und hat *tatsächlich* kein Interesse an Gott, selbst wenn wir das denken. Römer 1,18–25 spricht vom Allgemeinzustand der Menschheit und sagt uns, dass alle Männer und Frauen, Jungen und Mädchen ein Gottesbewusstsein haben. Wir alle wurden in Gottes Bild geschaffen, weshalb wir ihn zwangsläufig in gewissem Maße kennen. Wir sind uns vage eines Bedürfnisses – eines Durstes – nach etwas Überweltlichem bewusst, doch die Auswirkungen der Sünde sind so, dass wir nicht in der Lage sind festzustellen, wonach wir dürsten oder wo dieser Durst gestillt werden kann. Aufgrund der Sünde kommen wir auf diese Welt und verschwenden unsere Zeit und Energie damit, unser vages Gefühl der Überweltlichkeit – diese

Erkenntnis von Gott – zu unterdrücken. Wir versuchen, sie mit den flüchtigen Vergnügungen und Bestrebungen dieser Welt zu ertränken, was auch immer diese sein mögen. Wir vertauschen »die Herrlichkeit des unvergänglichen Gottes … mit einem Bild, das dem vergänglichen Menschen, den Vögeln und vierfüßigen und kriechenden Tieren gleicht« (Röm 1,23).

Unser eigentliches Problem ist deshalb nicht unsere Gleichgültigkeit gegenüber Gott, sondern der Götzendienst. John Piper nach ist Götzendienst »ein selbstmörderischer Austausch von unendlichem Wert und Schönheit gegen einen flüchtigen, minderwertigen Ersatz«.[20] In diesem Sinne sind wir von Natur aus Selbstmörder; wir müssen also vor uns selbst gerettet werden.

Wir alle waren Gott gegenüber feindlich »gesinnt«, behauptet Paulus beharrlich. Bevor wir die Gnade Gottes in Christus empfingen, waren wir in unseren Gedanken, unserer Neigung und unserer Haltung ständig im Widerspruch zu ihm. Dasselbe galt auch für unsere Werke. Paulus sagt, dass unsere Feindseligkeit gegenüber Gott in unseren »bösen Werken« offenbar wurde.

Diese Beschreibung des Bösen in Bezug auf unser eigenes Verhalten ist für uns Menschen schwer zu akzeptieren. Waren wir wirklich *so* schlimm? Wir denken: »Ich weiß, dass ich manchmal selbstsüchtig war; vielleicht auch manchmal unsensibel und verantwortungslos. Aber waren meine Werke wirklich *böse*?« Doch diese Perspektive spiegelt nur unsere ständig heruntergeschraubten Maßstäbe und unser Versagen wider, wenn es darum geht, Gottes berechtigte Forderungen angesichts seiner vollkommenen Herrlichkeit, Heiligkeit und Liebe voll zu erkennen. Wer kann schon von sich behaupten, er sei nicht süchtig danach, sich selbst immer im besten Licht erscheinen zu lassen? Und wer vergleicht seine Werke schon regelmäßig mit Gottes heiligem Licht?

Das griechische Wort für »böse«, mit dem Kolosser 1,21 unser Verhalten beschreibt, ist sogar dasselbe Wort, mit dem Satan und seine Dämonen beschrieben werden. Das sind harte Worte. Glaub mir, wir sind alle wesentlich schlimmer dran, als wir denken.

Große Sünde

Die Größe der Sünde kommt in vielen Stellen von Paulus' Briefen zur Sprache. Römer 5 ist ein Beispiel. Paulus bezeichnet uns als Gottes »Feinde« (Röm 5,10). Die Sünde und ihr Endergebnis, der Tod, werden als grässliche Herrscher dargestellt: »der Tod *herrschte*« (siehe V. 14.17) und »die Sünde *[hat] geherrscht* im Tod« (V. 21). Die Sünde hatte nicht nur eine tyrannische Macht, sondern auch weitreichende Ausmaße: »wie durch einen Menschen die Sünde in die Welt gekommen ist und durch die Sünde der Tod…, so [ist] der Tod *zu allen Menschen durchgedrungen…*, weil sie alle gesündigt haben« (V. 12 ELB). Und so kam es, dass es »durch eine Übertretung für *alle* Menschen zur Verdammnis kam« (V. 18 ELB).

Generation auf Generation ist die Sünde unaufhörlich, der Tod allumfassend, die Verdammnis flächendeckend.

Paulus weiß und will auch uns wissen lassen, dass all dies nur die gewaltige Unermesslichkeit des »Wieviel-mehr« verherrlicht, das Gott durch das Evangelium für uns getan hat. Achte auf die vielen Begriffe, die Paulus in dieser Stelle in Römer 5 verwendet, um über das Maß, den Umfang und die Reichweite der guten Nachricht zu jubeln: »*Wieviel mehr* ist die Gnade Gottes und das Gnadengeschenk durch den einen Menschen Jesus Christus in überströmendem Maß zu den *Vielen* gekommen« (Röm 5,15). »*Wieviel* mehr werden die, welche den *Überfluss* der Gnade und das Geschenk der Gerechtigkeit empfangen, im Leben herrschen durch den Einen, Jesus Christus!« (V. 17). »So kommt auch durch die Gerechtigkeit des Einen für *alle* Menschen die Rechtfertigung, die Leben gibt« (V. 18). »Damit … auch die Gnade herrsche durch Gerechtigkeit zu *ewigem* Leben durch Jesus Christus, unseren Herrn« (V. 21).

Auch im Kolosserbrief finden wir diese erstaunliche Gegenüberstellung der schlimmst- und bestmöglichen Nachricht: »Auch euch, die ihr einst entfremdet und feindlich gesinnt wart in den bösen Werken, hat er jetzt versöhnt in dem Leib seines Fleisches durch den Tod, um euch heilig und tadellos und unverklagbar darzustellen vor seinem Angesicht« (Kol 1,21–22). Die Entfernung, die hier überbrückt wird, ist unerreichbar und unfassbar groß – von entfremdet, feindlich und böse hin zu heilig, tadellos und unverklagbar. Das ist in höchstem Maße erstaunlich. Gewaltige Sünde, verschwenderisches Evangelium.

Die kosmische Reichweite

Denk daran, dass die verändernde Kraft des Evangeliums sich genauso kosmisch ausbreiten wird, wie auch einst die Sünde.

Das Ausmaß der Sünde ist genauso groß wie tief. Paulus lehrt uns in Römer 8, dass »*die ganze Schöpfung* zusammen seufzt und zusammen in Geburtswehen liegt bis jetzt« (Röm 8,22 ELB), weil die Sünde der Menschheit die kreative Ordnung nutzlos gemacht hat. Da der Schöpfung durch die Sünde des Menschen »die Knechtschaft der Vergänglichkeit« (Röm 8,21 ELB) auferlegt wurde, erklingen diese Seufzer unaufhörlich (und vielleicht sind die großen Erdbeben, die die Weltgeschichte miterlebt hat, einschließlich derer in der heutigen Zeit, eine der unmittelbarsten und tragischsten Manifestationen dessen). Die Schöpfung selbst seufzt nach Erneuerung, bettelt, dass Jesus zurückkommt. Die Schöpfung singt: *Maranatha! Komm, Herr Jesus, komm schnell!*

Doch das Evangelium besitzt dieselbe kosmische Reichweite wie die Sünde. In derselben Aussage im Kolosserbrief, in der steht, dass »alle Fülle« in Christus wohnt, fügt Paulus hinzu, dass es Gott »gefiel …, durch ihn [Christus] alles mit sich selbst zu versöhnen, indem er Frieden machte durch das Blut seines Kreuzes – durch ihn, *sowohl was auf Erden als auch was im Himmel* ist« (Kol 1,19–20).

Er versöhnt alles überall.

Das vollbrachte Werk Christi ist von individuellem *und* von kosmischem Ausmaß: Es reicht von persönlicher und individueller Vergebung der Sünden bis hin zur abschließenden Auferstehung unserer Körper und der Wiederherstellung der gesamten Welt. Das ist doch wirklich die gute Nachricht – *das Evangelium* – nicht wahr? Wenn wir uns auf das vollbrachte Werk Christi verlassen, wird der giftige Fluch der Sünde seine Kontrolle über uns Einzelne verlieren und uns wird eines Tages eine erneuerte Schöpfung zuteilwerden. Durch das Werk Christi wird unsere Beziehung mit Gott wiederhergestellt, während auch die Schöpfung erneuert wird, wie es in dem beliebten Weihnachtslied »Joy to the World« heißt:

He comes to make his blessings flow
Far as the curse is found.

(Er kommt und lässt seinen Segen fließen,
so weit der Fluch auch reicht.)

Mit diesen bemerkenswerten Zeilen verbreiten wir in Liedform ein Evangelium, das so groß ist wie das Universum selbst. Der Segen der Erlösung fließt, so weit der Fluch auch reicht. Dieses Lied erinnert uns daran, dass das Evangelium eine gute Nachricht für eine Welt ist, die durch die Macht der Sünde und des Todes in jeder nur vorstellbaren Hinsicht von der ursprünglichen Absicht des Schöpfers abgebracht wurde; doch es ist eine Welt, die Gott in Christus wieder zurück in ihre ursprüngliche Form bringt.

Jesus Christus – und nur er allein – ist der große Versöhner, der große Mittler. Es gefiel Gott, ihn in die Bresche zwischen dem Schöpfer und seinen entfremdeten Kreaturen, zwischen ein sündiges Volk und einen heiligen Gott zu stellen. Nur durch Glauben an Christus allein wurden wir, die wir einst entfremdet waren, jetzt wieder nahe gebracht und beziehungsmäßig mit Gott, dem Vater, unserem Schöpfer, versöhnt.

Wir, die wir einst Feinde waren, sind nun – nur durch Glauben an Jesus – »Gottes Auserwählte, Heilige und Geliebte« (Kol 3,12). Damals waren wir von unserem Schöpfer entfremdet; »jetzt aber, in Christus Jesus, seid ihr, die ihr einst fern wart, nahe gebracht worden durch das Blut des Christus« (Eph 2,13). Unser früheres Verhalten lässt sich zu Recht unter dem Begriff »böse Werke« zusammenfassen, doch jetzt »sind wir geheiligt ein für alle Mal durch das Opfer des Leibes Jesu Christi« (Hebr 10,10 LUT).

Jesus hat mit seinem Leben das Gesetz erfüllt, mit seinem Tod den Fluch getragen und mit seiner Auferstehung den Tod besiegt und so das für uns vollbracht, was wir nicht auch nur im Entferntesten für uns selbst hätten tun können. Das Banner, unter dem wir unser Leben als Christen führen, lautet: »Es ist vollbracht!«

Je mehr wir über das Evangelium nachdenken, je mehr wir unsere Herzen und Gedanken davon durchdringen lassen, umso mehr sehen wir, wie das Evangelium von den Kräften des *Nichts* und des *Alles* durchdrungen ist.

Dieser Jesus, der so unendlich *Alles* ist – derselbe Jesus »machte sich selbst zu *nichts*« (Phil 2,7 ELB). Es gefiel Gott, in Jesus »alle Fülle wohnen zu lassen« (Kol 1,19); trotzdem hielt er, »der in Gestalt Gottes war, … es nicht für einen Raub…, Gott gleich zu sein« (Phil 2,6 ELB). »Er legte alles ab« (V. 7 NEÜ). Der Allesumfassende wurde zu nichts.

Das ging sogar so weit, dass Gott »um unseretwillen« durch Christus Folgendes für uns tat: »Denn er hat den, der von keiner Sünde wusste, für uns zur Sünde gemacht, damit wir in ihm [zur] Gerechtigkeit Gottes würden« (2Kor 5,21). Der Allesumfassende wurde zu nichts. Um unseretwillen.

Am Kreuz nahm Jesus unsere Sünde – unser verdorbenes, tödliches Nichts – auf sich und gab uns dann *seine Gerechtigkeit*, seine Allheit. Man bezeichnet das auch als den »herrlichen Austausch«.

Das ist das Evangelium. Es bringt diejenigen, die im Grunde genommen nichts sind und nichts haben, zu herrlicher Ganzheit und Vollkommenheit. Nicht ein einziger von uns hätte jemals etwas Derartiges für sich selbst tun können – weil »wir durch unsere Sünden *tot* waren« (Eph 2,5 NLB). Es war an ihm, etwas zu tun. Und in seiner Liebe tat er es auch. »Gottes Liebe zu uns zeigt sich darin, *dass er seinen einzigen Sohn in die Welt sandte,* damit wir durch ihn das ewige Leben haben« (1Joh 4,9 NLB).

Wir können unsere Beziehung mit Gott niemals dadurch wiederherstellen, dass wir zu ihm nach oben klettern; es geschieht nur in Jesus, der zu uns herunterkam. Seine Gnade und Liebe kommen zu uns herunter!

Jesus ist alles, und darum ist das Evangelium für den Menschen alles. Darum erzählte Paulus den Korinthern, dass er sich vorgenommen habe, unter ihnen »*nichts* anderes zu wissen *als nur* Jesus Christus, und zwar als Gekreuzigten« (1Kor 2,2). Deshalb erzählte er den Kolossern von seiner dienstlichen Verpflichtung, »seine Botschaft *in ihrem ganzen Umfang* bekannt zu machen« (Kol 1,25 NGÜ).

Und dieses gewaltige Evangelium sollen wir nun in seiner ganzen Fülle und in seinem ganzen Umfang kennenlernen, erleben und in uns aufnehmen.

TEIL VIER

NICHTS

+

7

VÖLLIG ENTÄUSSERT

Jesus plus Nichts ist gleich Alles. Wir haben jetzt diese Gleichung von hinten nach vorne betrachtet. Wir wiederholen noch einmal, wohin uns das geführt hat.

Unser bisheriger Weg

Wir haben mit dem *Alles* begonnen. Wir haben intensiv über unser verzweifeltes, innewohnendes Sehnen nach Mehr, etwas Größerem nachgedacht. Ich unterscheide mich vielleicht von dir in dem, wonach ich mich sehne – und wie ich das genau tue –, aber die Sehnsucht ist bei uns allen gleich. Und wenn wir ehrlich sind, ist unsere Liste der Dinge, die wir unbedingt brauchen, atemberaubend lang.

Danach haben wir die tragische *Nichtigkeit* untersucht, die wir ernten, wenn wir Götzen hinterherlaufen. Der Mensch erlebt ein ruheloses Verlangen, das tief in ihm verwurzelt ist, weil er immer versucht, ihm mit etwas zu begegnen, was kleiner ist als Jesus. Ich mag, wie Timothy Keller in seinem Buch *Es ist nicht alles Gott, was glänzt* uns dabei hilft, diese Götzen zu identifizieren.

> *Wir denken, Götzen müssten etwas Schlechtes sein, so finster und abschreckend wie die heidnischen Gottheiten, denen*

wir niemals huldigen würden. Doch das stimmt nur in den seltensten Fällen. Je hehrer das Ziel ist, das wir verfolgen, desto größer ist die Gefahr, dass es Götzenstatus erlangt. Nur die wirklich guten Dinge können uns vorgaukeln, sie wären der Garant für die Befriedigung unserer Bedürfnisse und die Erfüllung unserer Hoffnungen. Alles kann zu einem falschen Gott werden, vor allem aber die allerbesten Ziele im Leben.

Was ist ein Götze? Alles, was uns wichtiger ist als Gott, was unsere Gedanken und Gefühle mehr gefangen nimmt als er und von dem wir uns das versprechen, was nur Gott geben kann, ist ein Götze.

Einen falschen Gott kann man auch daran erkennen, dass einem das Leben sinnlos vorkäme, wenn er nicht mehr da wäre. Der Götze nimmt eine so zentrale Rolle im Leben ein, dass man ihn, ohne mit der Wimper zu zucken, mit der allergrößten Leidenschaft verfolgt und ihm alle Kraft und alle verfügbaren emotionalen und finanziellen Ressourcen zur Verfügung stellt …

Jedes Mal, wenn man im tiefsten Inneren davon überzeugt ist: »Solange ich das habe, hat mein Leben einen Sinn. Ich bin wichtig, wertvoll und abgesichert«, ist man einem Götzen auf den Leim gegangen.[21]

Keller bringt diesen Götzendienst auch auf sehr aufschlussreiche Weise in Verbindung mit den universellen Sehnsüchten, die wir erkannt haben:

Jeder Mensch braucht etwas, wofür er lebt, das seine Gedanken erfüllt, ihn motiviert und ihm Hoffnung gibt. Doch nur der Heilige Geist kann in einem Menschen bewirken, dass

Gott selbst zum Lebensinhalt und Ziel, zur Quelle der Kraft und Hoffnung wird.[22]

Wenn wir diesen Götzendienst in Aktion sehen wollen, müssen Christen nicht erst in der Welt umherstreunen; wir können ihn genauso gut in unseren Gemeinden und sogar in unserem eigenen Alltagsleben sehen. Selbst als Christen erkennen wir noch nicht ausreichend, dass Jesus genügt, um unsere tiefsten Bedürfnisse zu stillen, darum verfolgen wir immer noch einen zusätzlichen Ansatz – Jesus *plus* irgendetwas. Prompt wird dieses *Irgendetwas*, auf das wir bauen, zu unserem Götzen. Genau diese Götzen sind es, vor denen uns Gott in der Bibel immer wieder warnt, weil sie absolut wertlos sind. Und dennoch stürzen wir uns in diese schwarzen Löcher – vor allem in den tiefen, dunklen Abgrund des sogenannten »Leistungsdenkens« –, in die moralistische Gesetzlichkeit, die so viele Christen, Gemeinden und Pastoren fest in ihrem tödlichen Griff hat. Michael Horton beschreibt in seinem Buch *Christless Christianity*, »womit sich viele Gemeinden im heutigen Amerika für gewöhnlich ernähren: ›Tut noch mehr, strengt euch noch mehr an.‹ … Der Fokus liegt scheinbar immer noch nicht auf Gott und seinem Werk in Jesus Christus, sondern auf uns und unseren eigenen Werken.«[23] Das ist in der Tat die größte Gefahr für das Evangelium.

Doch dann haben wir unsere Herzen und Gedanken in der Erkenntnis gebadet, wie unglaublich gewaltig unser Retter, *Jesus Christus,* und das Ausmaß seines heilbringenden Evangeliums ist.

Und in diesem hellen Licht der überwältigenden Größe unseres Retters gehen wir jetzt einen Schritt weiter in unserer Gleichung in Richtung Ende und statten der *Nichtigkeit* unseres aufdringlichen Götzendienstes erneut einen Besuch ab.

Wir haben gesehen, dass unsere Götzensucht alles andere ist als eine angenehme Lebensweise, doch in unserem stolzen Streben nach Unabhängigkeit zuckeln wir irgendwie weiter und lassen uns von der Illusion streicheln und trösten, *wir hätten alles im Griff* – oder dass wir zumindest irgendeines baldigen Tages schließlich alles irgendwie in den Griff bekommen werden. In der Zwischenzeit macht uns dieser Ansatz zu entstellten Wesen, deren Persönlichkeiten von einem seltsamen Anspruchsdenken verdreht wurden, was wiederum zu chronischem Nörgeln führt (zumindest innerlich). Wir versinken in Sklaverei und Verzweiflung. Und die leicht erkennbare Widerwärtigkeit all dessen zerstört die skandalöse Freiheit, die Jesus Sündern so teuer erkauft hat.

Auf jeden Fall ein unangenehmes Thema. Wahrscheinlich willst du nicht, dass ich es noch einmal aufgreife. Doch das Evangelium ist ein guter Grund, sich unserem Götzendienst zu stellen. Das Licht der Gnade Gottes stellt nicht nur die ganze Hässlichkeit des Götzendienstes bloß, sondern beleuchtet auch strahlend hell den Ausweg.

Wir brauchen das nicht mehr

Darauf läuft alles hinaus: Wenn wir zulassen, dass der Geist uns weiterhin innerlich erneuert, und wir uns der Fülle Christi in jeglicher Hinsicht öffnen, erkennen wir darin auf ganz neue und befreiende Weise etwas Außergewöhnliches und Erstaunliches: Christus hat durch das Evangelium alles für uns getan; *wir brauchen überhaupt keine Götzen mehr.*

Wir müssen uns gar nicht mehr auf all die Dinge verlassen, denen wir so verzweifelt hinterhergelaufen sind: Status, Geld, Karriere, Überlegenheit, Macht, Anerkennung, vergänglichem Vergnügen, Beliebtheit (um nur ein paar zu nennen).

Weil Jesus Gottes vollständige Anerkennung, Liebe und Annahme bereits für uns erworben hat, müssen wir uns das nicht mehr bei anderen holen. Nur das Evangelium befähigt und ermutigt uns, ohne Angst vor der Strafe oder der Meinung anderer – noch nicht einmal Gottes – weiterzugehen! All die Fürsorge, Liebe und Wertschätzung – die völlige und endgültige Anerkennung –, nach der wir uns oft sehnen, haben wir in Jesus bereits.

Dasselbe gilt für all die anderen Dinge, die wir uns alle ersehnen: Sinnhaftigkeit, Bestätigung, Führung, Freiheit und Sicherheit. Sein Opfer für uns hat uns all das direkt von Gott erworben. Wenn diese Götzen unser Leben nicht mehr belasten, sind wir plötzlich befreit und befähigt, ein Leben unverschämter Großzügigkeit, hemmungsloser Aufopferung, ungewöhnlicher Kühnheit und grenzenlosen Mutes zu führen.

Dieses Wunder wird möglich durch unser Einssein mit Christus, durch die großartige Lehre des »in ihm«, die in solchen Stellen wie Johannes 15, Epheser 1 und Römer 6 und 8 umfassend erläutert wird.

Im griechischen Originaltext ist Epheser 1,3–14 ein einziger langer Satz. Paulus wird dort von der schieren Größe, Unermesslichkeit, Reichhaltigkeit und Lieblichkeit der Gnade Gottes so sehr überwältigt, dass er noch nicht einmal Zeit hat, um Luft zu holen. Er schreibt in einem Zustand kontrollierter Ekstase. Und im Zentrum seiner Euphorie ist der Gedanke des Einsseins mit Christus. Er schreibt, dass Gott »uns gesegnet hat mit jedem geistlichen Segen in den himmlischen [Regionen] in Christus« (Eph 1,3). Er sagt, wir sind auserwählt, begnadigt, erlöst, versöhnt, vorherbestimmt und auf ewig in Christus versiegelt (V. 4–13). Das Alles, das wir benötigen und wonach wir uns sehnen, gehört uns laut Paulus bereits, wenn wir in Christus sind. Unser Retter hat uns bereits alles, was wir uns ersehnen und zutiefst brauchen, umfassend erworben.

Im Kolosserbrief sehen wir ebenfalls, wie diese großartige Lehre des »in ihm« dargelegt wird. Hier zeigt Paulus, wie die Einheit mit Christus die Grundlage aller unserer geistlichen Erfahrungen ist. Das erklärte Ziel seines Dienstes ist, »jeden Menschen vollkommen *in Christus Jesus* darzustellen« (Kol 1,28). Er erinnert uns daran: »Wie ihr nun Christus Jesus, den Herrn, angenommen habt, so wandelt auch *in ihm*, gewurzelt und auferbaut *in ihm*« (Kol 2,6–7). Er versichert uns, dass wir »zur Fülle gebracht sind *in ihm*« (Kol 2,10). Und er spricht davon, dass wir »*in ihm*« auch eine geistliche und übernatürliche »Beschneidung« empfangen haben, die enthält, dass wir »*mit ihm* begraben« wurden »in der Taufe«. »*In ihm* seid ihr auch mitauferweckt worden durch den Glauben an die Kraftwirkung Gottes, der ihn aus den Toten auferweckt hat« Folglich hat Gott uns »*mit ihm* lebendig gemacht, indem er [uns] alle Übertretungen vergab« (Kol 2,11–13). In derselben Art erinnert er seine Leser daran, dass ihr Leben sogar »*verborgen* [ist] *mit dem Christus* in Gott« (Kol 3,3).

Wenn wir diesen Gedanken unserer Einheit mit Christus weiter fassen, sehen wir, dass im Kolosserbrief auch der andere Aspekt des »in ihm« Ausdruck findet, nämlich *er in uns*. Paulus setzt »Christus in euch« gleich mit der »Hoffnung der Herrlichkeit«; er beteuert, dass Gott unter den Nationen ein »Geheimnis« bekannt macht; er sagt uns, es ist ein Geheimnis der »Herrlichkeit«; und er sagt, dass die Herrlichkeit »Reichtum« enthält (Kol 1,27). Wovon er hier spricht, was wir seiner Meinung nach ergreifen sollen, ist wunderbar und gewichtig und ungemein hoch und großartig. In seinem Buch *The Gospel-Driven Life* hilft Michael Horton unseren Augen, sich für die Bedeutung von »in Christus« zu öffnen:

Paulus sagt nicht: »Seid wie Jesus.« Er sagt: »Ihr ***seid*** *wie Jesus.« … Es fällt uns leicht, uns auf das Evangelium zu verlassen, wenn es um Vergebung und Rechtfertigung geht, aber was Erneuerung und Heiligung betrifft, suchen wir gerne andere Quellen auf. Paulus sagt aber, dass alles hier zu finden ist: »in Christus«. Erst nachdem Paulus das gesagt hat, gibt er den Imperativ aus, ein Leben zu führen, das mit dieser Wahrheit in Einklang steht. … In Christus zu sein ist die immerwährende Quelle dessen, wie Christus zu werden, und nicht umgekehrt.*[24]

Tägliche Erinnerungshilfen

All das wird verständlicher für uns, wenn wir das tun, was Jerry Bridges uns empfiehlt: Predigt euch jeden Tag selbst das Evangelium![25] Weil wir von Natur aus mehr auf uns selbst und unsere eigene Leistung bauen als auf Christus und das, was er vollbracht hat, müssen wir ständig an das Evangelium erinnert werden.

Was eigentlich ist der Inhalt dieser Botschaft, die wir uns jeden Tag predigen sollen? Woran genau sollen wir uns denn immer mehr erinnern?

Wenn Gott dich gerettet hat – wenn er dir den Glauben geschenkt hat und du Christ geworden bist, wenn du dein Vertrauen nicht mehr auf deine eigenen Errungenschaften und Fähigkeiten setzt, sondern auf das, was Christus für uns Sünder errungen hat – dann ist die gute Nachricht laut Kolosser 1 die folgende: Du bist bereits fähig gemacht; du bist bereits befreit; du bist bereits versetzt; du bist bereits erlöst und du hast bereits Vergebung erhalten.

Erst wenn wir ein tieferes Verständnis davon erlangen, wer wir *von unserer Stellung her* sind und was uns in Christus bereits gehört, können wir das jeden Tag aufs Neue auch auf einer *praktischen Ebene* erleben.

Früher dachte ich, dass ich, um als Christ zu wachsen, die Eigenschaften und Einstellungen, die mir fehlten, irgendwie erwerben müsse. Um zu echter Reife zu gelangen, müsse ich einen Weg zu mehr Freude, mehr Geduld und mehr Treue finden.

Dann kam ich zu der schockierenden Erkenntnis, dass das weder die Lehre der Bibel noch das Evangelium ist. Die Lehre der Bibel ist, dass wir dann zur Reife kommen, wenn uns zunehmend bewusst wird, was wir in Christus *bereits* haben. Das Evangelium verwandelt uns genau deshalb, weil es keine Botschaft über unsere innere Verwandlung ist, sondern darüber, dass Christus von außen stellvertretend unseren Platz eingenommen hat. Wir brauchen zwar unbedingt einen Fürsprecher, einen Mittler und einen Freund, doch am dringendsten brauchen wir einen Stellvertreter – jemanden, der das für uns getan hat, was wir selbst nie hätten tun können, und der das für uns erworben hat, was wir nie selbst hätten erwerben können.

Das Schwere an unserem Wachstum als Christen ist daher, weniger an uns selbst und unsere eigene Leistung zu denken und mehr an Jesus und seine Leistung für uns. Die Ironie ist, dass es uns eigentlich immer schlechter geht, je mehr wir uns darauf konzentrieren, dass es uns besser geht. Wir werden neurotisch und ichbezogen. Es macht uns zunehmend selbstzentriert und krankhaft introspektiv, wenn wir uns mehr mit unseren eigenen Bemühungen beschäftigen als damit, wie Gott sich für uns abgemüht hat.

Betrachte es doch einmal von dieser Seite: Das Schwere an der Heiligung ist, jeden Tag zur Realität unserer Rechtfertigung – zur Gewissheit unserer tatsächlich zugesicherten Vergebung in Christus – zurückzukehren und tausend Mal am Tag auf »aktualisieren« zu klicken. Oder wie Martin Luther es in seinen *Vorlesungen zum Römerbrief* so passend sagt: »Fortschritt bedeutet immer Neuanfang«. Anders ausgedrückt erfordert echter geistlicher Fortschritt eine tägliche Rückkehr.

Elyse Fitzpatrick schreibt in ihrem Buch *Because He Loves Me,* wie wichtig es für unser Wachstum als Christen ist, dass wir uns erinnern:

> *Dass wir nicht in einfachem, dankbarem Gehorsam wachsen, wie wir es sollten, liegt unter anderem daran, dass wir an Amnesie leiden; wir haben vergessen, dass wir von unseren Sünden gereinigt wurden. Er sagt also, dass wir nur deshalb andauernd in unserer Heiligung (dem langsamen Prozess der Veränderung hin zur Christusähnlichkeit) versagen, weil wir uns nicht an die gute Nachricht erinnern, dass Gott uns liebt. Wenn wir den Trost und die Gewissheit nicht haben, dass er uns mit seiner Liebe und Reinigung versorgt, werden uns unsere Fehler an die Sünden von gestern fesseln. Der Glauben und der Mut werden uns fehlen, gegen sie zu kämpfen, und auch die Liebe zu Gott, die diesen Kampf stärken soll. Vergiss nicht, wie wichtig die Aussage von Petrus ist.* ***Wenn wir uns nicht daran erinnern, dass wir gerechtfertigt, erlöst und versöhnt sind, wird unsere Heiligung ein Kampf sein.***[26]

Unser Wachstum als Christ erfolgt also, in anderen Worten, nicht zuerst durch besseres Verhalten, sondern durch besseres Glauben – ein Glauben an die größeren, tieferen, genialeren Möglichkeiten, die Christus für uns Sünder bereits erworben hat.

Diese Erkenntnis veränderte mein Bibellesen von Grund auf. Denk daran, was Paulus uns in Philipper 2,12 (LUT) sagt: »Schaffet, dass ihr selig werdet, mit Furcht und Zittern.« Wir sollen etwas schaffen – aber was genau? Sollen wir besser werden? Sollen wir uns mehr anstrengen? Sollen wir mehr beten? Sollen wir uns in der Gemeinde mehr einbringen? Sollen wir länger in der Bibel lesen? Wozu *genau* fordert Paulus uns auf? Er erklärt es folgendermaßen: »Denn Gott ist's, der in euch wirkt beides, das Wollen und das Vollbringen, nach seinem Wohlgefallen« (V. 13 LUT). Gott schafft *sein* Werk in *dir,* und das ist das Werk, das von Christus bereits vollbracht wurde. Unser Schaffen bedeutet also, dass wir zu einem umfassenderen Verständnis *seines* Werkes kommen.

Und so tauchen wir tiefer ein in das Evangelium, in ein tieferes, größeres, genialeres Verständnis all dessen, was Gott in Christus bereits für uns erworben hat. Wenn du dein Vertrauen weiterhin in das vollbrachte Werk Christi setzt und lernst, mehr und mehr darauf zu vertrauen, wirst du all das, was er für uns Sünder erworben hat – alles, was dir eigentlich schon gehört –, auch immer mehr erleben. Du wirst die Reichtümer der Vergebung und Kraft Gottes als dein ewiges Erbe in Christus zunehmend genießen.

Wenn wir das Evangelium der Gnade besser begreifen, werden wir sehen, dass Jesus nicht kam, um uns als zorniger Tyrann unsere Freiheit zu nehmen, sondern um uns als liebevoller Freund und Befreier von unserer Sklaverei an die geringen Dinge des Lebens zu befreien, damit wir wirklich frei werden können. Aus dem Evangelium lernen wir, dass Freiheit bedeutet, ein Sklave Christi zu sein. Sklaverei hingegen ist es, wenn wir uns selbst überlassen sind (wozu unsere Kultur uns ständig drängt).

Wenn wir uns täglich dieses Evangelium predigen, können wir alle Götzen in unserem Leben leichter sehen und dagegen angehen – die eingeschlossen, denen wir uns nicht wirklich bewusst sind. Wir werden in der Lage sein zu erkennen, dass jede Versuchung zur Sünde eine Versuchung ist, dem Evangelium keinen Glauben zu schenken – die Versuchung, uns etwas, das wir unserer Meinung nach zum Glücklichsein brauchen und noch nicht haben, selbst zu beschaffen: Bedeutung, Freiheit, Bestätigung und so weiter. In dem Moment, in dem wir der Versuchung nachgeben, glauben wir nicht, dass wir all das, was wir brauchen, in Christus bereits haben. Echte Freiheit kommt dann zustande, wenn die reichen Ressourcen des Evangeliums jedes Gefühl zerschmettern, wir müssten uns etwas Zusätzliches zu dem beschaffen, was Christus bereits für uns erworben hat.

Strahlende Freiheit

Die herrliche Freiheit des Evangeliums strahlt vor allem auch dann hell für uns, wenn sie der Gesetzlichkeit den Todesstoß versetzt. Wir haben dieses grässliche Ding, das wir »Gesetzlichkeit«, »Leistungsorientiertheit« oder »Moralismus« nennen, bereits ziemlich ausführlich behandelt. Aber weil es solch eine grausame und subtile Gefahr ist, die in unserem Leben und der Gemeinde um sich greift, sollten wir uns ein wenig mehr damit befassen. Michael Horton schreibt: »Eine Gemeinde, die sich ihres Elends und ihrer Nacktheit vor einem heiligen Gott zutiefst bewusst ist, wird eisern bei einem Retter bleiben, der mehr als genug ist, während eine Gemeinde, die selbstsicher und sich ihrer innewohnenden Sündhaftigkeit relativ wenig bewusst ist, sich nach Religion und Moral ausstrecken wird, wann immer es geeignet erscheint.«[27]

Das Evangelium ist das Einzige, was unseren Hang zur Gesetzlichkeit zerschmettern und ihre Ketten sprengen kann, denn das Evangelium richtet unseren Blick immer wieder zurück auf das, was Christus bereits vollbracht hat, und nicht auf das, was wir erreichen müssen.

Die Gesetzlichkeit besteht darauf, dass *Gehorsam vor Annahme kommt.* Doch die frische Brise des Evangeliums verkündet, dass *Annahme vor Gehorsam kommt* – dass wir, sobald wir von Gott in Christus bereits bejaht und angenommen sind, frei der Leitung Gottes folgen und darin wachsen können, seinen Willen zu tun, und zwar aus unverfälschter Dankbarkeit für seine erstaunliche Gnade und ohne Angst vor Verurteilung oder Verdammnis, wenn wir versagen.

Was das Evangelium von der Gesetzlichkeit am meisten unterscheidet, ist C. S. Lewis nach, dass die Gesetzlichkeit behauptet, Gott liebe uns, wenn wir uns gut verhalten, während das Evangelium behauptet, dass *Gott uns gut machen wird*, weil er uns liebt. Das ist ein großer Unterschied – und wenn du das mit deinem Herzen und Denken begreifst, wird es dein Leben verändern. Angesichts der Gnade des Evangeliums werden wir befreit durch die Erkenntnis, dass Gott uns liebt, um uns liebenswürdig zu machen, nicht weil wir liebenswürdig *sind* (wir wissen, dass wir das nicht sind) oder jemals aus uns selbst heraus liebenswürdig sein könnten. In Gottes Wirtschaftssystem kommt Liebe vor Liebenswürdigkeit; und seine Liebe ist groß genug, um in uns all die Liebenswürdigkeit hervorzubringen, die wir uns nur vorstellen können.

Die Gesetzlichkeit besteht darüber hinaus auch darauf, dass es beim Christsein nur darum geht, was wir für Gott leisten; das Evangelium jedoch verkündet, dass es beim Christsein für immer und ewig darum geht, was Gott in Christus für uns leistet.

Wenn wir nicht länger unserer eigenen Leistung vertrauen, sondern Christus und seinem Werk, entkommen wir endlich der Last, den Erwartungen selbst gewachsen sein zu müssen.

Jesus aus dem Weg gehen

Lass mich im Zusammenhang mit dem Evangelium vor allem den Mythos zerstören, Gesetzlichkeit sei ein Fehler, der nur mit unserer anfänglichen Rettung in Verbindung gebracht wird – mit unserer stellungsmäßigen Rechtfertigung in Gottes Augen. Den meisten Christen ist bewusst, dass wir solch eine Rettung niemals verdienen können; wir haben akzeptiert, dass keiner sich seinen Weg ins Reich Gottes erarbeiten kann. Das wissen wir. Die meisten von uns, die in der Bibel lesen, glauben, dass das stimmt.

Aber wenn es an unsere Heiligung geht, werden wir plötzlich gesetzlich. Wir glauben, alles drehe sich nur darum, was wir selbst leisten und welche Regeln, Maßstäbe und Werte wir alle einhalten müssen, damit wir Christus immer ähnlicher werden – und Gott weiter gefallen und Gunst und Anerkennung bei ihm haben. Wir scheinen von Haus aus davon auszugehen, dass letztendlich unsere Leistung darüber bestimmen wird, ob unsere Beziehung mit Gott gut oder schlecht ist: Das Maß unseres guten Verhaltens bewirke das Maß von Gottes Zuneigung bzw. das Maß unseres schlechten Verhaltens bewirke das Maß von Gottes Zorn.

Wir drehen das Leben als Christ völlig um. Ganz unterschwellig geht es nur noch um uns und was wir tun (was zur Sklaverei führt) anstatt um Jesus und um das, was er getan hat (was zur Freiheit führt). Vielleicht können wir all das nicht theologisch ausdrücken, aber es dringt sicherlich in unserer Lebensweise nach außen.

Das Verhalten von gesetzlichen Menschen besagt eigentlich: »Ich lebe als Christ nach Regeln – Regeln, die ich für mich selbst aufstelle und die auch andere erfüllen sollen.« Sie entwickeln spezielle Anforderungen an das Verhalten, die über das hinausgehen, was die Bibel lehrt, und beurteilen andere in der Gemeinde danach, inwiefern sie diese Anforderungen einhalten.

Wir sind alle ziemlich geschickt darin, Maßstäbe und Regeln aufzustellen, die wir persönlich für erreichbar halten. Die Gesetzlichkeit verschafft uns daher die Möglichkeit, dass wir uns unsere Unzulänglichkeiten und Unfähigkeit nicht eingestehen müssen. Das ist völlig ausreichend, um sie für uns attraktiv zu machen. Aber sie ist auch deshalb so anziehend für uns, weil sie uns aufplustert und (wie wir gesehen haben) die Illusion vermittelt, dass *wir es schaffen können* – dass wir selbst für unsere eigene Bedeutung, unsere eigene Sinnhaftigkeit, unsere eigene Sicherheit und all unsere anderen innersten Bedürfnisse sorgen können. Michel Horton bezeichnet das als »die Standardeinstellung des menschlichen Herzens: die Religion der Selbsterlösung.«[28]

Die Gesetzlichkeit ist deshalb so attraktiv, weil sich bei ihr *alles um uns dreht.* Sie nährt unseren natürlichen Stolz. Solange wir unsere selbst aufgestellten Maßstäbe und Regeln einhalten, haben wir eine ziemlich hohe Meinung von uns. Dieses Arrangement ist für uns befriedigend, denn es erlaubt uns (so denken wir), unsere eigene kleine Welt zu kontrollieren und uns vor dem sonst auftretenden Chaos zu schützen. Und wir sind vor allem deshalb so gerne Herr der Lage, weil es eine Möglichkeit ist (obwohl wir das nie zugeben würden), Jesus aus dem Weg zu gehen.

Weil unsere selbstauferlegten Regeln uns ein Gefühl der Sicherheit und Selbstgefälligkeit verschaffen, werden sie zu einem falschen Gott, einem Ersatzretter. Wir machen das Christsein zu etwas, das sich nur auf Äußerlichkeiten und Verhaltensweisen konzentriert – doch das ist *nicht* Christsein und *nicht* das Evangelium. Die Gesetzlichkeit ist abgetrennt von dem, was Paulus gerne »das Evangelium der *Gnade* Gottes« (Apg 20,24) nennt. Michael Horton schreibt: »Die Evangelikalen sehen Gnade hauptsächlich als göttliche *Unterstützung* im Prozess der moralischen Verwandlung, und nicht als einseitige göttliche *Rettung*.«[29]

Leider erkennen wir nicht, dass wir damit der Gnade den Rücken zukehren. Gnade ist das Gegenteil von Gesetzlichkeit; und weil Gott gerne Gnade gibt, hasst er Gesetzlichkeit.

Immer eine Kränkung

Wenn es dir unangenehm ist, was ich hier sage, dann leg dich nicht mit mir an, sondern mit den Schreibern des Neuen Testaments. Die Botschaft der Gnade, die sie verkündigen, ist sonnenklar.

Tatsache ist, dass ihre Botschaft uns alle kränkt. Sie verletzt unseren Egoismus, unsere Vorlieben, unseren Stolz und unsere Gier. Das Evangelium hat die Absicht, uns niederzustrecken und unsere Götzen zu zertrümmern, und wir alle leisten dem in gewisser Weise von Natur aus Widerstand. Du bist gesetzlich. Ich bin gesetzlich, und wir alle brauchen das Evangelium, damit es die Gesetzlichkeit in unserem Leben zerschmettert.

Das ist das Problem seit Menschengedenken. »Das Evangelium ist seit jeher genau in denselben Punkten und aus denselben Gründen eine Kränkung«, sagt Michael Horton. »Das Evangelium ist so gegen die eigene Intuition unseres gefallenen Stolzes, dass man nur durch ein Wunder göttlicher Gnade daran glauben kann.«[30] Und das gilt wiederum nicht nur, bevor wir Christen werden, sondern auch danach.

Weil das Evangelium der Gnade uns verletzt, errichten wir eine Nebelwand. Wir haben Angst, dass es nur noch mehr Sünden unsererseits entfesseln würde, wenn wir es mit all dieser »überschwänglichen Gnade« *dermaßen* übertreiben. Das natürlich ist ein Thema, das auch Paulus behandelt hat: »Was sollen wir nun sagen? Sollten wir in der Sünde verharren, damit die Gnade zunehme?« (Röm 6,1 ELB). Er wusste, dass diese Frage aufkommen würde, als er den Gläubigen in Rom das Evangelium der Gnade verkündigte. Sollten wir umso mehr sündigen, um umso mehr Gnade zu erfahren? Paulus beantwortete diese Frage unmittelbar – mit noch mehr Wahrheit aus dem Evangelium: »Auf keinen Fall! *Wir, die wir der Sünde gestorben sind, wie werden wir noch in ihr leben?*« (V. 2 ELB). Christen stellen nur deshalb die »Warum sollten wir nicht weiter sündigen«-Frage, weil sie das Evangelium nicht völlig verstehen. Zügellose Menschen brauchen ein größeres Verständnis von Gnade, und keinen Gnadenregulator.

Im Gegensatz zu dem, was wir von Natur aus denken würden, helfen gegen Gesetzlichkeit nicht noch mehr Regeln, sondern ein tieferes Verständnis von Gottes Gnade. Die Ironie am wahren Wachstum in Gottesfurcht ist, dass letztlich diejenigen gehorsamer sind, die zunehmend erkennen, dass ihre Stellung bei Gott nicht auf ihrem Gehorsam Jesus gegenüber beruht, sondern darauf, dass Jesus für sie gehorsam war. Michael Horton kommentiert Paulus' Botschaft aus diesem Teil des Römerbriefes folgendermaßen:

> *Wenn der völlige Sündenerlass und Gottes Wohlgefallen dem Gläubigen nur durch den Glauben allein gehören und Gottes Gnade größer ist als unsere Sünde, warum sollten wir dann nicht weiter sündigen? Paulus wusste, dass seine Lehre über Rechtfertigung diese Frage hervorrufen würde. Seine Antwort in Römer 6 ist, dass dieselbe gute Nachricht, die unsere Rechtfertigung verkündet, auch unseren Tod, unsere Grablegung und unsere Auferstehung mit Christus verkündet. Paulus droht nicht mit der Angst vor dem Fegefeuer oder Schlim-*

merem, sondern erklärt allen, die an Christus glauben, dass er nicht nur die einzige Quelle ihrer Rechtfertigung ist, sondern auch ihrer Befreiung vom Herrschaftsbereich der alles kontrollierenden Sünde.[31]

Dummheit oder Freiheit?

Gott hasst Gesetzlichkeit. Die ganze Bibel ist voll von dieser Botschaft, und für Paulus ist sie sicherlich eines der Hauptthemen, vor allem in seinem Brief an die Galater. Die Gesetzlichkeit besteht darauf, dass meine Beziehung mit Gott auf meiner Fähigkeit beruht, Gutes zu tun. Dieser Ansatz ist immer unvereinbar mit dem Evangelium, und Paulus macht ihn in jedem seiner verfassten Briefe zunichte – sowohl in der Struktur des Briefs als auch in seinem Inhalt.

Paulus bezeichnet diesen Ansatz als Dummheit. Seine Botschaft ist im Grunde genommen folgende: Gott hasst Gesetzlichkeit, weil es unser Versuch ist, auf unserer eigenen Gerechtigkeit zu stehen, und zwar in absoluter Respektlosigkeit, Gleichgültigkeit und Missachtung der Gerechtigkeit Gottes gegenüber. Darüber hinaus verletzt sie seine liebevolle Absicht, uns frei zu machen. In unserem Stolz verlassen wir uns viel lieber auf unsere eigene Gerechtigkeit als auf die »fremde« Gerechtigkeit, die Gott uns von außen durch das Evangelium großzügig und bereitwillig zugutekommen lässt – die Gerechtigkeit Jesu.

In seinem Brief an die Galater (vor allem in Kapitel 1) fordert Paulus die Gläubigen mit allem Nachdruck dazu auf, wieder zum Evangelium zurückzukehren, das die einzige Grundlage für ihr Leben als Christ ist. Später gibt er ihnen eine Reihe rhetorischer Fragen, um ihr Denken aufzurütteln. Er nimmt sie mit zurück zu den Anfängen ihrer christlichen Erfahrung; zu dem Kernstück dessen, was sich nie ändert: »Das allein will ich von euch erfahren: Habt ihr den Geist durch Werke des Gesetzes empfangen oder durch die Verkündigung vom Glauben?« (Gal 3,2). Es war natürlich immer das zweite und nie das erste. Er setzt die »Werke des Gesetzes« gleich mit der Nutzlosigkeit des Fleisches und er sagt, dass dieselbe Dynamik auch in unserem Vorwärtskommen im Leben als Christ gültig ist. »Seid ihr so unverständig?«, fragt Paulus. »Im Geist habt ihr angefangen und wollt es nun im Fleisch vollenden?« (V. 3). Mit anderen Worten: Du hast zwar an das Werk Christi geglaubt, um *hineinzukommen*, aber jetzt verlässt du dich auf dein Werk, um drinnen zu *bleiben*? Paulus hilft ihnen, zu der Wahrheit zurückzukehren: Das Leben als Christ beginnt mit dem Wirken des Geistes, es geht weiter mit dem Wirken des Geistes und es gipfelt im Wirken des Geistes.

Paulus bohrt weiter mit noch mehr Fragen: »Der euch nun den Geist darreicht und Kräfte in euch wirken lässt, [tut er es] durch Werke des Gesetzes oder durch die Verkündigung vom Glauben?« (V. 5). Befähigung durch den Geist und Kraftwirkungen – genau das braucht es für unsere Heiligung, genauso wie für unsere Bekehrung und für unsere Verherrlichung. Vom Anfang bis zum Ende ist die richtige Reaktion auf die Gnade Gottes *nur* Glaube (der auch ein Geschenk Gottes ist) an das von Christus vollbrachte Werk. Nur durch Glauben vertrauen wir und werden wir errettet; nur durch Glauben werden wir geheiligt; nur durch Glauben werden wir einmal verherrlicht werden. Paulus sagt ein wenig später, dass wir »durch den Geist aus Glauben die Hoffnung der Gerechtigkeit [erwarten]« (Gal 5,5 ELB).

Paulus verkündigt weiter: »Für die Freiheit hat Christus uns frei gemacht«, und das muss beinhalten, dass wir die Bürde, »ein besserer Mensch« werden zu müssen, fallenlassen können. Paulus befiehlt darum mit apostolischer Autorität: »Steht nun fest und lasst euch nicht wieder durch ein Joch der Sklaverei belasten!« (5,1 ELB). Und in den vielleicht heftigsten Zeilen des gesamten Briefes verkündet er das Ende ihrer tragischen Liebesaffäre mit der Gesetzlichkeit: »Ihr seid von Christus abgetrennt …; ihr seid aus der Gnade gefallen« (V. 4 ELB). Ist es nicht interessant, dass Paulus in diesem Vers beschreibt, dass das Aus-der-Gnade-Fallen nichts mit Unmoral oder einem gottlosen Lebensstil zu tun hat, sondern mit Gesetzlichkeit – einer »Tu noch mehr, streng dich noch mehr an«-Leistungsorientiertheit? Er will unbedingt, dass wir erkennen: Wir werden nur durch Gnade gerechtfertigt, nur durch Gnade geheiligt und nur durch Gnade verherrlicht. Es gibt keine andere Möglichkeit. Das Leben als Christ ist aus einem Guss, vollkommen verwoben im Geist aus Gnade durch Glauben.

Michael Horton schreibt in seinem Buch *The Gospel-Driven Life:* »Was wir nicht nur am Anfang, sondern auch in der Mitte und am Ende unseres Weges als Christen dringend brauchen, ist die *gute Nachricht.*«[32]

Aufbauend auf eine berühmte Zeile von William Temple aus dem neunzehnten Jahrhundert will ich mich und andere daran erinnern, dass *das einzige, was du zu deiner Rettung und deiner Heiligung beiträgst, die Sünde ist, die beides notwendig macht.* Ich hoffe, das hilft uns, die radikale Notwendigkeit täglicher Gnade zu verstehen. Unsere tägliche Sünde bedarf einer täglichen Ausschüttung von Gnade.

Die gute Nachricht der Gnade – die für uns immer begrüßenswert und erfrischend ist – besteht darin, dass *Christus uns für die Freiheit frei gemacht hat* und dass er beabsichtigt, dass wir frei bleiben. Seine erstaunliche Gnade hat unsere Ketten gelöst; unsere Fesseln halten uns nicht mehr zurück. Wir müssen die Sünde ablegen, die uns so leicht umfängt, die Sünde, uns wieder »ein

Joch der Sklaverei« aufzuladen, den versklavenden Stress, etwas aus uns machen zu müssen. Wenn wir nicht länger auf unseren eigenen Erfolg vertrauen, sondern vielmehr auf den Erfolg, den Christus für uns erlangt hat, erfahren wir die überschwänglichen Freiheiten, die daraus erfolgen, dass wir den Erwartungen nicht mehr selbst gewachsen sein müssen.

Und das *können* wir wirklich tun, aber nur im Licht des Evangeliums.

8

HERAUS AUS DEM SCHATTEN

Als Festung des unterschwelligen Götzendienstes muss die Gesetzlichkeit zwangsläufig gegen das Evangelium gerichtet sein, denn ihre Annahme, das Leben drehe sich nur um uns und unsere Fähigkeiten, ist versklavend. Doch wir wissen: Das Evangelium besteht darauf, dass das wirkliche Leben sich nur um Jesus dreht und um das, was er bereits getan hat. Im weitesten Sinne betont das Evangelium, was Jesus getan hat, tut und tun wird; es hebt mit Sicherheit nicht das hervor, was wir tun müssen.

Paulus' Lehre im Kolosserbrief half mir, meine Augen für noch mehr Facetten dieser Wahrheit und die dunkle Gefahr der Gesetzlichkeit zu öffnen.

Die Rettung vor dem Nichts

Wir haben darüber gesprochen, wie die gläubigen Kolosser in ein Loch des Nichts gesaugt wurden; unter ihnen waren Irrlehrer aufgestanden, die sie von Jesus weg wiesen. Sie lockten sie von ihm weg, indem sie ihnen etwas Besseres versprachen – eine tiefere Erlösung, eine bessere Rettung, eine größere Freiheit, eine »erleuchtetere« Erkenntnis und eine höhere Macht, die angeblich über all das hinausging, was Christus getan hatte oder für sie tun konnte. Diese Vorstellungen entsprangen offenbar verschiedenen Quellen: griechischer Philosophie, jüdischen Traditionen und sogar heidnischem Volksglauben. Was sie alles gemeinsam hatten, war eine geschrumpfte Sicht von der Hinlänglichkeit und Erhabenheit Christi.

Um diesen üblen Einfluss zu bekämpfen, entfaltet Paulus in den ersten beiden Kapiteln des Kolosserbriefs seine eindrückliche Strategie. Lass uns dieser Strategie folgen und vor allem betrachten, wie sie sich auf unsere eigene Strategie gegen Götzendienst und Gesetzlichkeit anwenden lassen könnte.

Am Anfang stellt Paulus eine echte persönliche Verbindung mit seinen Lesern her, indem er sie an seinen Dienst für sie erinnert und ihre tödliche Affinität zu dem »Nichts« ins Visier nimmt, von dem sie angelockt wurden. Wir haben gesehen, wie er Christus in einem kräftigen, lebendigen Licht darstellt, und je näher wir uns seine Worte ansehen und darüber nachdenken, umso mehr erkennen wir, wie sehr die Erhabenheit und Hinlänglichkeit Christi den Kern von Paulus' Herz und Denken kontrolliert. Wir erkennen auch, wie tief es ihn betrüben muss zu wissen, dass Gläubige versuchen, ihre inneren Bedürfnisse auf andere Weise als in Christus zu stillen.

Im gesamten Brief erwähnt Paulus immer wieder auf unterschiedliche Weise die Konzepte von Fülle und *Allheit*. Wenn wir ihre Verwendung jetzt genauer betrachten, dann sollten wir darauf achten, auf welche ungewöhnliche Weise Paulus das Verständnis von Christus in immer weitere Dimensionen dehnt.

Paulus beteuert kurz nach Eröffnung des Briefes: »Deshalb hören wir auch seit dem Tag, da wir es vernommen haben, nicht auf, für euch zu beten und zu bitten, dass ihr *erfüllt* werdet mit der Erkenntnis seines Willens in aller geistlichen Weisheit und Einsicht, damit ihr des Herrn würdig wandelt und ihm *in allem* wohlgefällig seid: in *jedem* guten Werk fruchtbar und in der Erkenntnis Gottes *wachsend*, mit *aller* Kraft gestärkt gemäß der Macht seiner Herrlichkeit zu *allem* standhaften Ausharren und *aller* Langmut, mit Freuden« (Kol 1,9–11). Egal, welche Sehnsüchte die Kolosser nach einem reicheren, erfüllteren geistlichen Leben hatten, es kann keinen Zweifel daran geben, dass dies auch Paulus' Wunsch für sie war.

Paulus richtet ihre Aufmerksamkeit dann schnell auf den Einen, der allein völlig fähig ist, ihren Wunsch nach mehr Fülle zu befriedigen. In der wohlklingenden Stelle, die wir schon weiter vorne betrachtet haben, betont er die *Allheit* Christi:

> *Dieser ist … der Erstgeborene, der über* ***aller*** *Schöpfung ist. Denn in ihm ist* ***alles*** *erschaffen worden …* ***alles*** *ist durch ihn und für ihn geschaffen; und er ist vor* ***allem****, und* ***alles*** *hat seinen Bestand in ihm … er, der der Anfang ist, … damit er in* ***allem*** *der Erste sei. Denn es gefiel [Gott], in ihm* ***alle Fülle*** *wohnen zu lassen und durch ihn* ***alles*** *mit sich selbst zu versöhnen … – Kolosser 1,15–20*

Paulus konzentriert sich auf das Evangelium und stellt sogar fest, dass es »verkündigt worden ist in der *ganzen* Schöpfung, die unter dem Himmel ist« (Kol 1,23). Dabei betont er weiter den Umfang der guten Nachricht von Christus.

Uneingeschränkt

Während Paulus diesen Brief schreibt, sitzt er in einem römischen Gefängnis, als direkte Folge seines mutigen apostolischen Dienstes für Christus und für das Evangelium der Gnade. Doch selbst seine Gefangenschaft kann sein Leitmotiv der Fülle nicht dämpfen und er schreibt den Kolossern: »Jetzt freue ich mich in meinen Leiden, [die ich] um euretwillen [erleide], und ich *erfülle* meinerseits in meinem Fleisch, was noch an Bedrängnissen des Christus aussteht, um seines Leibes willen, welcher die Gemeinde ist« (Kol 1,24). Er erklärt auch noch einmal aufs Neue das Ziel seines Dienstes: »sein [Gottes] Wort *voll und ganz* zu verkündigen« (V. 25 NEÜ). Er ist völlig in Anspruch genommen von der umfassenden Berufung Gottes, »der bekanntmachen [wollte], was der Reichtum der Herrlichkeit dieses Geheimnisses unter den Heiden ist, nämlich: Christus in euch, die Hoffnung der Herrlichkeit« (V. 27).

Paulus' Bewusstsein für diese Reichhaltigkeit umfasst seinen ganzen Dienstansatz und seine Berufung. Er verkündet Christus, »indem wir jeden Menschen ermahnen und jeden Menschen lehren in aller Weisheit, um jeden Menschen vollkommen in Christus Jesus darzustellen. Dafür arbeite und ringe ich auch gemäß seiner wirksamen Kraft, die in mir wirkt mit Macht« (V. 28–29).

Dann konzentriert sich Paulus mehr auf die spezielle Situation in Kolossä. Paulus hatte die einzelnen Probleme in der Gemeinde von Kolossä offenbar von einem Mann namens Epaphras erfahren, der die Gemeinde in Kolossä wohl ungefähr ein Jahrzehnt zuvor gegründet hatte (siehe Kol 1,7; 4,12–13) und sich jetzt mit Paulus im Gefängnis befindet (siehe Phlm 23).

Paulus ist sich ihrer Verfassung also völlig bewusst – und zutiefst besorgt darüber. Im ersten Vers von Kolosser 2 schreibt er: »Ich will aber, dass ihr wisst, welch großen Kampf ich habe um euch und um die in Laodizea.« Laodizea war eine Stadt in der Nähe, in der Epaphras offenbar ebenfalls eine Gemeinde gegründet hatte. Paulus beschließt seinen Satz in auffälliger Weise: »... welch großen Kampf ich habe um euch ... und um alle, die mich nicht von Angesicht gesehen haben«. Paulus dehnte seinen Gebetsfokus auf den gesamten Leib der Gläubigen aus und schließt auch die vielen auf der ganzen Welt mit ein, die ihn nie gesehen, gehört oder gekannt haben. Was für ein Vorbild für uns, wie wir unseren Gebeten ein weitreichenderes Ausmaß verleihen können!

In dieser letzten Wendung ist vielleicht auch etwas noch Größeres enthalten. Paulus scheint zu bemerken, dass die Versuchung des Sich-Abwendens-von-Christus, der die Gläubigen von Kolossä zum Opfer gefallen waren, eine dämonische Strategie gegen die gesamte Gemeinde überall auf der Welt war. Und so ist es auch noch heute.

Nachdem Paulus seine tiefe und betende Sorge darüber gezeigt hat, macht er diese spezielle Botschaft ein für alle Mal klar und betont, dass sie sich dringend Christus zuwenden müssen, um wahre Erfüllung zu erleben. Er sagt, sein weitgefasstes Gebet für die Gläubigen ist dieses: »damit ihre Herzen ermutigt werden, in Liebe zusammengeschlossen und mit völliger Gewissheit im Verständnis bereichert werden, zur Erkenntnis des Geheimnisses Gottes, des Vaters, und des Christus, in welchem *alle* Schätze der Weisheit und der Erkenntnis verborgen sind« (Kol 2,2–3). Jesus hat alles, was sie jemals brauchen könnten; ihre Berufung ist, diese Reichtümer der Gnade zu erfassen – völlig, absolut und ausschließlich.

Entlarvung einer Täuschung

Danach konfrontiert Paulus die Irrlehrer auf direkterem Weg. Er erklärt den Kolossern, dass er diese Dinge über Christus sagt, »damit euch nicht irgend jemand durch Überredungskünste zu Trugschlüssen verleitet« (Kol 2,4). Das Angebot der Irrlehrer, abseits von Christus Erfüllung zu finden, mag vernünftig und plausibel klingen, aber es ist dennoch nichts anderes als eine Täuschung.

Trotz der Tiefe seiner Sorge und der Schärfe seiner Warnung ist Paulus in seiner Herangehensweise ein Vorbild an Güte (und spiegelt damit völlig den liebevollen Appell des Evangeliums der Gnade wider). Er findet den Beweis dafür, dass Gottes Gnade in ihrem Leben am Wirken ist und lobt sie aufrichtig dafür: »Denn wenn ich auch leiblich abwesend bin, so bin ich doch im Geist bei euch und sehe mit Freuden eure Ordnung und die Festigkeit eures Glaubens an Christus« (V. 5).

Er ruft ihnen das Evangelium der Gnade in Erinnerung, das sie bereits geschmeckt haben, und erinnert sie sanft, dass sie ihr Leben nur daran ausrichten und danach gestalten sollen: »Wie ihr nun Christus Jesus, den Herrn, angenommen habt, so wandelt auch in ihm, gewurzelt und auferbaut in ihm und gefestigt im Glauben, so wie ihr gelehrt worden seid, und seid darin überfließend mit Danksagung« (V. 6–7).

Dann streift er wieder das Thema der Irrlehrer und der Gefahr, die von ihnen ausgeht: »Seht zu, dass niemand euch einfange durch die Philosophie und leeren Betrug nach der Überlieferung der Menschen, nach den Elementen der Welt und nicht Christus gemäß!« (V. 8 ELB). Er entlarvt die Realität dessen, was die Kolosser in der ihnen angebotenen Lehre so attraktiv gefunden hatten.

Paulus sagt, dass diese Lehre *versklavend* ist – lasst euch nicht von ihr einfangen, warnt er sie. Noch dazu ist sie *leer.* Letzten Endes ist nichts dran.

Sie ist auch *betrügerisch* – nur gefälscht.

Und sie ist rein *menschlich*, ohne einen höheren Ursprung, obwohl sie dem Anschein nach so geistlich hochgestochen daherkommt. Damals wie heute gibt es keinen Mangel an fesselnden menschlichen Traditionen und Philosophien, die unsere Herzen und Gedanken gefangen nehmen und von der soliden Wahrheit abwenden.

Paulus fügt hinzu, dass diese falsche Lehre rein irdisch und weltlich ist – »nach den Elementen der Welt« (ELB). Dieser Ausdruck ist ungewöhnlich und wird unterschiedlich ausgelegt; er wird auch übersetzt mit »gemäß den Grundsätzen der Welt«, »den bösen Mächten der Welt« (NLB), »den Prinzipien dieser Welt« (NEÜ), um einige Variationen zu nennen. Die Wortwahl weist offenbar hin auf die allumspannende Gesinnung der Welt, auf das weltliche System, darauf, wie diese Welt funktioniert; es ruft uns auch die dunklen, leeren Tiefen, das Wesen des tödlichen, unerwünschten Nichts ins Gedächtnis zurück. Wir erinnern uns wieder daran, dass Satan »der Fürst dieser Welt« ist (Joh 12,31; 14,30; 16,11); und »dass sich die ganze Welt in der Gewalt des Bösen befindet« (1Joh 5,19 NGÜ).

Das schlimmste Übel

Als Paulus diese Fehler der Lehre auflistet, von der die Kolosser sich angezogen fühlten, hebt er sich den wichtigsten und leidenschaftlichsten Punkt aus Kolosser 2,8 bis zum Schluss auf: Diese Irrlehre steht im direkten Gegensatz zum Erlöser – sie ist »nicht Christus gemäß«. Christus ist der einzige Maßstab, nach dem alle Lehren, Traditionen, Philosophien, Weltanschauungen und Lebensansätze beurteilt werden müssen, und die Verlockungen, von denen die Kolosser so angetan waren, erfüllten diese Voraussetzung noch nicht einmal ansatzweise.

Das wollten die Irrlehrer ihnen verkaufen. *Nehmt es ihnen nicht ab*, beharrt Paulus. Diese mächtigen weltlichen Reize waren für sie damals genauso attraktiv wie für uns heute. Doch letzten Endes sind sie wertlos. Egal, wie beeindruckend und gewaltig diese Dinge uns gerade erscheinen, ihre völlige Nichtigkeit wird letztendlich zum Vorschein kommen, weil Gott es sich vorgenommen hat – »damit er zunichte mache, was etwas ist, damit sich kein Mensch vor Gott rühme« (1Kor 1,28–29 LUT).

Im krassen Gegensatz zu seiner Beschreibung der leeren, betrügerischen Reize der Irrlehrer erklärt Paulus in den nächsten Versen erneut: »Denn in ihm [Christus] wohnt die ganze *Fülle* der Gottheit leibhaftig«. Und er legt genau fest, was dieses volle Evangelium der Fülle Christi für die Gläubigen bedeutet: »Und ihr seid zur *Fülle* gebracht in ihm, der das Haupt *jeder* Herrschaft und Gewalt ist« (Kol 2,9–10).

Und dann verleiht Paulus dem Evangelium – sowohl um der Kolosser als auch um unseretwillen – einen seiner wunderschönsten und tiefsten Ausdrücke in der gesamten Bibel und hilft uns damit, das unglaubliche Wunder, das geschehen ist, besser zu erkennen:

> *In ihm [in Christus] seid ihr auch beschnitten mit einer Beschneidung, die nicht von Menschenhand geschehen ist, durch das Ablegen des fleischlichen Leibes der Sünden, in der Beschneidung des Christus, da ihr mit ihm begraben seid in der Taufe. In ihm seid ihr auch mitauferweckt worden durch den Glauben an die Kraftwirkung Gottes, der ihn aus den Toten auferweckt hat. Er hat auch euch, die ihr tot wart in den Übertretungen und dem unbeschnittenen Zustand eures Fleisches, mit ihm lebendig gemacht, indem er euch alle Übertretungen vergab; und er hat die gegen uns gerichtete Schuldschrift ausgelöscht, die durch Satzungen uns entgegenstand, und hat sie aus dem Weg geschafft, indem er sie ans Kreuz heftete. Als er so die Herrschaften und Gewalten entwaffnet hatte, stellte er sie öffentlich an den Pranger und triumphierte über sie an demselben. – Kolosser 2,11–15*

Vom Tod zum Leben und von flächendeckender Übertretung hin zum Eintauchen in die Vergebung – das ist unsere Reise im Evangelium. Die Bilder hier sind absolut lebendig und unvergesslich: Fleisch und Beschneidung; Begräbnis; eine Schuldschrift, die ans Kreuz geheftet wird; starke Mächte, die entwaffnet und öffentlich an den Pranger gestellt werden.

Ich habe in meiner Bibel an den Rand der Verse 13 und 14 von Kolosser 2 die Wörter *Das Evangelium!* geschrieben und diese beiden Verse eingerahmt. Diese prächtigen Begriffe stehen für eine knappe Zusammenfassung des Kerns des Evangeliums. Lass mich diese befreienden Worte noch einmal wiederholen:

> *Er hat auch euch, die ihr tot wart in den Übertretungen und dem unbeschnittenen Zustand eures Fleisches, mit ihm lebendig gemacht, indem er euch alle Übertretungen vergab; und er hat die gegen uns gerichtete Schuldschrift ausgelöscht, die durch Satzungen uns entgegenstand, und hat sie aus dem Weg geschafft, indem er sie ans Kreuz heftete.*

Paulus verwendet diese Worte ganz bewusst an dieser Stelle.

Auf der Siegerseite

Der Höhepunkt dieser Stelle handelt vom Triumph. Christus ist der einzige Sieger, und unsere einzige Hoffnung, je wirklich auf der Siegerseite zu sein, besteht darin, an seinem Sieg teilzuhaben. Darüber hinaus sind diejenigen, die Christus besiegt hat, genau der Ursprung der Irrlehre, zu denen sich die Kolosser hingezogen fühlten, was wir leicht aus dem schließen können, was Paulus vorausgehend gesagt hat.

Es ist, als wolle er die Kolosser fragen: Auf wessen Seite wollt ihr eigentlich stehen – auf Christi oder Satans? Wirst du beim Sieger stehen oder neben seinen beschämten, entkräfteten Gegnern herumkriechen? Vor dieser Entscheidung steht jeder von uns.

Nur Schatten

Paulus ist noch nicht damit fertig, seine Beweisführung darzulegen. Es gibt noch so viel darüber zu sagen! Es ist so viel Falsches an der Botschaft der Irrlehrer und so unendlich viel mehr Gutes, Richtiges und Vollkommenes am Evangelium der Gnade und an dem Herrn und Retter, der es vertritt.

Als Nächstes erteilt Paulus den Kolossern einen apostolischen Befehl, indem er zum Herzen der Gesetzlichkeitsthematik vordringt und ihr einen tödlichen Schlag verpasst. »So lasst euch von niemand richten wegen Speise oder Trank, oder wegen bestimmter Feiertage oder Neumondfeste oder Sabbate« (Kol 2,16). Die Punkte hier haben etwas mit den religiösen Ritualen aus dem Alten Testament zu tun und Paulus hätte noch viel mehr davon auflisten können (als früherer Pharisäer wäre es ihm möglich gewesen, endlos darüber zu schreiben). Aber er kommt schnell zum Punkt. Warum sollen die Kolosser sich weigern, wenn ein Lehrer oder jemand anderes ihnen diese Bestimmungen aufzwingen will? Weil »diese nur ein Schatten des Zukünftigen [sind]. Die Wirklichkeit aber ist Christus selbst« (V. 17 NLB).

Die unterschiedlichen Speise- und Formvorschriften im Alten Testament sowie die Anweisungen für bestimmte Feste und Gedenkfeiern sowie all die anderen unterschiedlichen Regeln für Opfer und Gottesdienst und Beziehungen und Gemeinschaft und das Leben als Volk – all diese Dinge wiesen auf etwas Höheres hin, etwas, was über sie selbst hinausging. Und dieses Etwas war der Messias, Jesus Christus.

All diese detaillierten Richtlinien im Alten Testament waren nur »ein Schatten« der Realitäten, die in Christus zu finden sind. Und obwohl die »Schatten« gute Dienste darin leisteten, uns etwas davon zu zeigen, wie Gott wirklich ist, waren sie in dem, was sie von Gott offenbarten, immer noch schattenhaft. In Hebräer 1,1–3 (NLB) steht: »Vor langer Zeit hat Gott oft und auf verschiedene Weise durch die Propheten zu unseren Vorfahren gesprochen, doch in diesen letzten Tagen sprach er durch seinen Sohn zu uns. Durch ihn hat er das ganze Universum und alles, was darin ist, geschaffen, und er hat ihn zum Erben über alles eingesetzt. Der Sohn spiegelt die Herrlichkeit Gottes wider, und *alles* an ihm ist ein Ausdruck des Wesens Gottes.« Mit anderen Worten: Es gibt einen Körper, der diese Schatten wirft – und dieser Körper, diese »Wirklichkeit«, ist Jesus selbst.

Paulus' Gedankengang überschneidet sich hier mit dem, was wir im Hebräerbrief sehen. Der dortige Schreiber erinnert uns daran, dass die Priester des Alten Testaments »einem *Abbild und Schatten* des Himmlischen« (Hebr 8,5) dienen. Später im Hebräerbrief lesen wir, dass das Gesetz selbst *»nur einen Schatten* der zukünftigen [Heils-]Güter hat, nicht die Gestalt der Dinge selbst« (Hebr 10,1). Im Alten Testament hatte Gott sich durch Abbilder und Schatten, durch Verheißungen und Prophetien offenbart. Im Neuen Testament offenbart er sich in Jesus – der die Wirklichkeit jedes Schattens und die Erfüllung jeder Verheißung und Prophetie ist.

In Kolosser 2,17 will Paulus auf Folgendes hinaus: Alle alttestamentlichen Gesetze – die zeremoniellen Gesetze, die Zivilgesetze und die Speisegesetze – waren Hinweise auf Jesus. All diese Dinge sollten eine Vorahnung von Jesus vermitteln, uns auf Christus vorbereiten, uns zeigen, dass wir Jesus brauchen. Das Gesetz sollte niemals einen Selbstzweck erfüllen, sondern nur ein Mittel zum Zweck sein. Uns auf Regeln und Bestimmungen zu konzentrieren bedeutet darum, dass wir *Jesus völlig übersehen.* Und genau das taten die Pharisäer.

Denk mal darüber nach; nicht nur, was deine Beziehung mit Gott betrifft, sondern auch, was deine Beziehungen mit deinem Ehepartner und deinen Kindern, mit Freunden und Nachbarn und Kollegen und anderen in deiner Gemeinde angeht. Immer wenn wir uns hauptsächlich (manchmal fast ausschließlich – das trifft zumindest auf mich zu) auf Regeln und Maßstäbe und Werte konzentrieren und diese Dinge auch anderen auferlegen, bauen wir unser Leben auf Schatten; wir sehen die Wirklichkeit nicht. Wir übersehen, worum es wirklich geht – und das ist immer Jesus.

Wenn die Bibel diese Dinge als *Schatten* bezeichnet, weist das auch auf ihre Flüchtigkeit und Vergänglichkeit hin, die im starken Gegensatz zu Christus stehen. Gott der Vater sagt zu seinem Sohn Jesus: »Dein Thron, o Gott, währt von Ewigkeit zu Ewigkeit« (Hebr 1,8). In seiner ewigen Herrschaft besitzt Jesus als einziger die ewigen Ressourcen, die wir brauchen, um unsere ewigen Sehnsüchte zu stillen. Darum ist es vergebliche Mühe, wenn wir unsere Rettung von irgendeiner Sache oder Person erwarten, die geringer ist als Jesus.

Nutzlos

Paulus fährt fort mit einer anderen Art von Auflistung: »Und wenn jemand zu euch kommt und Demut predigt oder Verehrung der Engel, dann lasst euch davon nicht ablenken – auch dann nicht, wenn er sich dabei auf das beruft, was er gesehen hat. Solche

Menschen sind ohne Grund stolz und aufgeblasen« (Kol 2,18 NLB). Hier liegt der Fokus nicht auf der Einhaltung jüdischer Gesetze, sondern auf einer großen Vielfalt geistlicher Praktiken mit einem breiter gefächerten Hintergrund, einschließlich heidnischer Quellen. Doch die Irrlehrer »predigten« diese Dinge wie auch die verschiedenen jüdischen Bestimmungen; wer diese Dinge nicht tut, so sagten sie, ist geistlich einfach nicht kompetent.

Paulus reagiert auf diese Aussage wiederum mit dem Hinweis darauf, wie anders Christus im Gegensatz dazu ist, und argumentiert, dass echte menschliche Erfüllung nur von ihm kommt. Paulus sagt, dass ein Lehrer, der diese weltlichen spirituellen Praktiken forciert, »nicht festhält an dem Haupt, von dem aus der ganze Leib, durch die Gelenke und Bänder unterstützt und zusammengehalten, heranwächst in dem von Gott gewirkten Wachstum« (V. 19). Christus ist die einzige Quelle wahrer geistlicher Reife für alle; die einzige Wachstumsquelle, die ihren Ursprung in Gott hat.

Abermals bringt Paulus sie zurück zu dem Fundament, das sie im Evangelium haben: »Wenn ihr nun mit Christus den Grundsätzen der Welt gestorben seid …« (V. 20). Hier ist wieder dieser Ausdruck »Grundsätze der Welt« – der sich wahrscheinlich erneut auf die dunklen Mächte und die Prinzipien der Weltlichkeit bezieht. Paulus fragt die Kolosser: »… weshalb lasst ihr euch Satzungen auferlegen, als ob ihr noch in der Welt lebtet? ›Rühre das nicht an, koste jenes nicht, betaste dies nicht!‹ – was doch alles durch den Gebrauch der Vernichtung anheimfällt – [Gebote] nach den Weisungen und Lehren der Menschen« (V. 20–22). Warum solltest du dich unter die Versklavung an alle möglichen weltlichen Regeln begeben, wenn der Tod Christi (an dem du teilhast) dich doch von dieser Art der Kontrolle befreit hat?

Das Unwichtige zuerst

Wir Christen haben die bemerkenswerte Neigung, uns fast ausschließlich auf die Frucht des Problems zu konzentrieren. Wir tun das als Eltern bei unseren Kindern, als Pastoren bei unseren Gemeindemitgliedern, als Ehemänner bei unseren Frauen, als Ehefrauen bei unseren Männern. Wir tun es bei uns selbst. Das Evangelium jedoch spricht immer die Wurzel des Problems an. Und die Wurzel des Problems ist nicht das schlechte Verhalten. Schlechtes Verhalten ist die Frucht von etwas Tieferliegendem.

Harold Senkbeil macht wie Paulus unseren wahren Feind aus: den Tod. Sünden sind also die Frucht eines tieferliegenden Problems, eines Problems, das nur Gott lösen kann. Diese Wurzel des Problems ist der Tod.

»Die sieht gut aus«, dachte sie bei sich. So eine leuchtende Frucht; sie schrie förmlich danach, gegessen und genossen zu werden. Und was für eine bereichernde Erfahrung würde der Genuss wohl sein – die Erkenntnis von Gut und Böse, hatte der Allmächtige gesagt. Wie könnte er für die Seinen etwas Geringeres als das Allerbeste wollen?

»Mein Mann und ich werden sein wie Gott«, überlegte sie. »Was soll daran so schlecht sein?«

Was die Schlange sagte, erschien einleuchtend: Es wäre viel besser, beides zu kennen – das Gute und das Böse – als nur das Gute.

»Hier, nimm davon.« Sie reichte das saftige Fruchtfleisch weiter an ihren Mann.

»Das Zeug ist gut. Übrigens, Adam, weißt du, was Gott mit diesem Wort gemeint hat – ich glaube, es war ›sterben‹?«[33]

Alles sündige Verhalten – selbst bei Christen – lässt sich auf den Tod im Garten Eden zurückführen. Wenn wir das Verhalten ansprechen, ohne den Tod anzusprechen, halten wir den Tod lebendig. Die Pharisäer waren darin Meister und Jesus bezeichnete sie als »weiß getünchte Gräber«. Viele von uns Christen machen denselben Fehler. Wir neigen dazu, das Evangelium für Gottes Programm zu halten, das aus schlechten Menschen gute Menschen macht, und nicht das Programm, das aus toten Menschen lebendige Menschen macht. Jesus kam allerdings zuerst, um eine Auferstehung aus den Toten zu bewirken und keine moralische Erneuerung, wie sein eigener Tod und seine Auferstehung zeigen.

Der folgende Auszug stammt aus Senkbeils hervorragendem Artikel in *Justified: Modern Reformation Essays on the Doctrine of Justification (Gerechtfertigt: Moderne Reformationsabhandlungen über die Lehre der Rechtfertigung)*:

> *Die meisten Menschen denken, das menschliche Dilemma bestehe darin, dass unser Leben aus den Angeln geraten sei; wir entsprechen nicht den Erwartungen Gottes. Erlösung wird dann zu einer Angelegenheit des Neuordnens von Prioritäten und des Anpassens unseres Lebensstils, damit er Gottes Willen entspricht. In seiner krassesten Form führt dieser Fehler dazu, dass Menschen glauben, sie verdienten sich ihre eigene Erlösung. In der evangelikalen Welt von heute hat dieser Fehler ganz oft eine raffiniertere Verkleidung: gewappnet mit der Vergebung durch Jesus werden die Menschen dazu gedrängt, die Techniken und Prinzipien umzusetzen, die Christus gab, um ihren Lebensstil wieder in Ordnung zu bringen.*
>
> *Es stimmt sicherlich, dass ein Leben in Sünde aus den Angeln geraten ist. Wir alle brauchen die heiligende Kraft des*

Geistes. Aber das kommt erst dann, wenn unser wahres Problem gelöst ist. Sünde ist nur ein Symptom; unser wahres Dilemma ist der Tod.

Gott warnte Adam und Eva davor, dass die Erkenntnis von Gut und Böse einen hohen Preis haben würde: »... denn an dem Tag, da du davon [vom Baum der Erkenntnis von Gut und Böse] isst, musst du gewisslich sterben!« (1Mo 2,17). Unsere Ureltern wollten sein wie Gott und waren bereit, den Preis dafür zu bezahlen. Noch heute bezahlen wir dafür: »Denn der Lohn der Sünde ist der Tod ...« (Röm 6,23); »... gleichwie in Adam alle sterben« (1Kor 15,22); »Auch ihr wart früher tot aufgrund eurer Sünden« (Eph 2,1 NLB).

Das eigentliche Problem, vor dem wir alle stehen, ist der Tod. Auf jeden Fall der körperliche Tod. Aber was noch viel schrecklicher ist, ist der geistliche Tod – das ewige Getrenntsein von Gott. Und jeder muss sterben. Du kannst entweder allein sterben oder in Jesus.

Jesus Christus hat in seinem Tod deinen Tod verschlungen und ist triumphierend wieder auferstanden, um jeden Knochen wieder heil aus dem Grab zu bringen. In der Verheißung der Auferstehung verliert der Tod seine Macht. Wenn wir mit Jesus sterben, leben wir wirklich![34]

Die Heiligung besteht aus der täglichen Erkenntnis, dass wir in Christus gestorben und in ihm auferstanden sind. Menschenleben verändern sich, wenn das Herz täglich Tod und Leben ergreift. Tägliche Erneuerung ist die Frucht von täglicher Auferstehung. Wenn wir es anders herum verstehen (was wir von Natur aus immer tun), übersehen wir die Kraft und den Kern des Evangeliums. C. S. Lewis trifft in seinem Essay *Gültiges und Endgültiges* folgende Aussage: »Dinge von untergeordneter Bedeutung kann man nicht dadurch bekommen, dass man sie zum wichtigsten Anliegen erklärt, man bekommt sie nur, indem man dem wichtigsten Anliegen den Vorrang gibt.«[35] (Gutes oder schlechtes) Verhalten ist etwas von untergeordneter Bedeutung und wenn wir ihm den Vorrang geben, verfallen wir in die Art von Regeln und Bestimmungen, vor denen Paulus uns hier warnt.

Von heutigen Predigern wird erwartet, dass sie Spezialisten in »christlich-moralischer Erneuerung« sind. Man erwartet, dass sie eine praktische To-do-Liste vorlegen, anstatt zu verkündigen »Es ist vollbracht«. Man erwartet von ihnen, dass sie etwas anderes bzw. mehr tun, als der Gemeinde das vollbrachte Werk Christi vor Augen zu halten und eine völlige Freisprechung zu predigen, die ausschließlich auf der vollständigen Gerechtigkeit eines Anderen beruht. Die Ironie dabei ist natürlich, dass *keine* moralische Erneuerung erfolgt, wenn Prediger diesem Druck nachgeben. Es ist christlicher Narzissmus (was der größte Widerspruch in sich ist), sich mehr auf das zu konzentrieren, was ich tue, als auf das, was Christus getan hat – das Gift der Selbstversunkenheit, das die Kraft des Evangeliums in unserem Leben schwächt und zerstört. Martin Luther bemerkte, dass »die Sünde, die all unseren Sünden zugrunde liegt, die Lüge der Schlange ist, dass wir der Liebe und Gnade Christi nicht vertrauen können und dass wir die Sache selbst in die Hand nehmen müssen«.[36]

Moralische Erneuerung besteht also tatsächlich darin, dass wir unseren Blick neu von uns weg auf den Gehorsam *dieses* Mannes, auf das Kreuz *dieses* Mannes, auf das Blut *dieses* Mannes – auf den Tod und die Auferstehung *dieses* Mannes lenken!

»In *my* place condemned *he* stood, and sealed *my* pardon with *his* blood – hallelujah, what a Savior!« (»An *meiner* Stelle wurde *er* verdammt und versiegelte *meine* Vergebung mit *seinem* Blut – halleluja, was für ein Retter!«)[37]

Moralische Erneuerung bedeutet, diesen herrlichen Austausch täglich lieben zu lernen, sich auf seine Vollbrachtheit zu stützen und unter seinem Banner zu leben.

Danach entlarvt Paulus weiterhin die absolute Nutzlosigkeit besagter Regeln: »Sie mögen weise wirken, weil sie Hingabe, Demut und strenge körperliche Disziplin verlangen. Aber sie sind ohne Wert und dienen nur menschlichen Zielen« (Kol 2,23 NLB). Letzten Endes sind diese vielen Regeln und Praktiken, all die Rituale und Disziplinen, all die neusten Methoden und Techniken und Vorgehensweisen und Ansätze in Geistlichkeit, über die alle reden – sie sind alle nutzlos. Solch eine äußere Angepasstheit *kann nie innere Erneuerung bewirken* – niemals. Äußere Reinigung kann niemals innere Reinigung bewirken. Das äußere Einhalten von Regeln berührt nicht den Ursprung von Sünde oder Versuchung, es dringt nicht zu ihm durch. Der Ursprung der Sünde, daran erinnert uns Paulus hier, sind die Wünsche des Herzens. Und das äußere Einhalten von Regeln kann das nicht in Ordnung bringen.

In diesen Versen zeigt uns Paulus, dass die religiösen Praktiken aus dem Alten Testament genauso versklavend sind wie heidnische religiöse Praktiken – die einen sind nicht schlimmer als die anderen. Das mag schockierend für uns sein. Wir neigen dazu zu denken, dass das strenge Einhalten von alttestamentlichen Praktiken vielleicht ein wenig daneben ist, aber doch nicht so schlimm wie die Praktiken heidnischer Spiritualität; die sind wirklich schlimm, oder? Doch Paulus sieht beides durch das Raster von Christus und sieht, wie sie im Grunde genommen dasselbe sind. Ob es ein alttestamentliches Ritual oder eine Form heidnischer Selbsthilfe ist – wenn der Fokus mehr darauf liegt, was *du tun musst*, als darauf, was *Jesus bereits getan hat*, dann richtet es sich gegen das Evangelium.

Paulus ist an dieser Stelle sehr eindeutig. Man kommt einfach nicht umhin zu bemerken, dass Paulus menschliche Regeln und Bestimmungen hasst. Und er hasst sie, weil Gott sie hasst.

Da das Herzstück des menschlichen Problems das Problem des menschlichen Herzens ist, sind Regeln und Bestimmungen niemals die Lösung. *Jesus ist die Lösung.* Eine Verhaltensänderung verändert nicht das menschliche Herz. Daran müssen du und ich beständig erinnert werden, und darum wenden wir uns dem Evangelium zu.

Die veränderte Größe des eigenen Ichs

Zu Beginn von Kolosser 3 fordert Paulus uns dazu auf, die Realität des Evangeliums zu erfassen: »Wenn ihr nun mit Christus auferweckt worden seid, so sucht das, was droben ist, wo der Christus ist, sitzend zur Rechten Gottes. Trachtet nach dem, was droben ist, nicht nach dem, was auf Erden ist; denn ihr seid gestorben, und euer Leben ist verborgen mit dem Christus in Gott« (Kol 3,1–3). Timothy Keller hebt in seinem Buch hervor, wie entscheidend diese Worte in unserem Kampf gegen den Götzendienst sind:

> *Götzendienst ist also mehr, als nur Gott nicht zu gehorchen. Das ganze Herz hat sich auf etwas ausgerichtet, das ihm wichtiger ist als Gott. Das wird sich aber dadurch, dass man diese Schuld einsieht und bekennt, nicht ändern. Auch mit Willenskraft kann man sich selbst nicht dazu bringen, anders zu leben. Paulus gibt uns zwei Empfehlungen, wie wir die Götzen loswerden können: »Wir sollen uns nach oben orientieren« und: »unser Leben ist mit Christus bei Gott verborgen« (Kol 3,1–3). Das heißt, wir sollen das, was Jesus für*

uns getan hat, wertschätzen, uns darüber freuen und darin ruhen. So entsteht fröhlicher Lobpreis, und wir nehmen die Gegenwart Gottes wahr, wenn wir beten. Jesus muss für unsere Fantasie schöner sein als jeder Götze. Für unser Herz muss er viel anziehender sein als alles, was in uns herrschen möchte. Dann werden die falschen Götzen weichen. Wer einen Götzen nur aus seinem Herzensboden reißt und versäumt, die Liebe Christi an die frei gewordene Stelle zu pflanzen, wird sich wundern, wie schnell der Götze wieder nachwächst.[38]

Unsere Gleichung – Jesus plus Nichts ist gleich Alles – gilt nur, wenn Jesus für dich – wie Keller schreibt – so schön und anziehend ist, dass du ihm dein Herz hingibst.

Das Evangelium hält alles bereit, um genau diese Dynamik für uns zu einer lebendigen Option zu machen. Als Paulus im weiteren Verlauf von Kolosser 3 seine vom Evangelium angeregte und motivierte Lehre fortsetzt, spricht er davon, dass »ihr ja den alten Menschen ausgezogen habt mit seinen Handlungen und den neuen angezogen habt, der erneuert wird zur Erkenntnis, nach dem Ebenbild dessen, der ihn geschaffen hat« (Kol 3,9-10). Christsein bedeutet für ihn also nicht, ein neues Kapitel aufzuschlagen, sondern besteht darin, ein neues Leben zu empfangen.

Der neue Mensch, von dem Paulus spricht, wird sich immer mehr entwickeln, wenn wir dem Evangelium erlauben, die Fesseln des Götzendienstes zu sprengen. Wenn wir in die Freiheit des Evangeliums hinaustreten, können wir uns plötzlich so sehen, wie wir wirklich sind, ohne in Panik zu verfallen. Es befreit uns von dem Druck, etwas tun und sein zu müssen, um unsere gewaltigen unerfüllten inneren Bedürfnisse zu stillen. Jetzt spüren wir, dass Jesus das *Alles* ist, das diese Bedürfnisse stillt.

Das Evangelium befreit uns dazu, es okay zu finden, nicht okay zu sein. Wir wissen, dass wir nicht okay sind – obwohl wir uns die größte Mühe geben, andere Menschen vom Gegenteil zu überzeugen. Doch das Evangelium sagt uns: »Entspann dich, es ist vollbracht.«

Dank dem Evangelium müssen wir nun nichts mehr beweisen oder beschützen. Die Heuchelei hat ein Ende. Wir müssen niemanden mehr beeindrucken, niemandem mehr etwas beweisen und niemanden von etwas überzeugen, was wir gar nicht sind. Das Evangelium befreit uns von dem, was Paul Zahl als »Gesetz der Leistungsfähigkeit« bezeichnet, das Gesetz, »das uns als mangelhaft beurteilt, wenn wir nicht leistungsfähig sind, wenn wir nicht alles unter Kontrolle haben, wenn wir nicht in der Lage sind, unsere unterschiedlichen Verpflichtungen fehlerlos im Gleichgewicht zu halten.«[39] Das Evangelium gewährt uns die Kraft zuzugeben, dass wir schwach und bedürftig und ruhelos sind – in dem Wissen, dass das vollbrachte Werk Christi all die Stärke, Erfüllung und den Frieden bereithält, die wir uns je wünschen könnten und mehr.

Das Evangelium befreit uns von dem Drang, nach dem eigenen Vorteil zu streben und uns für persönliche Ziele und das eigene Selbstwertgefühl in den Vordergrund zu drängen. Wenn du verstehst, dass deine Bedeutung, deine Identität und dein Ziel in Christus verankert sind, musst du nicht gewinnen – du bist frei zu verlieren. Und nichts in dieser kaputten Welt kann einen Menschen unterkriegen, der keine Angst hat zu verlieren! Du wirst frei sein, so verrückte, riskante und scheinbar unsinnige Dinge zu sagen wie: »Christus ist mein Leben und Sterben ist mein Gewinn« (Phil 1,21 LUT)! Das ist reine, unverfälschte Freiheit.

Solange Jesus unsere Stärke ist, ist Schwäche keine Bedrohung für unser Wertgefühl. Wir haben vielmehr die Freiheit, unsere Schwächen und Fehler zuzugeben, ohne das Gefühl haben zu müssen, dass wir zerfleischt werden.

Das Evangelium meiden

Da all dies wahr ist, hast du dich jemals gefragt: *Warum meide ich das Evangelium?* Wir Christen meiden das Evangelium jeden Tag – denn genau darin besteht Sünde. Wenn wir ehrlich wären, würden wir zugeben, dass wir das Evangelium jeden Tag auf irgendeiner Ebene meiden. Denn das tun wir, wenn wir als Christen sündigen. In Gedanken, Worten oder Taten laufen wir vor Gott davon. Indirekt meiden wir damit das Evangelium.

Warum tun wir das? Ich sage euch, warum ich es tue. Weil das Evangelium mich verschwinden lässt. In gewisser Hinsicht löscht es mich aus. Plötzlich dreht sich das Leben nicht mehr um meine kleine Welt und meine Maßstäbe, Regeln, Ziele und Vorlieben. Es dreht sich nicht mehr um mich und um das, was ich will. Es geht nicht mehr um meine Stärken, Errungenschaften und Leistungen.

Das Evangelium radiert uns sozusagen aus, darum meiden wir es. Doch in diesem Auslöschen des Selbst liegt der Schlüssel zu unserer Freiheit.

Das Evangelium führt dich nicht tiefer in dich selbst hinein; das Evangelium führt dich weg von dir. Darum erinnert Paulus die Kolosser und uns daran: »Denn ihr seid gestorben, und euer Leben ist verborgen mit dem Christus in Gott« (Kol 3,3). Das Evangelium macht uns frei zu erkennen, dass wir – obwohl wir Bedeutung haben – *nicht die Hauptsache* sind.

Das Evangelium macht uns frei von der nagenden Enttäuschung, dass wir nicht das bekommen, was wir unserer Meinung nach brauchen, weil das Evangelium uns allen zuruft, dass es im Leben nicht um unseren Komfort, unsere Bequemlichkeit und unsere Vorlieben geht, sondern um Gott und seine Herrlichkeit, sein Evangelium, seine Gemeinde, seinen Weg, sein Königreich. Es geht um seinen Sohn, Jesus, der als König herrscht.

Der vielleicht größte Unterschied zwischen den praktischen Auswirkungen der Sünde und den praktischen Auswirkungen des Evangeliums ist, dass die Sünde uns nach innen und das Evangelium uns nach außen kehrt. Das Evangelium bringt uns dazu, nach oben und außen zu schauen, weg von uns selbst. Es richtet unseren Blick nach oben zu Gott und nach außen zu anderen, sowohl zu den Menschen innerhalb als auch außerhalb der Gemeinde. Das Evangelium veranlasst uns, Gott und andere zu lieben, denn das ist laut Jesus die Summe des Gesetzes.

Wir neigen dazu, klösterlich und individualistisch an gute Werke zu denken. Viele von uns denken an gute Werke im Sinne von persönlicher Frömmigkeit, innerer Hingabe und geistlichen Disziplinen: Gebet, Bibellesen, Gottesdienstbesuche und so weiter. Und obwohl all das wichtige Aspekte des christlichen Lebens sind, nennt Jakobus in seinem Abschnitt darüber, dass Glaube ohne Werke tot ist (in Jakobus 2,14–26), interessanterweise keine Werke persönlicher Geistlichkeit, sondern Werke des öffentlichen Dienens.

In Jakobus 1,27 und 2,15–16 macht er deutlich, dass wahre Geistlichkeit uns von uns selbst wegführt hinein in das chaotische Leben anderer Menschen. Wahre Geistlichkeit kehrt sich nicht nach innen, sondern nach außen. Sie führt uns nicht tiefer nach innen; sie sendet uns weit nach draußen. Sie macht uns nicht introspektiv, sondern »extrospektiv« – nach außen gerichtet. Echtes geistliches Wachstum erfolgt dann, wenn wir aufschauen zu Christus und zu dem, was er getan hat, und hinaus zu unseren Nächsten und zu dem, was sie brauchen, *nicht* in uns hinein und darauf, wie es uns geht.

Von Natur aus konzentrieren wir uns auf uns selbst – auf unseren Gehorsam (oder unseren fehlenden Gehorsam), auf unsere (gute oder schlechte) Leistung, auf unsere Heiligkeit – aber nicht auf Christus und seinen Gehorsam, seine Leistung und seine Heiligkeit für uns. Wir alle haben einen natürlichen Hang dazu, Gottes gute Nachricht über unsere Freiheit in einen narzisstischen Selbstverbesserungsplan zu verwandeln. Wenn wir das tun, übersehen wir die Bedürfnisse unserer Nächsten und können ihnen nicht begegnen. Martin Luther soll es übrigens so ausgedrückt haben: »Gott braucht unsere guten Werke nicht, aber unser Nächster schon.«

Was du und ich am meisten brauchen, ist, mehr auf Christus zu schauen als auf uns selbst. Das Evangelium befähigt uns, dem Dilemma zu entkommen, dass wir nach innen auf uns selbst gerichtet sind. Im Evangelium geht Gott uns nach, nicht weil er uns braucht, sondern weil *wir ihn brauchen*. In diesem Zusammenhang bewegen mich die Worte von Elyse Fitzpatrick:

> *Immer wenn das Evangelium unserem bewussten Denken entgleitet, geht es in unserer Religion nur noch um unsere eigene Leistung, und dann denken wir, es gehe in allem, was geschieht oder je geschehen wird, um uns. Wenn ich die Fleischwerdung, das sündlose Leben, den Tod, die Auferstehung und die Himmelfahrt vergesse, glaube ich ganz schnell, ich selbst müsste unübertroffen, ganz oben und unvergleichlich sein. Genau an diesem Punkt brauche ich unbedingt eine intravenöse Dosis der Wahrheit des Evangeliums. Er ist überragend. »Denn von ihm und durch ihn und für ihn sind alle Dinge; ihm sei die Ehre in Ewigkeit! Amen (Röm 11,36).«*[40]

Die Rückkehr zum Evangelium ist eine Rückkehr zur Wirklichkeit. Wenn wir an das Evangelium erinnert werden, werden wir daran erinnert, dass die Sünde uns versklavt, weil sie uns groß macht; und dass das Evangelium uns frei macht, weil es uns klein macht. Unsere Kultur des Selbstwertes will uns gerne weismachen, unsere Freiheit hänge von unserer Größe ab. Aber das Evangelium stellt das auf den Kopf – je kleiner wir werden, umso freier werden wir. Wir nehmen immer mehr ab; Christus nimmt immer mehr zu. Die Welt sagt, je unabhängiger man wird, desto freier und stärker ist man. Das Evangelium sagt, je abhängiger man von Gott ist, desto freier und stärker ist man.

Zur Schönheit erschaffen und erlöst

Gott hat dich zur Schönheit erschaffen – und zur Schönheit erlöst –, damit du und deine Freude, dein Friede und deine Dankbarkeit für das, was er in Christus für dich getan hat, in der Dunkelheit dieser Welt sichtbar werden.

Die Welt ist nicht fasziniert von den Menschen, die den Eindruck zu erwecken versuchen, sie hätten alles im Griff. Das zieht sie nicht an. Die Welt ist gefesselt vom Anblick demütiger Menschen, die ihr Leben ganz und gar von Gott verschreiben, die ihre Sünde eingestehen und auf ihren Retter zeigen als den Einzigen, der uns retten kann. Mit anderen Worten, die Welt braucht unser Zugeständnis und nicht unser Können.

Leider glauben die meisten Menschen außerhalb der Gemeinde, dass wir mit den Begriffen *Evangelium* oder *Christsein* eigentlich Moralismus meinen. Das kommt ihnen in den Sinn. Die meisten Menschen innerhalb der Gemeinde erwecken bei den meisten Menschen außerhalb der Gemeinde den Eindruck, es gehe beim

Christsein nur darum, bestimmte Verhaltensweisen einzuhalten und andere Verhaltensweisen abzulehnen. Es drehe sich nur um Regeln, Normen, gutes Verhalten und darum, sein Leben in Ordnung zu bringen. Der Welt das zu vermitteln – darin sind wir richtig gut.

Wir werden die Menschen nur für Christus erreichen können, wenn wir Gesetzlichkeit und Evangelium voneinander trennen. Von einem menschlichen Standpunkt aus müssen wir ihnen helfen zu verstehen, dass das Herzstück des Christentums nicht aus Regeln, Bestimmungen, Normen und Verhaltensänderung besteht. Wir müssen ihnen zeigen, dass das Evangelium komplett anders ist. Wir müssen irgendwie verdeutlichen, dass Jesus nicht in erster Linie kam, um aus schlechten Menschen gute Menschen zu machen, sondern um tote Menschen lebendig zu machen; dass das hauptsächliche Ziel des Evangeliums nicht darin besteht, moralische Erneuerung zu bringen, sondern Auferstehung aus den Toten. Christsein ist nicht der Übergang vom Laster zur Tugend, sondern vielmehr der Übergang von Tugend zur Gnade.[41] Wir müssen diesen Unterschied aufzeigen und zum Ausdruck bringen. Wir müssen zwischen Religion (unserem Bedürfnis, etwas zu tun) und dem Evangelium (dem, was Jesus getan hat) unterscheiden können.

Pascal hat das gut zum Ausdruck gebracht, als er sagte, dass wir in den Menschen den Wunsch wecken sollen, das Evangelium wäre wahr, um ihnen dann zu zeigen, dass es wirklich wahr ist. Weckt dein Leben – bringt mein Leben – in den Menschen in unserem Umfeld die tiefe Hoffnung, dass das Evangelium wahr ist? Ist unser Leben so stark vom Evangelium durchdrungen, dass es attraktiv ist? Verströmen wir einen Wohlgeruch der Gnade, der weiterfließt in den selbstlosen Dienst an anderen?

TEIL FÜNF

ALLES

9

JETZT SCHON ALLES UND SPÄTER NOCH MEHR

Jesus plus Nichts ist gleich Alles – in dem gleißenden Licht der göttlichen, überfließenden Fülle Christi haben wir erkannt, wie überaus hohl und leer das »Nichts« in unserer Gleichung ist. Als nächstes werden wir entdecken, wie überaus überreich das »Alles« für uns werden kann.

Der Dreh- und Angelpunkt des Evangeliums

Wir haben erkannt, dass Gottes Plan für die erretteten Sünder nicht am Evangelium vorbei, sondern tiefer in es hineinführt, weil das Evangelium nicht die erste Stufe einer Treppe von Wahrheiten ist, sondern vielmehr der Dreh- und Angelpunkt in einem Rad der Wahrheit.

Letzten Endes ist das Evangelium das einzige Mittel gegen die Sünde – das war es immer und wird es immer sein. Und da die Christen auch nach ihrer Bekehrung Sünder bleiben, muss das Evangelium eine Arznei sein, die man als Christ täglich einnimmt. Wir können es auch so ausdrücken: Da wir nie aufhören werden zu sündigen, können wir auch niemals auf das Evangelium verzichten.

Im Römerbrief bezeichnet Paulus das Evangelium als »Kraft Gottes, die jeden rettet, der glaubt« (Röm 1,16 NLB), und im Gegensatz zu dem, was viele Christen daraus folgern, meinte er nicht nur die Kraft Gottes zur Bekehrung. Das Evangelium bleibt die rettende Kraft Gottes, *bis wir verherrlicht sind.* Wir brauchen Gottes Rettung jeden Tag, in jeglicher Hinsicht, denn wir sind, wie Johannes Calvin es ausdrückte, teilweise ungläubig, bis wir sterben, denn wir bleiben bis zu unserem Tod Sünder. Man kann dem Evangelium nichts hinzufügen, das uns mehr Rettung bringen kann als das Evangelium selbst. Jesus plus Nichts ist gleich Alles; Alles minus Jesus ist gleich Nichts.

Wir verlassen das Evangelium niemals – auch dann nicht, wenn wir uns in tiefere theologische Gewässer begeben. Tim Keller sagt, das Evangelium ist eigentlich nicht nur das ABC, sondern vielmehr das A bis Z des Christentums. Theologie ist eine Erläuterung des Evangeliums, die das Evangelium in allen seinen Facetten verdeutlicht und alle seine befreienden Auswirkungen und befähigenden Segnungen genauestens offenlegt.

Und praktisch gesehen besteht echte Reife und unser Wachstum als Christ nur in der Anwendung des Evangeliums und seiner Segnungen im täglichen Leben.

Und diese Segnungen belaufen sich auf *Alles* – in einem Maße, das unsere Vorstellungskraft übersteigt.

Segnungen in den Zusagen Gottes

Die tägliche Realität des Evangeliums ist der Grund, aus dem wir uns an der Tatsache freuen können, dass sich in ihm – in Christus – alle göttlichen Zusagen erfüllen (2Kor 1,20 NLB). Unsere wiedergeborene Existenz als Gläubige wird zu einem Abenteuer, diese

Zusagen auf unserem Weg durchs Leben immer mehr zu ergreifen. Das betont Michael Horton in seinem Buch *The Gospel-Driven Life:*

> *Christen werden von Gottes Zusagen gezogen und von Gottes Bestimmungen gelenkt … Gesetze, Grundsätze, Vorschläge und guter Rat können unseren Kurs bestimmen, aber nur die Zusage des Evangeliums kann unsere Segel füllen und uns die Freude wiedergeben, die in unserer Rettung liegt.*[42]

Der Apostel Petrus erläutert auf wunderbar vertiefende Weise diese Verbindung zwischen Gottes Zusagen und dem Alles, das wir genießen:

> *Da seine göttliche Kraft uns alles geschenkt hat, was zum Leben und [zum Wandel in] Gottesfurcht dient, durch die Erkenntnis dessen, der uns berufen hat durch [seine] Herrlichkeit und Tugend, durch welche er uns die überaus großen und kostbaren Verheißungen gegeben hat, damit ihr durch dieselben göttlicher Natur teilhaftig werdet, nachdem ihr dem Verderben entflohen seid, das durch die Begierde in der Welt herrscht. – 2. Petrus 1,3–4*

Es ist *alles* für uns *da* – in seinen Zusagen! *Alles*, was wir zum Leben und zum Wandel in Gottesfurcht brauchen, ist da. Erinnerst du dich an die beeindruckende Zusage, die unser guter Hirte Jesus uns als seinen Schafen gemacht hat? »Ich bin gekommen, damit sie das Leben haben und es im Überfluss haben« (Joh 10,10).

Die Menge der uns zugesagten Segnungen ist so groß, dass sie in den Gebets- und Grußworten verschiedener Apostel an die Gläubigen als eine Vermehrung ausgedrückt wird: »Gnade und

Friede werde euch *immer reichlicher* zuteil!«; »Gnade und Friede werde euch *immer reichlicher* zuteil in der Erkenntnis Gottes und Jesu, unseres Herrn!«; »Barmherzigkeit und Friede und Liebe werde euch *immer reichlicher* zuteil!« (1Petr 1,2 ELB; 2Petr 1,2 ELB; Jud 2 ELB).

Genau das hat Gott für uns geplant: dass wir seine Segnungen immer reichlicher erfahren. Sind deine Augen geöffnet, um das zu sehen? Wenn ja, welche Eindrücke hinterlässt das in deinen Gedanken und deinem Herzen und wie beeinflusst das dein Leben? Erlebst du deinen Tag als ein dankbarer Empfänger seines vervielfachten »Alles«? Oder erlebst du immer noch anhaltende Armut und das Gefühl, geistlich gesehen auf dem Boden zu kriechen?

Unsere neue und erhabene Identität

Unsere persönliche Erfahrung der Segnungen des Evangeliums hat ihre Wurzeln in unserem Staunen darüber, dass wir *in Christus* sind – die wundervolle Wahrheit, die Paulus im Kolosserbrief dargelegt hat. Wenn wir in Christus sind, dann haben wir bereits alles, was wir brauchen. Wenn wir dem vollbrachten Werk Christi unser tiefstes Vertrauen schenken, wird uns alles zu Eigen, was er für uns Sünder erworben hat. Wir können den Zugang zu Gott und seine Liebe nie mehr verlieren; die überschwänglichen Reichtümer der Vergebung und der Kraft Gottes werden uns *in ihm* zu Eigen.

Das bedeutet auch, dass wir eine erhabene und unvergleichliche Identität besitzen. Obwohl die Welt uns ständig in die Versuchung bringen will, dass wir unsere Identität auf eine Sache oder Person bauen, die kleiner ist als Jesus, befreit uns das Evangelium, indem es offenbart, dass unsere wahre Identität in Christus verborgen ist. Unsere Verbindung in und mit Christus ist die wahrhaftigste Definition dessen, wer wir sind.

Obwohl die meisten sich die Zeit nehmen, darüber nachzudenken, worauf wir unsere Identität bauen und was uns eigentlich zu dem macht, was wir sind, tun viele von uns so, als sei die Antwort darauf »unsere Leistung«. Paul Zahl führt das in seinem Buch *Who Will Deliver Us* genauer aus:

> *Ich leite meinen Wert davon ab, wie oft ich das Richtige tue. Meine Identität ist die Summe meiner Errungenschaften. Wenn ich also meinen Chef zufriedenstellen, die Bedürfnisse meines Ehepartners und meiner Kinder erfüllen kann und dabei meinen inneren Ansprüchen immer noch gerecht werde, dann habe ich meinen Wert unter Beweis gestellt. Es gibt unendlich viele Möglichkeiten, unseren Wert auf diese Art und Weise zu beweisen. Dem liegt folgender Ansatz zugrunde: Ich bin, was ich tue. Dieser Ansatz ist religiös, denn er versucht, die Frage »Wer bin ich und was ist mein Platz im Universum?« anwendungsorientiert zu beantworten. So gesehen steht meine Stellung im Verhältnis zu meinen Taten. In der christlichen Theologie wird solch ein Ansatz als Rechtfertigung aus Werken bezeichnet. Sie geht davon aus, dass mein Wert an meiner Leistung gemessen wird. Im Gegenzug kann sie aber nur schwer die dunkle und schreckliche Angst verbergen, dass ich für unwürdig befunden werde, wenn ich keine Leistung bringe. Denn dann würde ich für mich selbst aufhören zu existieren.*[43]

Das Evangelium befreit uns von diesem Leistungsdruck und dieser sklavischen Forderung, etwas »werden« zu müssen. Das Evangelium ist befreiend, denn es sagt, dass wir in Christus »bereits sind«. Die gute Nachricht für dich als Christ ist: Wer du *wirklich* bist, hat nichts damit zu tun, wie viel du leisten oder wer du werden kannst; es hat nichts zu tun mit deinem (guten oder schlechten) Verhalten, deinen Stärken, deinen Schwächen, deiner erbärmlichen Vergangenheit, deinem familiären Hintergrund, deiner Erziehung, deinem Aussehen und so weiter. Deine Identität ist fest verankert in dem, was Christus für dich getan hat, in *seiner* Stärke, in *seinem* Verhalten, in *seinem* Sieg – du hast damit nichts zu tun. Deine Identität gründet sich auf *sein* stellvertretendes Handeln und nicht auf deine Sünde. Daran gibt es nichts zur rütteln. Mein Freund Justin Buzzard sagte kürzlich: »Das Evangelium macht dich nicht frei von dem, was andere über dich denken; es macht dich frei von dem, was du über dich selbst denkst.« Du bist frei!

In Zukunft kannst du deinen Platz anderen überlassen, du musst ihn nicht mehr verteidigen, denn deine Identität ist in Christus und nicht in deiner Stellung. Du kannst jetzt deine Energie darauf verwenden, nach hinten zu gehen, anstatt es nach vorne zu schaffen, denn deine Identität ist in Christus, nicht in deiner Position. Du kannst jetzt auch großzügig sein und musst niemandem mehr etwas wegnehmen, denn deine Identität ist in Christus, nicht in deinem Besitz. All das ist unsere neue Identität – gegründet auf das vollbrachte Werk Christi, das uns im Evangelium verkündet wird.

Paulus sagt, wir wurden »mit ihm [Christus] begraben in der Taufe, in ihm auch mit auferweckt durch den Glauben an die wirksame Kraft Gottes, der ihn aus den Toten auferweckt hat« (Kol 2,12 ELB). Unsere alte Identität – die Dinge, die uns früher »ausgemacht haben« – wurde getötet. Unsere neue Identität ist »in Christus«. Wir sind mit Christus auferweckt worden, um »in der Neuheit des Lebens« zu wandeln, und müssen uns nicht länger von den »alten Dingen« abhängig machen, um daran festzulegen, wer wir sind.

Wenn wir wirklich alle Aspekte dessen sehen und verstehen, wer wir in Christus geworden sind, was sollten wir für unsere eigene Identität dann noch anderes wollen oder brauchen? In Christus haben wir den Wert, die Bestimmung, die Sicherheit und die Bedeutung, denen gegenüber all die vergänglichen Dinge dieser Welt lächerlich aussehen; die Dinge, die uns so oft dazu verlocken, in ihnen unsere Identität zu finden.

Alles, überall in der Bibel

Um die *Allheit* zu erkennen, die Christus für uns erworben hat, haben wir uns vor allem auf den Kolosserbrief konzentriert. Doch diese Größe und Reichhaltigkeit, diese unermessliche Weite und Gesamtheit der Zusagen und Segnungen, die Gott uns durch das Evangelium Christi zugänglich macht, findet sich natürlich auch an anderen Stellen der Bibel. Das Gesamtbild der Bibel zeigt uns nicht nur die gewaltigen Dimensionen dessen, wer Gott ist und was er tut, sondern auch all die Dinge, die er uns durch Christus gibt und zusagt.

Wenn unsere Herzen weich werden, weil wir Gott vertrauen und uns vom Evangelium abhängig machen, sind unsere geistlichen Augen offener, diese Dimensionen überall zu sehen. Die völligen Dimensionen dieser *unermesslichen Weiten,* die wir auf den Seiten der Bibel finden, übersteigen unser Fassungsvermögen im Grunde genommen bei Weitem – und doch sind sie nicht grundlos dort zu finden, und Gott will, dass wir ihnen begegnen und mit Anerkennung und Ehrfurcht über sie nachdenken.

Wenn wir uns für diese Wunder der Fülle und Größe öffnen, werden wir sie in Gottes Wort mehr und mehr erkennen. Wir werden beispielsweise feststellen, dass das *Alles* wirklich für *jeden* da ist, der glaubt – nicht nur für die Supergeistlichen. Darum sagte Paulus den Kolossern, dass »der *ganze* Leib« von Christus ausgehend unterstützt und zusammengehalten wird und »heranwächst in dem von Gott gewirkten Wachstum« (Kol 2,19).

In Kapitel 8 des Hebräerbriefs, das sich auf den neuen Bund bezieht, verheißt Gott im Hinblick auf sein Volk: »Es werden mich alle kennen, vom Kleinsten bis zum Größten unter ihnen« (Hebr 8,11).

Paulus bekräftigt immer wieder, wie die gewaltige Reichweite des Evangeliums alle Gläubigen in den Überfluss frischer Segnungen miteinbezieht: »Darum: Ist *jemand* in Christus, so ist er eine neue Schöpfung; das Alte ist vergangen; siehe, es ist alles neu geworden! Das *alles* aber [kommt] von Gott, der uns mit sich selbst versöhnt hat durch Jesus Christus und uns den Dienst der Versöhnung gegeben hat« (2Kor 5,17–18). Und er beschließt seinen Brief an die Epheser mit den Worten, die zum Segen und zur Ermutigung jedes Gläubigen gesprochen wurden: »Die Gnade sei mit *allen,* die unseren Herrn Jesus Christus lieb haben mit unvergänglicher [Liebe]! Amen« (Eph 6,24).

Was Gott uns gegeben hat, ist gut und gehört für immer uns

Paulus betonte in seinem Brief an die Römer vor allem die *Gewissheit,* Qualität und Beständigkeit all dessen, was uns in Christus gehört.

In einem Vers am Ende von Römer 8, der im Zusammenhang mit dem Leid, das wir oft erleben, besonders heikel ist, richtet Paulus unsere Augen auf das *Alles*. Sieh nur, wie Paulus uns zu dem *Allen* ermutigt: »Wir wissen aber, dass denen, die Gott lieben, *alle Dinge* zum Besten dienen, denen, die nach seinem Ratschluss berufen sind« (Röm 8,28 LUT). Paulus sagt uns zu, dass Gott unsere Berufung, unsere Rechtfertigung und unsere Verherrlichung vorherbestimmt und auf ewig zugesichert hat, und dann fragt er: »Was wollen wir nun hierzu sagen?« Manche seiner leidgeprüften Leser zweifelten wohl schon oder waren entmutigt; manche fürchteten vielleicht den Verlust bestimmter Segnungen. Doch Paulus bleibt beharrlich: »Er, der sogar seinen eigenen Sohn nicht verschont hat, sondern ihn für uns *alle* dahingegeben hat, wie sollte er uns mit ihm nicht auch *alles* schenken?« (Röm 8,31–32).

Paulus nennt die nur zu realen Prüfungen, die er und viele andere Gläubige damals erlebt hatten – »Drangsal oder Angst oder Verfolgung oder Hunger oder Blöße oder Gefahr oder Schwert« (V. 35). Sollten solche Dinge uns »scheiden von der Liebe des Christus«? Paulus führt sogar eine unheilvoll klingende Stelle aus dem Alten Testament an: »Wie geschrieben steht: ›Um deinetwillen werden wir getötet den ganzen Tag; wie Schlachtschafe sind wir geachtet! ‹« Genauso fühlte es sich nämlich an. Hatte denn die Fülle Gottes sie verlassen? Die Stimme von Paulus erklingt: »Aber in dem allem überwinden wir weit durch den, der uns geliebt hat« (V. 37). Er benennt sogar eine umfassende Liste möglicher und empfundener Hemmnisse und macht sie alle zunichte, indem er verkündigt, dass absolut *nichts* »uns zu scheiden vermag von der Liebe Gottes, die in Christus Jesus ist, unserem Herrn« (V. 35–39). Überhaupt nichts könnte uns jemals von dem überwältigenden Umfang der hingebungsvollen Fürsorge und Pflege des Herrn trennen.

Die Zusage von *Allem* gilt sowohl für unsere dunkelsten als auch für unsere hellsten Tage.

Ein vom Geist behütetes Alles

Im ersten Korintherbrief betont Paulus, dass unser *Alles* sowohl mit dem Geist als auch mit Christus in Verbindung steht. Wir erfahren, dass der Geist *alles* erforscht und weiß. Paulus beschreibt diese Dinge als unfassbar für uns Menschen: »Was kein Auge gesehen und kein Ohr gehört und keinem Menschen ins Herz gekommen ist«, das ist es, sagt er, »was Gott denen bereitet hat, die ihn lieben«. Dann fügt er dem hinzu: »Uns aber hat es Gott geoffenbart durch seinen Geist; denn der Geist erforscht *alles*, auch die Tiefen Gottes« (1Kor 2,9–10). Unser eigenes *Alles* entspringt den geheimnisvollen Tiefen des Alles, das das Göttliche miteinander teilt.

Das Ganze wird zur Erfahrung einer unglaublichen Dimension der Reichhaltigkeit – etwas, was kein Ungläubiger je fassen könnte. Schließlich sagt Paulus: »Der geistliche [Mensch] dagegen beurteilt zwar alles, er selbst jedoch wird von niemand beurteilt« (1Kor 2,15) – was dadurch möglich gemacht wurde, dass wir »den Sinn des Christus« haben (V. 16).

Im Zusammenhang mit der Verkündigung des Evangeliums und der Zusage und Bestätigung in diesen ersten Kapiteln des 1. Korintherbriefs verkündet Paulus weiterhin: »So rühme sich nun niemand irgendwelcher Menschen; denn alles gehört euch: es sei Paulus oder Apollos oder Kephas oder die Welt, das Leben oder der Tod, das Gegenwärtige oder das Zukünftige – alles gehört euch; ihr aber gehört Christus an, Christus aber gehört Gott an« (1Kor 3,21–23). Diese letzten Worte erinnern daran, wie Jesus seine Jünger nach seiner Auferstehung ermutigt hatte: »Ich fahre auf zu meinem Vater und eurem Vater, zu meinem Gott und eurem Gott« (Joh 20,17).

Weil der Vater den Sohn umarmte und der Sohn uns umarmt, sind wir völlig von den Armen des Vaters umfangen.

Für dich als Christ bedeutet das, dass das Maß der Leidenschaft, mit dem Gott dich liebt nicht von dem Maß der Leidenschaft bestimmt wird, mit dem du ihn liebst. *Alles gehört euch* – das *Alles* wird uns auf ewig zugesichert, weil das Evangelium uns in den vollen Familienbesitz des Herrn gebracht hat.

Jesus selbst hatte darüber gesprochen, welche Rolle der Heilige Geist dabei spielt, dass wir das *Alles* erfahren. Er sagte seinen Jüngern: »Der Beistand aber, der Heilige Geist, den der Vater senden wird in meinem Namen, der wird euch *alles* lehren und euch an *alles* erinnern, was ich euch gesagt habe« (Joh 14,26). Später wiederholte der Apostel Johannes diese Zusage mit folgenden Worten, die für alle Gläubigen geschrieben wurden: »Und die Salbung, die ihr von ihm empfangen habt, bleibt in euch, und ihr habt es nicht nötig, dass euch jemand lehrt; sondern so, wie euch die Salbung selbst über *alles* belehrt, ist es wahr und keine Lüge; und so wie sie euch belehrt hat, werdet ihr in ihm bleiben« (1Joh 2,27).

Es ist der Geist Christi, der unserem Geist täglich Zeugnis ablegt, dass wir in Ewigkeit »dazugehören« – dass es vollbracht ist! Es ist der Geist Christi, der unserem Geist das Evangelium predigt, wenn wir müde sind und es am meisten brauchen; und er erinnert uns daran, dass uns alles, was wir brauchen und wonach wir uns sehnen, *in Christus* bereits gehört. Es ist der Geist Christi, der uns täglich neu auf die befreiende Realität ausrichtet, dass es nichts mehr zu tun gibt. Es ist bereits alles getan! Das fortwährende *subjektive Werk des Geistes in mir* besteht darin, dass er mich ständig und täglich zum vollbrachten *objektiven Werk Christi für mich* zurückführt.

Davids »Alles«

Das *Alles* findet sich auch im Alten Testament. Psalm 16 ist ein gutes Beispiel dafür. Dort finden wir einen Mann, der das *Alles* versteht und seine einzige Quelle kennt. Denn David sagt: »Du bist mein Herr; es gibt für mich *nichts Gutes* außer dir!« (Ps 16,2). Und er fügt dem hinzu: »Ich habe den Herrn *allezeit* vor Augen« (V. 8). Er weiß um die *Nichtigkeit* des Götzendienstes: »Zahlreich werden die Schmerzen derer sein, die einem anderen [Gott] nacheilen« (V. 4). Er erfährt die Fülle der zugesagten Segnung: »Darum ist mein Herz froh, und mein *ganzes* Sein jubelt« (V. 9 ESV). Und er schaut mit überfließender Hoffnung darauf, das *Alles* in der ewigen Zukunft noch tiefer zu erfahren: »Vor dir ist Freude die *Fülle* und Wonne zu deiner Rechten *ewiglich*« (V. 11 LUT).

Es ist interessant, dass Petrus diesen messianischen Psalm mit seiner Botschaft der Fülle in seiner Predigt am Pfingsttag zitiert: »Du hast mir die Wege des Lebens gezeigt; du wirst mich mit Freude *erfüllen* vor deinem Angesicht!« (Apg 2,28)

Viele der Psalmen Davids zeigen, dass er das *Alles* geschmeckt und erkannt hat: Diese überreichen Segnungen gelten für das gesamte Volk Gottes. Er stimmte sogar ein Lied darüber an: »Ich will dem Herrn ein Loblied singen, weil er *so gut* zu mir war« (Ps 13,6 NLB). Und er predigte darüber: »Fürchtet den Herrn, ihr seine Heiligen; denn die ihn fürchten, haben *keinen Mangel.* Junge Löwen leiden Not und Hunger; aber die den Herrn suchen, müssen *nichts Gutes entbehren*« (Ps 34,10–11). Und er rief aus: »Ich schreie, o Herr, zu dir; ich sage: Du bist meine Zuflucht, mein Teil im Land der Lebendigen!« (Ps 142,6).

Das gewaltige Ausmaß unserer Rechtfertigung

Zum Abschluss dieses Kapitels wollen wir uns noch kurz sieben Begriffe aus der Bibel anschauen, die ganz besonders für dieses *Alles* stehen, das uns im Evangelium Christi gehört.

Unser *Alles* bedeutet vor allem das Wunder, dass wir in alle Ewigkeit gerecht vor Gott stehen. Biblisch und theologisch gesehen bezeichnen wir das als *Rechtfertigung*, ein großes, wichtiges und ehrwürdiges Wort. Doch viel zu leicht übersehen wir, wofür es steht und welches Staunen und welche Ehrfurcht es tatsächlich verdient. Rechtfertigung ist eine übernatürliche Segnung erster Güte.

Da wir sündigen und von Natur aus immer wieder Fehler machen, denken wir oft: *Ich zerstöre meine Beziehung mit Gott.* Aber ich finde es gut, wie ein Pastor das einmal ausgedrückt hat: »Der bestimmende Faktor in meiner Beziehung mit Gott ist weder meine Vergangenheit noch meine Zukunft, sondern die Vergangenheit *Christi* und *seine* Zukunft.« Was für eine unglaublich befreiende Perspektive.

Wir haben schon über den großen und herrlichen Austausch gesprochen, den Christus am Kreuz bewirkt hat – seine Gerechtigkeit für unsere Sünde –, wie es in 2. Korinther 5,21 steht: »Denn er hat den, der von keiner Sünde wusste, für uns zur Sünde gemacht, damit wir in ihm [zur] Gerechtigkeit Gottes würden.« Mir gefällt es, wie Jerry Bridges und Bob Bevington die Bedeutung der Rechtfertigung (in ihrem Kommentar zu diesem Vers) mit einem »moralischen Konto« vergleichen:

> *Stell dir vor, es gibt ein moralisches Konto, auf dem über jedes Ereignis in deinem gesamten Leben Buch geführt wird – über all deine Gedanken, Worte, Taten, sogar deine Motive.*

Vielleicht ist es bei dir eine Mischung aus guten und schlechten Taten, bei der hoffentlich die guten überwiegen. Die Bibel sagt uns jedoch, dass sogar unsere gerechten Taten in den Augen Gottes unrein sind (Jesaja 64,5). Darum hat Jesus ein vollkommen gerechtes moralisches Konto und wir ein völlig sündiges. Doch Gott nahm unsere Sünden und rechnete sie Christus an und überließ uns ein sauberes Blatt …

So wie Paulus das Wort ***gerechtfertigt*** *verwendet, bedeutet es, von Gott für gerecht befunden zu werden. Auch wenn wir in uns selbst völlig ungerecht sind, befindet Gott uns für gerecht, weil er Christus zu unserem Repräsentanten und Stellvertreter ernannt hat. Als also Christus ein vollkommenes Leben lebte, haben* ***wir*** *in den Augen Gottes ein vollkommenes Leben gelebt. Als Christus am Kreuz für unsere Sünde starb, sind* ***wir*** *am Kreuz gestorben …*

In dem Wort ***justified*** *(engl. für ›gerechtfertigt‹) steckt ein altes Wortspiel – es heißt so viel wie »just-as-if-I'd never sinned« (so als hätte ich nie gesündigt). Aber man kann es auch anders ausdrücken: »just-as-if-I'd always obeyed« (so als wäre ich immer gehorsam gewesen). Beides stimmt.*[44]

Gerechtfertigt zu werden bedeutet, in alle Ewigkeit mit Gott im Reinen zu sein, in alle Ewigkeit »dazuzugehören«.

Ich habe einmal gehört, wie ein Prediger den Begriff Gerechtigkeit folgendermaßen veranschaulichte: Stell dir vor, du gehst mit einem Freund essen und während du auf der Toilette bist, bezahlt dein Freund die Rechnung. Als du zurückkommst, sagt dein Freund: »Stimmt schon.« Das heißt, er hat deine Schuld beglichen und sich um deine Verbindlichkeiten gekümmert. Du musst nichts mehr tun. Wenn Paulus das Wort »gerechtfertigt« verwendet, sagt er damit: »Stimmt schon. Jesus hat deine Schuld beglichen, er hat deine Verbindlichkeiten vollständig bezahlt, du schuldest nichts – du bist gerechtfertigt.«

Unter anderem bedeutet das: Man kann Gottes Annahme weder durch eigenen Erfolg gewinnen noch durch Fehler verspielen. Es bedeutet, dass unser Stand vor Gott nicht von unserem Gehorsam abhängig ist, sondern von Christi Gehorsam für uns. Das ist die gute Nachricht; das Evangelium sagt, es geht nicht darum, was *du tun musst*, sondern darum, was *Jesus bereits getan hat* – für Sünder. Unser Stand bei Gott beruht nicht auf unserer fortwährenden Anstrengung für Jesus, sondern auf Jesu vollbrachter Anstrengung für uns.

Das Evangelium ist eine gute Nachricht – eine wunderbare, positive, erfrischende, heilsame, aufbauende Nachricht –, und zwar weil unsere Beziehung zu Gott nicht von unserem Eifer, unseren Anstrengungen und unserer Großzügigkeit abhängig ist, sondern von Christus. Das macht das Evangelium zu einer so guten Nachricht. Und wir brauchen diese gute Nachricht nicht nur zu Beginn unseres Lebens als Christ, sondern wir müssen täglich zu ihr zurückkehren, weil wir von Natur aus gerne zum Narzissmus überlaufen (Wie mache *ich* es? Was muss *ich* noch tun?). Das Evangelium richtet unsere Augen immer wieder auf Jesus, den Anfänger und Vollender unseres Glaubens. Das Evangelium rechtfertigt uns also nicht nur; die Wahrheit des Evangeliums heiligt uns, schenkt uns Wachstum und bringt uns zur Reife.

Weil unsere Rechtfertigung eine ewige Wahrheit ist, können wir »hinzutreten mit wahrhaftigem Herzen, in völliger Gewissheit des Glaubens, durch Besprengung der Herzen los vom bösen Gewissen und am Leib gewaschen mit reinem Wasser« (Hebr 10,22).

Völlige Freiheit

Die Größe unserer Freiheit ist auf ewig in den Worten Jesu festgehalten: »Wenn euch nun der Sohn frei machen wird, so seid ihr wirklich frei« (Joh 8,36). Der Sohn macht uns wirklich frei. Gott hat uns durch Christus »errettet« (Kol 1,13).

Echte Sklaverei ist, wenn man sich sein ganzes Leben lang anstrengt, Gunst zu erwerben; echte Freiheit ist, wenn man weiß, dass man bereits Gunst hat – der Unterschied ist riesig.

Das Evangelium befreit uns dazu, nicht aus Furcht, sondern auf der sicheren Grundlage des Glaubens wirken und leben zu können. Wir gehorchen auf der festen Grundlage der Gnade, nicht der Schuldgefühle. Und nichts könnte befreiender sein. Das bedeutet, wir leben nicht mehr unter der Sklaverei willkürlicher Regeln und Bestimmungen, die uns die Gesellschaft, die Religiösen und wir uns selbst auferlegen. Paulus sagt: »Für die Freiheit hat Christus uns frei gemacht. Steht nun fest und lasst euch nicht wieder durch ein Joch der Sklaverei belasten!« (Gal 5,1 ELB).

Wie ich schon weiter vorne geschrieben habe, war es im Jahr 2009 so wichtig für mich, aufs Neue zu begreifen, dass diese Freiheit, die Jesus mir erworben hat, nicht die Freiheit *von* Schmerz und Leid ist; sondern vielmehr die Freiheit *in* Schmerz und Leid. In der heutigen Zeit, in der das Wohlstandsevangelium gepredigt wird, ist es für bibelgläubige, mit dem Evangelium durchdrungene Christen entscheidend zu verstehen, dass Gott uns nirgends in der Bibel Freiheit von unserem Schmerz oder Leid im Hier und Jetzt zusagt. Die Freiheit, die er zusagt, ist vielmehr die Freiheit, sich nicht von Leid und Schmerz versklaven zu lassen, sondern in der Zusage zu ruhen, dass die völlige Befreiung von allen Schmerzen und Leiden kommen wird, wenn Christus zurückkehrt.

Gott hat mir geholfen zu erkennen, dass wir die Art von Freiheit, die er uns hier und jetzt in Christus anbietet, in Zeiten großer Bedrängnis preisen können. Und er ließ mich sehen, dass ich mein Leben sterbend verbringen kann, weil ich in Christus bereits alles habe, was ich brauche. Weil Christus mein Leben ist, bin ich frei zu sterben – und frei, alles wegzugeben, was ich habe, weil ich in Christus bereits alles habe, was ich brauche, und es nie verlieren kann.

Es gibt im Leben keine größere Freiheit, als mit Christus voranzugehen, der selbst unsere wahre Freiheit ist.

Und genau das muss die Welt in der Gemeinde sehen – dass wir freie Menschen sind, die von jeder Art der Gefangenschaft befreit sind.

Vergiss das nicht: Die Welt ist nicht empört, wenn wir frei sind, sondern wenn wir etwas vortäuschen.

Gnade und Frieden

Der Kern dessen, was uns das Evangelium bringt, kann zusammengefasst werden in den Begriffen *Gnade* und *Frieden* – das sind genau die Begriffe, die Paulus, berauscht vom Evangelium, am Anfang jedes einzelnen seiner Briefe zusammen verwendet. *Gnade* ist die Wurzel des Evangeliums; *Frieden* ist die Frucht des Evangeliums. Paulus wählte diese Wörter in allen seinen Briefen bewusst und mit Bedacht. Auch wenn der Ausdruck »Gnade und Frieden sei mit euch« auf den ersten Blick nur wie ein Anfangsgruß aussieht, vermittelte Paulus damit absichtlich etwas ganz Bestimmtes.

In der Bibel wird deutlich betont, dass die unermessliche Gnade Gottes für uns in Christus und ihre unglaubliche Kraft die Wurzel des Evangeliums ist.

Johannes sagt uns: »Und aus seiner Fülle haben wir alle empfangen *Gnade um Gnade*« (Joh 1,16). Und Paulus sagt: »*wieviel mehr* ist die Gnade Gottes und das Gnadengeschenk durch den einen Menschen Jesus Christus *in überströmendem Maß* zu den *Vielen* gekommen« (Röm 5,15). Es ist das Wesen der Gnade, überzuströmen – sowohl in der Menge als auch in der Auswirkung.

Paulus verkündet, wie das »Wort seiner *Gnade*, ... die Kraft hat, euch aufzuerbauen und ein Erbteil zu geben unter allen Geheiligten« (Apg 20,32). Er sagt uns: »Gott aber ist mächtig, euch *jede Gnade* im Überfluss zu spenden, so dass ihr *in allem allezeit alle Genüge* habt und *überreich* seid zu jedem guten Werk« (2Kor 9,8). Und Paulus gibt uns an einem Punkt seines Lebens, an dem er sehr kämpfen musste, ein mächtiges Wort des Herrn weiter: »Und er hat zu mir gesagt: *Lass dir an meiner Gnade genügen,* denn meine Kraft wird in der Schwachheit vollkommen!« (2Kor 12,9). Auf der ganzen Welt gibt es keine Macht, die so stark ist wie die Macht der Gnade.

Dass Gottes Gnade für uns wirkt, bedeutet nicht, dass Gott von seinen Forderungen ablässt. Er hat schon immer völligen Gehorsam gefordert und wird ihn auch immer fordern. Doch wir erfahren seine Gnade, wenn wir erkennen, dass Jesus, unser Retter, diese Einforderung von Vollkommenheit bereits für uns erfüllt hat. Jesus hat alle Bedingungen Gottes an unserer Stelle erfüllt, damit unsere Beziehung zu Gott bedingungslos sein kann. Das Christentum ist das einzige Glaubenssystem, in dem Gott sowohl die Forderungen stellt als sie auch erfüllt.

Ich habe ein Bedenken, das ich mitteilen möchte. Es wird viel über die »Kreuz-Zentriertheit« geredet, als wäre der Tod Christi (den Theologen als »seinen passiven Gehorsam« bezeichnen) wichtiger als das Leben Christi (was Theologen als »seinen aktiven Gehorsam« bezeichnen). Die Wahrheit ist jedoch, dass unsere Erlösung nicht nur von dem stellvertretenden Tod Christi, sondern auch von seinem stellvertretenden Leben abhängig ist.

Die letzten Worte von J. Greshem Machen (die er per Telegramm an seinen Freund und Kollegen John Murray sendete) waren: »So dankbar für den aktiven Gehorsam Christi; ohne ihn keine Hoffnung!« Er verstand, dass es außerhalb des gesetzerfüllenden Lebens Christi *keine* Gerechtigkeit anzurechnen gibt, ohne die wir folglich in unsere eigenen dreckigen Lumpen gekleidet zurückbleiben würden.

John Murray schreibt in seinem herausragenden Buch *Redemption Accomplished and Applied*:

> *Die wahre Verwendung und der Zweck der Formel (aktiver und passiver Gehorsam) besteht darin, die beiden unterschiedlichen Aspekte des stellvertretenden Gehorsams unseres Herrn zu betonen. Die Wahrheit, die zum Ausdruck gebracht wird, beruht auf der Erkenntnis, dass das Gesetz Gottes sowohl strafende Maßnahmen als auch positive Forderungen beinhaltet. Es fordert nicht nur die völlige Erfüllung seiner Vorgaben, sondern auch die Verhängung von Strafen für alle Verstöße und Unzulänglichkeiten. Wenn wir vom aktiven und passiven Gehorsam Christi sprechen, geht es um diese zweifache Forderung seitens des Gesetzes Gottes. Christus kam als Stellvertreter für sein Volk unter den Fluch und die Verdammnis aufgrund der Sünde und erfüllte auch das Gesetz Gottes in allen seinen positiven Forderungen. Mit anderen Worten, er kümmerte sich um die Schuld der Sünde und erfüllte in vollkommener Weise die Anforderungen der*

Gerechtigkeit. Er erfüllte sowohl die mit Strafe verbundenen Forderungen als auch die zwingenden Anordnungen des Gesetzes Gottes auf vollkommene Weise. Dabei bezieht sich der passive Gehorsam auf erstere und der aktive Gehorsam auf letztere.[45]

Das Leben Christi ist also genauso entscheidend für unsere Rettung wie sein Tod. Wir werden nicht ohne das Gesetz gerettet. Vielmehr werden wir *in Christus* gerettet, der auf vollkommene Weise das Gesetz für uns hielt. Letztlich sagte Christus selbst, dass er gekommen sei, »nicht um das Gesetz aufzulösen, sondern um es zu erfüllen« – nicht für sich selbst, sondern für uns. Michael Horton stellt das in seinem herausragenden Essay *Obedience Is Better Than Sacrifice* (*Gehorchen ist besser als opfern*) folgendermaßen heraus:

So wichtig es ist, dass Christus die Strafe für unsere Sünden am Kreuz getragen hat, so wichtig ist es, dass er über die Mächte des Bösen triumphiert hat und die Geschichte einer gefallenen Menschheit und eines gefallenen Israels nochmals durchlief. Adam sollte Gottes Gesetz befolgen und scheiterte, Israel sollte Gottes Gesetz befolgen und scheiterte, aber Christus kam in diese Welt und lebte in vollkommenem Gehorsam seinem Vater gegenüber. Christus, der Gerechte, war tatsächlich der letzte Adam, das wahre Israel … Gott hat uns nicht nur auf der Grundlage dessen vergeben, dass Christus den Fluch auf sich nahm und starb, sondern wir wurden auch gerechtfertigt auf der Grundlage dessen, dass er mit seinem Leben die Bewährungsauflage erfüllte.[46]

Das ist nichts Neues. Das ist schon seit Jahrhunderten das Kennzeichen historisch theologischer Überzeugung, wie die Frage 60 aus dem Heidelberger Katechismus zeigt:

> *Gott aber schenkt mir ganz ohne mein Verdienst aus lauter Gnade die vollkommene Genugtuung, Gerechtigkeit und Heiligkeit Christi. Er rechnet sie mir an, als hätte ich nie eine Sünde begangen noch gehabt und selbst den ganzen Gehorsam vollbracht, den Christus für mich geleistet hat.*[47]

Der Tod Christi ist also *nicht* wichtiger für das Evangelium als sein Leben. Es gibt keine Erlösung, wenn das eine oder das andere fehlt. Es ist theologisch richtiger zu sagen, dass Christus *selbst* das Zentrum des Evangeliums ist. Er lebte das Leben, das wir nicht leben konnten, und starb den Tod, den wir nicht sterben konnten.

Und all das geschieht aus Gnade.

Wenn diese Gnade die Wurzel des Evangeliums ist, dann ist Friede die Frucht. »Da wir nun aus Glauben gerechtfertigt sind, so haben wir Frieden mit Gott durch unseren Herrn Jesus Christus« (Röm 5,1). Hier ist echter Frieden und er beruht auf einer echten Veränderung unseres Standes vor Gott – von einem schuldigen Stand vor Gott, dem Richter, zu einem gerechten Stand vor Gott, unserem Vater. Diese Obhut gilt objektiv selbst für den allerschwächsten Gläubigen. Dieser Friede beruht direkt auf der Tatsache, dass wir bereits »mit Gott versöhnt worden sind durch den Tod seines Sohnes« (V. 10) und ein für alle Mal durch den Glauben an das vollbrachte Werk Christi vor Gott gerechtfertigt worden sind. Sicherlich wird das auch echte Gefühle und starkes Handeln hervorrufen, aber dieser Friede mit Gott, den Paulus beschreibt, beruht auf dem Werk Christi für uns, das außerhalb von uns besteht. Andererseits finde ich umso mehr Frieden, je mehr ich auf Christus und seine Zusagen des Friedens schaue.

Schalom, das Wort, das Paulus für Frieden verwendet, bedeutet mehr als die bloße Abwesenheit von Konflikten; es bedeutet Fülle, Ganzheit und Vollständigkeit. Es vermittelt das Gefühl, dass die Dinge geregelt werden. Der Friede, den die Bibel im Blick hat, ist eine Harmonie, eine Gelassenheit, eine Ruhe, die nur aus Gottes rettender Gnade kommt. Nichts und niemand auf dieser Welt kann so sehr dieses tiefe, bleibende Gefühl vermitteln, dass alles in Ordnung ist, wie der Friede Gottes, der uns durch das Evangelium zuteilwird. Jesaja sagt: »Das Werk der Gerechtigkeit wird Friede sein, und der Ertrag der Gerechtigkeit Ruhe und Sicherheit auf ewig« (Jes 32,17).

Diese stille Zuversicht nannte meine Großmutter »stilles Wissen« – jenes tiefe, bleibende Gefühl der Ganzheit, der Vollständigkeit und Ruhe; dass es – egal, was in unserem Leben und auf unserer Welt geschieht, egal, welche Tragödien wir erleben – einen Frieden Gottes gibt, der alles Verstehen übersteigt und tief in das Gewebe unseres Daseins eindringt. Das ist die Frucht des Werkes, das Christus für Sünder wie dich und mich vollbracht hat. Weil Gott Frieden mit uns gemacht hat, weil aufgrund des Werkes Christi die Dinge zwischen uns und Gott geregelt wurden, erleben wir in unserem Leben eine ruhige Zuversicht, die wir vorher unmöglich kennen konnten.

Die Worte aus Psalm 116,7 könnten als Zusammenfassung des Friedens dienen, zu dem wir als Ergebnis des Evangeliums von Christus eingeladen wurden: »Kehre zurück, meine Seele, zu deiner Ruhe, denn der Herr hat dir wohlgetan!«

Eine wachsende Hoffnung

Im Kolosserbrief spricht Paulus von »der Hoffnung …, die euch aufbewahrt ist im Himmel« (1,5). Diese Hoffnung ist so gewaltig, dass die gesamte Erde sie nicht fassen kann. Die *Allheit* Christi bedeutet, dass wir »bis zum Ende die volle Gewissheit der Hoffnung haben« (Hebr 6,11 ESV) können. Sie blickt auf die Zukunft und doch können wir sie jetzt zunehmend in unserem Alltag erfahren, wie Petrus uns sagt: »Setzt eure Hoffnung *ganz* auf die Gnade, die euch zuteilwird in der Offenbarung Jesu Christi« (1Petr 1,13).

Das ist die Hoffnung. Paulus erläutert sie in 2. Korinther 4,16–18: »Darum lassen wir uns nicht entmutigen; sondern wenn auch unser äußerer Mensch zugrunde geht, so wird doch der innere Tag für Tag erneuert. Denn unsere Bedrängnis, die schnell vorübergehend und leicht ist, verschafft uns eine ewige und über alle Maßen gewichtige Herrlichkeit, da wir nicht auf das Sichtbare sehen, sondern auf das Unsichtbare; denn was sichtbar ist, das ist zeitlich; was aber unsichtbar ist, das ist ewig.« Diese Worte stammen von einem Menschen, der um Christi willen viel gelitten, aber nie seine Hoffnung verloren hat.

Wie leicht kann es passieren, die Segnungen aus dem Blick zu verlieren, die wir in Christus haben, wenn wir durch die Prüfungen des Lebens gehen. Es ist deshalb so leicht, weil die zugesagten Segnungen, das vollständige Erleben unserer Freiheit und des Friedens, *noch nicht* da sind. Die Bibel macht deutlich, dass wir als Christen bereits von der Strafe der Sünde gerettet wurden und wir aktuell von der Macht der Sünde gerettet werden; aber von der Anwesenheit der Sünde werden wir erst dann erlöst, wenn Jesus wiederkommt. Wir wurden bereits wahrhaftig gerettet, und doch noch nicht vollständig. Doch die Fülle unserer Hoffnung ermöglicht es uns, *jetzt* eine vollständige und zuversichtliche Erwartung all dessen zu haben, was am Ende zu uns kommt. Für Christen kommt das Beste erst noch.

Große Freude

Jesus sagt: »Dies habe ich zu euch geredet, damit meine Freude in euch bleibe und eure Freude völlig werde« (Joh 15,11). Unsere Freude kommt wie jeder andere Segen im Leben eines Christen aus unserer Einheit mit Christus, und das ermöglicht es uns, Freude in Fülle zu erleben.

Die Fülle unserer Freude ist unvorstellbar herrlich. In den ersten Zeilen seines ersten Briefes verweist Petrus uns angesichts heftiger Prüfungen auf Christus und schreibt: »Ihn liebt ihr ja, obwohl ihr ihn noch nie gesehen habt, an ihn glaubt ihr, obgleich ihr ihn auch jetzt nicht seht, und jubelt in unsagbarer, *von Herrlichkeit erfüllter* Freude« (1,8 NEÜ).

Jesus stellte auch eine Verbindung her zwischen der Fülle unserer Freude und unserer Gebetsbeziehung mit ihm: »Bis jetzt habt ihr nichts in meinem Namen gebeten; bittet, so werdet ihr empfangen, damit eure *Freude völlig wird*!« (Joh 16,24).

Genau diese Freude des Evangeliums verkündigte auch der Engel in der Stunde der Menschwerdung Christi am Himmel in der Nähe von Bethlehem: »Und der Engel sprach zu ihnen: Fürchtet euch nicht! Denn siehe, ich verkündige euch *große Freude*, die dem ganzen Volk widerfahren soll« (Lk 2,10).

Zutiefst geliebt

Wir haben bereits gesehen, wie Paulus uns das Ausmaß der Liebe Gottes in Christus verkündigt, als er am Ende von Römer 8 zu dem Schluss kommt, dass absolut nichts »uns zu scheiden vermag von der Liebe Gottes, die in Christus Jesus ist, unserem Herrn« (V. 39).

David preist den Herrn: »*Groß bis zum Himmel* ist deine Gnade [o. Liebe]« (Ps 57,11). Und David nimmt sie, im Hinblick auf das Evangelium, persönlich in Anspruch: »Denn deine Gnade [o. Liebe] ist *groß* über *mir*, und du hast meine Seele errettet aus der Tiefe des Totenreichs« (Ps 86,13). Er weiß, dass das gesamte Volk Gottes das Ausmaß dieser Liebe erleben kann: »Denn so hoch der Himmel über der Erde ist, so *groß* ist seine Gnade [o. Liebe] über denen, die ihn fürchten« (Ps 103,11).

Die Psalmen versichern uns immer wieder mit Nachdruck, dass seine himmelreichende Liebe für uns kein Ende hat. Der Satz »denn seine Güte [o. Liebe] währt *ewiglich*« wird in Psalm 136 sechsundzwanzigmal wiederholt. Das unfassbare Ausmaß dieser Liebe kann man nur im Evangelium und nirgends sonst erkennen. Paulus verleiht dem in einer Stelle Ausdruck, die du dir merken (wenn du das nicht schon getan hast) und für immer in deinem Herzen bewahren solltest:

> *Gott aber, der* ***reich ist an Erbarmen****, hat um seiner* ***großen Liebe*** *willen, mit der er uns geliebt hat, auch uns, die wir tot waren durch die Übertretungen, mit dem Christus lebendig gemacht – aus Gnade seid ihr errettet! – und hat uns mitauferweckt und mitversetzt in die himmlischen [Regionen] in Christus Jesus, damit er in den kommenden Weltzeiten den*

überschwänglichen Reichtum *seiner Gnade in Güte an uns erweise in Christus Jesus. – Epheser 2,4–7*

Von allen Aspekten unseres *Alles* hat diese gewaltige Liebe Gottes, die uns in Christus erwiesen wurde, die Herzen und Vorstellungen von Kirchenliedschreibern und Liedtextern über die Jahrhunderte hinweg wohl am meisten gefesselt. Das folgende Lied ist nur eine Auswahl aus vielen, die das *Alles* dieser Liebe wunderschön vermitteln:

Oh die tiefe Liebe Jesu,
frei, unfassbar mächtiglich,
rollet gleich dem weiten Meere,
voll und segnend über mich
Rings ergießt sich und umschließt mich
seiner Liebe reicher Strom,
führt mich vorwärts, führt mich aufwärts
bis zur Ruh' im Himmelsdom.

Oh die tiefe Liebe Jesu
sei gerühmt von Ort zu Ort
Wie er liebet, immer liebet,
ohne Wandel fort und fort!
Wie er uns so reich beschenket,
da er starb als Menschensohn.
Wie er unser stets gedenket,
auch noch droben vor dem Thron.

O die tiefe Liebe Jesu!
Niemand liebt so, Herr, wie du!
Sie ist mir ein Meer von Segen

Und ein Port zu süßer Ruh'!
O die tiefe Liebe Jesu
Ist des Himmels Himmel mir.
Sie erhebt zu Herrlichkeiten,
denn sie hebt mich, Herr, zu dir![48]

Fehlt es euch noch an etwas?

Rechtfertigung, Freiheit, Gnade, Frieden, Hoffnung, Freude, Liebe – und es gibt noch zahlreiche andere biblische Begriffe, deren Anteil an unserem *Alles* wir ebenfalls entdecken können. Es gibt *Vergebung, Weisheit, Trost* und *Kraft*, um nur einige zu nennen.

In Christus haben wir so unendlich viel. So unendlich viel, dass kein Kapitel und kein Buch es jemals auch nur ansatzweise angemessen beschreiben könnten.

Einige Tage vor seiner Kreuzigung erinnerte Jesus seine Jünger an einen Missionseinsatz, auf den er sie geschickt hatte. Jesus fragte sie: »›Als ich euch ohne Geldbeutel, ohne Vorratstasche und ohne Sandalen aussandte, hat euch da etwas gefehlt?‹ – ›Nein, gar nichts‹, antworteten sie« (Lk 22,35 ngü).

Vielleicht wird der Herr uns irgendwann im Lauf der Ewigkeit einmal dieselbe Frage über die Erfahrungen stellen, die wir hier gemacht haben: »Hat es dir an irgendetwas gefehlt?« Und du wirst sagen können: »Nein, es hat mir an nichts gefehlt. Du hast uns alles für unsere Identität gegeben, du hast uns alles für unseren Frieden und unsere Sicherheit gegeben, alles für unsere Freiheit, alles für unsere Hoffnung, alles für unsere Rechtfertigung vor Gott und alle Liebe und Freude, und all das aus deiner überfließenden Gnade. Und darum haben wir verstanden, dass all das und noch mehr dieser Gleichung entspricht: ›*Du plus Nichts*‹. Das haben wir herausgefunden.«

Dann werden wir dem mit Lob und Dank hinzufügen können: »Ja, Herr, du warst unser guter Hirte – es hat uns an nichts gefehlt. Unser Becher ist übergeflossen. Güte und Gnade sind uns wirklich *alle Tage unseres Lebens* gefolgt – und jetzt werden wir für immer in deinem Haus wohnen.«

Dann werden wir erkennen, wie Recht Paulus hatte, als er versprach: »Mein Gott aber wird allen euren Mangel ausfüllen nach seinem Reichtum in Herrlichkeit in Christus Jesus« (Phil 4,19).

10

DAS AUSMASS UNSERER REAKTION

=

Im ersten Kapitel des Kolosserbriefs gibt es einen ziemlich interessanten Satz, über den schon so manch einer gestolpert ist. Im Zusammenhang spricht Paulus gerade davon, was Gott durch Christus für die Sünder getan hat. Mal sehen, ob du herausfindest, um welchen Satz es sich handelt:

> *Auch euch, die ihr einst entfremdet und feindlich gesinnt wart in den bösen Werken, hat er jetzt versöhnt in dem Leib seines Fleisches durch den Tod, um euch heilig und tadellos und unverklagbar darzustellen vor seinem Angesicht, wenn ihr nämlich im Glauben gegründet und fest bleibt und euch nicht abbringen lasst von der Hoffnung des Evangeliums, das ihr gehört habt, das verkündigt worden ist in der ganzen Schöpfung, die unter dem Himmel ist, und dessen Diener ich, Paulus, geworden bin. (V. 21–23)*

Du hast ihn wahrscheinlich sofort entdeckt. Es ist der Satz in der Mitte dieses Abschnitts, der mit den Worten beginnt »wenn ihr nämlich im Glauben gegründet und fest bleibt …« Auf den ersten Blick haben manche geglaubt, dass Paulus damit meint, wir könnten die angesprochene Versöhnung nur dann erfahren, wenn wir in unserem christlichen Wandel vollkommen treu und fest sind.

Doch der grammatikalische Modus im Griechischen sagt uns hier etwas anderes, wie Bibellehrer und Kommentare betonen. Eine führende Studienbibel erklärt, dass die grammatikalische Form »angibt, dass Paulus ohne Weiteres davon ausgeht, dass die Gläubigen in Kolossä im Glauben fest bleiben; es wird kein Zweifel daran ausgedrückt.«[49] In diesen Worten *versichert* Paulus den Kolossern eigentlich, dass sie tatsächlich im Glauben gegründet und fest bleiben werden, weil sie durch das stellvertretende Werk Christi versöhnt worden sind. Sie werden in ihrem Leben zunehmend geistliche Festigkeit und Stabilität erfahren. Paulus sagt nicht, dass unsere Leistung zur Rettung führt; er sagt, dass echte Rettung zu Leistung führt. Unsere Besserung kommt von Gottes Anerkennung; Gottes Anerkennung kommt nicht von unserer Besserung.

Hier in diesen ersten Kapiteln des Kolosserbriefs haben zwar der Indikativ (die Aussagen) des Evangeliums Priorität, doch wir sehen auch, dass Paulus die Art von Imperativen (Anweisungen) untermischt, die direkt aus den entsprechenden Wahrheiten des Evangeliums folgen.

Dasselbe können wir sogar schon in Paulus' Gebet für die Kolosser beobachten, das diesen Versen vorausgeht. Dort bittet er Gott, sie mit völliger geistlicher Erkenntnis seines Willens zu erfüllen, »damit ihr des Herrn würdig wandelt und ihm in allem wohlgefällig seid: in jedem guten Werk fruchtbar und in der Erkenntnis Gottes wachsend« (V. 10). Die befreienden Wahrheiten des Evangeliums sollen uns dazu bringen, dass wir ein befreites Leben führen, in dem wir handeln, im Glauben vorangehen und die guten Werke tun, zu denen er uns anleitet und befähigt.

Als Paulus in Kolosser 1,23 über das Festbleiben und Gegründetsein im Glauben schreibt, will er uns daran erinnern, dass unser Wandel als Christen nicht von Kraftlosigkeit und Unsicherheit und noch weniger von Zweifeln, Unglauben und Trotz gekennzeichnet sein soll. Zum Glück ist es uns durch das Evangelium möglich, dass wir uns von all dem fernhalten.

Paulus spricht hier von der großen christlichen Lehre des Ausharrens der Heiligen – dass wir als Gerettete ausharren werden bis zum Ende, *weil Jesus* für uns bis zum Ende ausgeharrt hat.

Worum es dabei nicht geht

Während wir angesichts des Gehorsams Christi weiterhin herausfinden, was ein Leben des Gehorsams ist, ist eins klar: Die Frage ist nie, *ob wir gehorchen oder nicht.* Wir wissen, dass die Bibel viel über das Halten von Gottes Geboten zu sagen hat. Das ist unbestreitbar. Doch was motiviert unseren Gehorsam, was regt ihn an und was bringt uns dazu, gehorsam zu sein? Angst oder Glaube? Schuld oder Dankbarkeit?

Paulus sagt, wenn wir das, was wir tun sollen, von dem trennen, was das Evangelium aussagt, ist unser Gehorsam nur ein verhaltensmäßiges Regeleinhalten ohne Herzensänderung. Doch wenn die erstaunliche Gnade Gottes, die im Evangelium enthalten ist, unsere Herzen ergreift, ändert sich die Motivationsstruktur unseres Herzens radikal und dann sind wir nicht mehr aus Angst oder Schuldbewusstsein gehorsam, sondern aus Glauben und Dankbarkeit.

Wenn ich mein eigenes Herz und die Motivationen hinter meinen Taten prüfe und untersuche, entdecke ich eine Menge moralistischer Tendenzen. Das ist, wie ich schon so oft sagte, der Grund dafür, dass wir jeden Tag schnurstracks auf das vollbrachte Werk Christi zugehen müssen, denn nur das Evangelium kann die moralistischen Tendenzen zerschmettern, die die ursprüngliche Grundeinstellung unseres Herzens sind.

Warum das Richtige tun?

Bei dieser Art der Selbstprüfung solltest du über folgende Frage nachdenken: Warum sollten wir das Richtige tun?

Die meisten von uns würden automatisch sagen: »Weil es richtig ist.« Aber das steht so nicht in der Bibel. Dort steht zwar, dass wir das Richtige tun sollen, aber nur weil Gott uns in Christus recht getan hat. Epheser 4,32 ist ein gutes Beispiel dafür: »Seid aber gegeneinander freundlich und barmherzig und vergebt einander, *gleichwie auch Gott euch vergeben hat in Christus.*«

1. Johannes 3,16 ist ein weiteres Beispiel: »Daran haben wir die Liebe erkannt, *dass Er sein Leben für uns hingegeben hat;* auch wir sind es schuldig, für die Brüder das Leben hinzugeben.«

Die Motivation dafür, das Richtige zu tun, sollte immer das Evangelium der uneingeschränkten Gnade Gottes sein, ansonsten sind wir kein bisschen besser als die Pharisäer: Wir sorgen dafür, dass wir alle Regeln einhalten, vor allem, weil wir uns dann besser fühlen – besonders im Vergleich zu denen, die nicht das Richtige tun.

Diese Beispiele kommen in der gesamten Bibel vor. Du wirst keine Pflicht finden, die nicht eng mit einer Aussage des Evangeliums verknüpft ist. Die Bibel fängt nie mit dem an, was wir tun sollen; sie beginnt immer mit dem, was Gott bereits getan hat. Wenn man es umkehrt, wird Christsein nur zu einem weiteren Selbsthilfeprogramm oder einem weiteren Plan zur Selbstverbesserung.

Selbstverbesserung um der Selbstverbesserung willen ist *nicht* das Evangelium; das ist *kein* biblisches Christentum. Und doch glauben so viele Menschen innerhalb und außerhalb der Gemeinde, dass das das Einzige ist, worum es beim Christentum geht. Mit oder ohne Jesus – wir wollen nur, dass alles sauber und ungefährlich ist, dass unsere Kinder sich benehmen und Leistung bringen. Mit oder ohne Jesus – wir wollen nur, dass unsere Ehe mühelos und persönlich erfüllend ist.

Die meisten von uns werden schuldig an diesem Christsein ohne Christus, weil wir uns die Bibel ansehen und all die Imperative sehen, ohne zuerst von den Indikativen gereinigt zu werden. Wir verbringen mehr Zeit mit der Frage, was Jesus tun würde, anstatt damit, was Jesus *getan hat.*

Wir dürfen nicht vergessen, dass es einen Unterschied gibt zwischen Moralismus und dem Evangelium. Wir dürfen nicht vergessen, dass Christus nicht in erster Linie gekommen ist, um aus schlechten Menschen gute Menschen zu machen, sondern um aus toten Menschen lebendige Menschen zu machen. Wenn wir das vergessen, wird sich am Ende herausstellen, dass unser Leben als Christ ohne Christus war.

In Stärke wandeln

Im 2. Kapitel des Kolosserbriefs sehen wir noch viel mehr Belege dafür, wie das Evangelium und der gehorsame Lebenswandel eines Christen einander gegenübergestellt werden und welchem das Evangelium Vorrang einräumt. Kolosser 2,6–7 ist hier eines der besten Beispiele: »Wie ihr nun Christus Jesus, den Herrn, angenommen habt, so wandelt auch in ihm, gewurzelt und auferbaut in ihm und gefestigt im Glauben, so wie ihr gelehrt worden seid, und seid darin überfließend mit Danksagung.« Lass uns diese Verse ein wenig genauer ansehen.

Wenn Paulus in Vers 6 sagt »wie ihr nun Christus Jesus, den Herrn, angenommen habt«, meint er damit nicht einfach die Bekehrung, auch wenn wir den Satz gerne so verstehen. Bei Paulus geht die Bedeutung viel tiefer. Er meint damit: *Ihr habt Christus und damit all die Segnungen, die er euch erworben hat, bereits angenommen.* Christus hat Gnade für deine Vergangenheit, Gnade für deine Gegenwart und Gnade für deine Zukunft erworben und du hast diese Segnungen in ihm bereits erhalten; es ist bereits erledigt. Das Verb steht (im Griechischen) hier im Plusquamperfekt. Das heißt, es ist erledigt.

Und weil es erledigt ist, haben wir alles, was Christus für uns Sünder erworben hat – die Anerkennung und Annahme Gottes, die Liebe Gottes zu uns, den Zugang zu Gott für uns –, jetzt in Christus empfangen, damit alles, was Christus gehört, unser Eigen wird.

Kurz nach diesem starken Argument sagt Paulus: »so wandelt auch in ihm«. Beachte, dass er nicht sagt: »wandelt *zu* ihm« – als wären wir allein, getrennt von ihm und müssten irgendwie durch unseren eigenen Gehorsam zu ihm gelangen. Er sagt, wir sollen *in ihm wandeln* – in Christus wandeln, in seiner Stärke. Christus ist groß, breit, lang und fest genug, um für jetzt und alle Ewigkeit dein Weg zu sein – dein lebenslanger Pfad und deine ewige Straße. Wir wandeln, weil er zu uns kam, nicht weil wir zu ihm gelangen müssen.

Und wenn Paulus in Vers 7 »gewurzelt und auferbaut in ihm und gefestigt im Glauben« sagt, könnte man das wörtlich auch übersetzen mit »nachdem ihr Wurzeln geschlagen habt und im Glauben gefestigt worden seid, werdet ihr auferbaut«. Die Wörter für *gewurzelt* und *gefestigt* stehen im Griechischen im Plusquamperfekt, *auferbaut* hingegen steht im Perfekt.

Paulus sagt den Kolossern damit Folgendes: *Christus hat euch bereits verwurzelt und gefestigt – und als Folge davon baut er euch jetzt auf.* Paulus predigt diesen Christen das Evangelium und erinnert sie daran, was *bereits* stattgefunden hat und was zwangsläufig stattfinden *wird*, nur aufgrund dessen, was Jesus für sie getan hat (nicht, was sie für Jesus getan haben). Er erinnert sie daran, wer sie in Christus sind.

Wir können »in ihm wandeln«, weil wir in ihm *gewurzelt* sind. Wenn du dir vorstellst, du seist ein Baum, der seine Wurzeln in den Boden schlägt, dann ist Christus so gewaltig wie das gesamte Erdreich, und deine Wurzeln können sich immer noch weiter ausstrecken und in die Tiefe wachsen.

Und wir werden in ihm auferbaut und sind in ihm gefestigt worden – er ist das Fundament für alles andere in unserem Leben, er macht unsere Bestimmung fest. Calvin kommentiert das folgendermaßen: »Die Festigkeit derer ist unerschütterlich, die sich auf Christus gründen, ihr Lauf ist ohne die geringste Gefahr und keinem Irrtum unterworfen.«[50]

Christi *Alles* für uns bedeutet unser beständiges Wachstum – unser beständiges Auferbautwerden und Überfließen in ihm –, um »von Tag zu Tag immer weiter [zu]zunehmen«, um es mit Calvins Worten auszudrücken.[51]

Einer der Gründe, warum wir in unserem Leben als Christen so oft versagen, ist, dass wir mehr darüber nachdenken, was wir tun sollen, als was das Evangelium aussagt. Wir konzentrieren uns auf die Imperative und vernachlässigen die Indikative. Wir versagen in unserem Tun, weil wir nicht zuerst das ergreifen, was Christus bereits getan hat. Das macht uns wirkungslos – denn wir stützen uns auf unsere eigene Kraft. Nur wenn du erkennst, dass das Evangelium nichts mit deinem Gehorsam zu tun hat, sondern nur mit dem Gehorsam Christi für dich, wirst du anfangen, gehorsam zu sein. Die einzigen Christen, die am Ende besser werden, sind die, die erkennen, dass Gott sie auch dann lieben wird, wenn sie nicht besser werden.

Denk zum Beispiel daran, wie Paulus die Korinther über Großzügigkeit im Geben lehrt. Er macht ihnen keine Schuldgefühle, indem er sich über ihre Selbstsucht äußert. Stattdessen baut er seine Bemerkungen um folgende Aussage herum: »Denn ihr kennt ja die Gnade unseres Herrn Jesus Christus, dass er, obwohl er reich war, um euretwillen arm wurde, damit ihr durch seine Armut reich würdet« (2Kor 8,9). Er richtet sie neu am Evangelium aus. Er ergreift zuerst das Herz mit der Wahrheit des Evangeliums und übt keinen Druck auf ihren Willen aus.

Oder denk an den einen Vers, in dem Paulus die Galater darüber belehrt, nicht selbstsüchtig zu sein und im Fleisch zu leben, sondern stattdessen Liebe und Dienstbereitschaft zu üben. Er sagt: »Denn ihr seid zur Freiheit berufen, Brüder; nur macht die Freiheit nicht zu einem Vorwand für das Fleisch, sondern dient einander durch die Liebe« (Gal 5,13). Der erste Teil dieses Verses ist eine Aussage des Evangeliums, ein Indikativ. *Ihr seid berufen* – das ist erledigt – *zur Freiheit*. Ihr seid keine Sklaven der Sünde mehr, keine Sklaven geringerer Dinge mehr. Erst nachdem Paulus sie an das Evangelium erinnert hat, sagt er ihnen, was sie tun sollen.

Die Lebendigkeit des Evangeliums

Ich muss sagen, dass mein Leben völlig umgekrempelt wurde, als ich diese Wahrheit besser begriff: Die Pflichten von Gottes Gesetz sind immer in den Aussagen des Evangeliums Gottes gegründet.

Und diese Aussagen verweisen unmittelbar auf die Realitäten eines Lebens, das maximal fruchtbar ist.

Kaum eine andere Stelle in der Bibel besteht mit so viel Nachdruck darauf, dass wir die Sünde meiden sollen, wie Römer 6. Aber um das umzusetzen, gibt uns Römer 6 kein Bild von Selbstdisziplin, Willenskraft oder das Befolgen von Geboten, sondern von *Leben* – Lebendigkeit, Neuheit und Fruchtbarkeit im Geist. Die Sünde wird *nicht* herrschen. Lies diese Stelle ganz neu und beachte die überwiegend positiven Bilder:

> *Was wollen wir nun sagen? Sollen wir in der Sünde verharren, damit das Maß der Gnade voll werde? Das sei ferne! Wie sollten wir, die wir der Sünde gestorben sind, noch in ihr leben? Oder wisst ihr nicht, dass wir alle, die wir in Christus Jesus hinein getauft sind, in seinen Tod getauft sind? Wir sind also mit ihm begraben worden durch die Taufe in den Tod, damit,* ***gleichwie Christus durch die Herrlichkeit des Vaters aus den Toten auferweckt worden ist, so auch wir in einem neuen Leben wandeln.*** *Denn wenn wir mit ihm eins gemacht und ihm gleich geworden sind in seinem Tod,* ***so werden wir ihm auch in der Auferstehung gleich sein****; wir wissen ja dieses, dass unser alter Mensch mitgekreuzigt worden ist, damit der Leib der Sünde außer Wirksamkeit gesetzt sei, so dass wir der Sünde nicht mehr dienen; denn wer gestorben ist, der ist* ***von der Sünde freigesprochen****. Wenn wir aber mit Christus gestorben sind, so glauben wir,* ***dass wir auch mit ihm leben werden****, da wir wissen, dass Christus,* ***aus den Toten auferweckt****, nicht mehr stirbt; der Tod herrscht nicht mehr über ihn. Denn was er gestorben ist, das ist er der Sünde gestorben, ein für alle Mal;* ***was***

> ***er aber lebt, das lebt er für Gott****. Also auch ihr: Haltet euch selbst dafür, dass ihr für die Sünde tot seid,* ***aber für Gott lebt in Christus Jesus, unserem Herrn****! So soll nun die Sünde nicht herrschen in eurem sterblichen Leib, damit ihr [der Sünde] nicht durch die Begierden [des Leibes] gehorcht; gebt auch nicht eure Glieder der Sünde hin als Werkzeuge der Ungerechtigkeit, sondern gebt euch selbst Gott hin als solche, die* ***lebendig*** *geworden sind aus den Toten, und eure Glieder Gott als* ***Werkzeuge der Gerechtigkeit****! Denn die Sünde wird nicht herrschen über euch, weil ihr nicht unter dem Gesetz seid,* ***sondern unter der Gnade****. – Römer 6,1–14*

All das ist Teil des Lebens gemäß »dem *neuen Wesen* des Geistes«, von dem Paulus in Römer 7,6 spricht.

In Anbetracht des *Alles*

Nachdem Paulus in den ersten beiden Kapiteln die Indikative des Evangeliums betont hat, gibt er uns in der zweiten Hälfte des Kolosserbriefs maßgebliche Anweisungen für unser Verhalten, unseren Lebensstil, unsere Einstellungen und Beziehungen weiter.

Aber achte mal darauf, wie er am Anfang von Kapitel 3 damit beginnt. Er sagt nicht: *Wenn ihr das nicht tut, wird Gott zornig auf euch sein.* Stattdessen erinnert er sie immer wieder daran, wer sie jetzt als neue Schöpfung in Christus sind: Ihr seid »mit Christus auferweckt« (V. 1); euer »Leben ist verborgen mit Christus in Gott« (V. 3); ihr habt »den neuen [Menschen] angezogen« (V. 10); und seid jetzt »Gottes Auserwählte, Heilige und Geliebte« (V. 12). Auf dieser Grundlage fordert er sie auf: »tötet alles, was zu eurer irdischen Natur gehört« (V. 5 NEÜ) und »bekleidet euch« mit den christusähnlichen, geistgewirkten Eigenschaften »barmherziger Zuneigung, mit Güte, Demut, Milde und Geduld« und anderen (V. 12–17 NEÜ).

Alles, was Paulus weiterhin sagt, alles, wozu er die Christen in Kapitel 3 und 4 ermahnt, sollen sie in Anbetracht dessen tun, was er ihnen erklärt hat – und woran er sie immer wieder erinnert –, in Anbetracht dessen, was Christus bereits für sie vollbracht hat.

Alles für Alles

Wenn wir das Alles annehmen, das Christus uns im Evangelium bringt, sind wir frei, selbst unser Alles zu geben. Das ist der befreiende Faktor hinter unserem Gehorsam, einem Gehorsam, der – angefacht von der Gnade – immer größer und stärker wird. Paulus sagt uns: »Darum, meine geliebten Brüder, seid fest, unerschütterlich, nehmt immer zu in dem Werk des Herrn, weil ihr wisst, dass eure Arbeit nicht vergeblich ist im Herrn!« (1Kor 15,58).

Paulus' Worte in 1. Thessalonicher 5,14–22 beschäftigen sich in erster Linie mit der Fülle unserer gehorsamen Reaktion auf die Fülle der Gnade im Evangelium. Achte auf die Worte, die Paulus verwendet:

> *Wir ermahnen euch aber, Brüder: Verwarnt die Unordentlichen, tröstet die Kleinmütigen, nehmt euch der Schwachen an, seid langmütig gegen* ***jedermann****! Seht darauf, dass* ***niemand*** *Böses mit Bösem vergilt, sondern trachtet* ***allezeit*** *nach dem Guten, sowohl untereinander als auch gegenüber* ***jedermann****! Freut euch* ***allezeit****! Betet* ***ohne Unterlass****! Seid in* ***allem*** *dankbar; denn das ist der Wille Gottes in Christus*

Jesus für euch. Den Geist dämpft nicht! Die Weissagung verachtet nicht! Prüft ***alles,*** *das Gute behaltet!* ***Haltet euch fern*** *von dem Bösen in* ***jeglicher*** *Gestalt!*

Und dann dieses Abschlussgebet:

Er selbst aber, der Gott des Friedens, heilige euch durch und durch, und euer ganzes [Wesen], der Geist, die Seele und der Leib, möge untadelig bewahrt werden bei der Wiederkunft unseres Herrn Jesus Christus! – Vers 23

Vielleicht scheint uns diese Art der rückhaltlosen Reaktion unter Einsatz des ganzen Lebens, die für Paulus' eigenes Leben charakteristisch ist, nur Superheiligen möglich zu sein. Doch das allumfassende Argument in Anbetracht des Evangeliums ist, dass wir nur dann *unser* Alles geben können, wenn wir *sein* Alles empfangen und erkennen.

Betrachte beispielsweise die Stelle über den »guten Hirten« aus Johannes 10 und wie oft Jesus davon spricht, dass er sein Leben lässt. Christus hat sein Alles gegeben – und uns dazu befreit, dass wir jetzt unser Alles geben können:

Ich bin der gute Hirte; der gute Hirte ***lässt sein Leben*** *für die Schafe. … Ich bin der gute Hirte und kenne die Meinen und bin den Meinen bekannt, gleichwie der Vater mich kennt und ich den Vater kenne; und ich* ***lasse mein Leben*** *für die Schafe. … Darum liebt mich der Vater, weil ich* ***mein Leben lasse,*** *damit ich es wieder nehme. Niemand nimmt es von mir, sondern ich* ***lasse es*** *von mir aus. Ich habe Vollmacht,* ***es zu lassen,*** *und habe Vollmacht, es wieder zu nehmen. Diesen Auftrag habe ich von meinem Vater empfangen. – Johannes 10,11–18*

Sein Opfer geht voraus, belebt und befähigt uns. Wir lieben ihn, weil er uns zuerst geliebt hat. Jetzt sind wir frei, geringere Dinge loszulassen, weil er zuerst höhere Dinge losließ (siehe Phil 2,6–8). Darum konnte Paulus sagen: »Ich wurde von jemandem gefunden, der es wert war, alles andere loszulassen für – alles.« Außerhalb des Evangeliums gibt es absolut keine Möglichkeit, solch ein Leben des radikalen Opfers– ein Leben der tapferen Selbstaufgabe –zu führen.

Ich komme oft zu dieser Stelle zurück:

> *Aber was mir Gewinn war, das habe ich um des Christus willen für Schaden geachtet; ja, wahrlich, ich achte alles für Schaden gegenüber der alles übertreffenden Erkenntnis Christi Jesu, meines Herrn, um dessentwillen ich alles eingebüßt habe; und ich achte es für Dreck, damit ich Christus gewinne und in ihm erfunden werde, indem ich nicht meine eigene Gerechtigkeit habe, die aus dem Gesetz kommt, sondern die durch den Glauben an Christus, die Gerechtigkeit aus Gott aufgrund des Glaubens. – Philipper 3,7–9*

Paulus sagt in diesen Versen eine Menge. Aber sein Hauptargument ist, dass keine soziale oder religiöse Errungenschaft, kein Erziehungserfolg, keine Position, kein Familienerbe, keine Anerkennung durch die Gesellschaft es wert ist, dass wir uns daran festhalten und unser Leben darauf bauen – verglichen mit dem überschwänglichen Wert, Jesus zu kennen, der es wert ist, alles zu verlieren, was wir haben. Paulus achtete sein »Alles« für nichts im Vergleich mit dem Alles von Jesus. Für Paulus ist Jesus plus Nichts gleich Alles; Alles minus Jesus ist gleich Nichts. Aus diesem Grund war es für Paulus nichts, alles für Christus aufzugeben.

Seine bemerkenswerte Sicht über das Leiden schöpfte er aus dieser Erkenntnis, dass er in Christus bereits alles hatte, was er brauchte.

> *Jetzt freue ich mich in meinen Leiden, [die ich] um euretwillen [erleide], und ich* ***erfülle*** *meinerseits in meinem Fleisch, was noch an Bedrängnissen des Christus aussteht, um seines Leibes willen, welcher die Gemeinde ist. Deren Diener bin ich geworden gemäß der Haushalterschaft, die mir von Gott für euch gegeben ist, dass ich das Wort Gottes* ***voll*** *ausrichten soll. – Kolosser 1,24–25*

Diese Aussage ist schwer zu verstehen: »ich erfülle meinerseits in meinem Fleisch, was noch an Bedrängnissen des Christus aussteht, um seines Leibes willen, welcher die Gemeinde ist.« Auf den ersten Blick scheint das ein Hinweis auf die Unzulänglichkeit des Werkes Jesu am Kreuz zu sein – dass wir zu dem, was Jesus getan hat, unsere eigenen Leiden hinzufügen müssten, um das auszugleichen, »was noch aussteht«. Aber wenn der Vers das aussagen würde, würde es allem widersprechen, was Paulus bis dato im Kolosserbrief gesagt hat und was in der Bibel sonst noch steht.

Was bedeutet der Vers also? Wenn er nicht unterstellt, dass der Tod Christi unzulänglich war, wovon spricht Paulus dann? Er wollte einfach Folgendes sagen: Wenn wir für Jesus leiden (und alle Gläubigen tun das irgendwie), zeigen wir, wie Jesus die Welt liebte und für sie litt; durch unser eigenes Leiden bringen wir also seine Leiden der Welt nahe. Gott will, dass sein Volk der Welt die Leiden Christi, seine Schmerzen und Bedrängnisse durch eigenes Leiden veranschaulicht. Wir zeigen der Welt seine überragende

Zulänglichkeit und seinen Wert, indem wir auf diese Weise mit ihm und seinen Leiden zusammenarbeiten.

Auf diese Weise zeigen wir der Welt, wie wertvoll Jesus ist. Wir sagen damit: »Ich habe mein Leben dafür gegeben; ich bin bereit, dafür zu leiden und zu sterben, denn es gibt nichts in der Welt, das wertvoller ist als Jesus. Und ich würde nichts in dieser Welt festhalten, wenn es von mir fordern würde, dass ich dafür Jesus loslasse.« Unser Leiden könnte die wichtigste Predigt sein, die wir je halten. Nicht dass wir unrealistisch sind; wir ignorieren das Leiden nicht und wir verspüren sehr wohl Schmerzen. Doch wir können das mit einem inneren Lächeln zuversichtlicher Freude tun.

Die Geschichte von Joseph

Vor ein paar Jahrzehnten besuchte ein Massai-Krieger aus Afrika mit dem Namen Joseph eine Konferenz für Wanderevangelisten in Amsterdam, die von meinem Großvater ausgerichtet wurde. Er wollte meinen Großvater dort persönlich treffen. Hör dir seine Leidensgeschichte an (wie sie von Michael Card nacherzählt wird):

> *Als Joseph einmal eine dieser heißen, schmutzigen afrikanischen Straßen entlangging, traf er jemanden, der ihm das Evangelium von Jesus Christus brachte. An Ort und Stelle nahm er Jesus als seinen Herrn und Retter an. Die Kraft des Geistes begann sein Leben zu verwandeln; er wurde mit solcher Begeisterung und Freude erfüllt, dass er zuerst in sein eigenes Dorf zurückkehren und den Mitgliedern seines Stammes dieselbe Gute Nachricht überbringen wollte.*

Joseph ging von Tür zu Tür und erzählte allen, denen er begegnete, vom Kreuz (Leiden!) Jesu und der darin enthaltenen Rettung, in der Erwartung, dass sich ihre Gesichter aufhellen würden wie seines. Zu seiner Überraschung interessierte es die Dorfbewohner nicht im Geringsten, sie wurden sogar gewalttätig. Die Männer des Dorfes packten ihn und warfen ihn zu Boden, während die Frauen mit Stacheldraht auf ihn einschlugen. Dann zerrten sie ihn aus dem Dorf in den Busch und überließen ihn dort allein dem Tod.

Joseph schaffte es irgendwie, sich zu einem Wasserloch zu schleppen und erlangte dort nach Tagen, in denen er zwischen Bewusstsein und Bewusstlosigkeit schwankte, die Kraft, wieder aufzustehen. Er wunderte sich über den feindseligen Empfang, den ihm die Menschen bereitet hatten, die er schon sein ganzes Leben lang kannte. Er kam zu dem Schluss, dass er wohl irgendetwas ausgelassen haben musste oder die Geschichte von Jesus nicht richtig erzählt hatte. Nachdem er die Botschaft, die er gehört hatte, noch einmal innerlich durchgegangen war, beschloss er, zurückzugehen und noch einmal von seinem Glauben zu erzählen.

Joseph humpelte in den Kreis aus Hütten und begann, Jesus zu verkündigen: »Er starb für euch, damit ihr Vergebung finden und den lebendigen Gott kennenlernen könnt«, flehte er. Erneut wurde er von den Männern des Dorfes gepackt und festgehalten, während die Frauen ihn schlugen, sodass sich die Wunden, die gerade abheilten, wieder öffneten. Wieder schleppten sie ihn bewusstlos aus dem Dorf und überließen ihn dem Tod.

Dass er nach der ersten Tracht Prügel noch lebte, war wirklich bemerkenswert. Dass er das zweite Mal überlebte, war ein Wunder. Wieder erwachte Joseph nach Tagen in der

Wildnis, übersät mit Schrammen und Wunden – und beschloss zurückzugehen.

Er kehrte zurück zu dem kleinen Dorf und dieses Mal griffen sie ihn an, bevor er die Gelegenheit hatte, seinen Mund zu öffnen. Als sie ihn das dritte und wahrscheinlich letzte Mal verprügelten, erzählte er ihnen wieder von Jesus Christus, dem Herrn. Das letzte, was er sah, bevor er das Bewusstsein verlor, war, dass die Frauen, die ihn schlugen, anfingen zu weinen.

Dieses Mal erwachte er in seinem Bett. Diejenigen, die ihn so schlimm verprügelt hatten, versuchten jetzt, sein Leben zu retten und ihn wieder gesund zu pflegen. Das gesamte Dorf war zu Christus gekommen.[52]

Diese Geschichte veranschaulicht auf vollkommene Weise, was Paulus damit meinte, als er davon sprach, dass wir das erfüllen sollen, was noch an den Leiden des Christus aussteht – um seines Leibes willen. Du und ich werden wahrscheinlich nie in dem Maße körperliches Leid erleben wie Joseph, aber wir können dankbar sein, dass Gott solches Leiden unter seinem Volk gebraucht, um seine Wahrheit zu versiegeln, ihren Wert zu demonstrieren und der Welt die Zulänglichkeit Christi bekannt zu machen.

Entbehrlich

Wenn die Gnade des Evangeliums dein Herz ergreift, geht es im Leben fortan nur noch um die Gnade des Evangeliums. Wenn das Evangelium dein Denken, Empfinden und Leben neu ausrichtet, geht es im Leben fortan nur noch um das Werk, das Jesus für uns vollbracht hat, und nicht mehr um das, was wir für ihn leisten können. Wir nehmen auf befreiende Weise ab, während Christus auf herrliche Weise zunimmt.

Aufgrund dieser neugefundenen Freiheit entdecken wir plötzlich, wie entbehrlich wir eigentlich sind. Ich weiß, keiner von uns glaubt gerne, dass er entbehrlich ist, aber wir sind es – jeder einzelne von uns. Die Welt wird sich auch ohne dich weiterdrehen; die Welt wird sich auch ohne mich weiterdrehen.

Doch nur das Evangelium kann dich dazu bringen, dass du dich darüber freust, dass du entbehrlich bist – denn das Evangelium zeigt uns, dass es, obwohl wir wichtig sind, nicht um uns geht. Das ist befreiend, denn wenn wir zum Helden unserer eigenen Geschichte werden, wird das Leben zu einer Tragödie.

Weil Jesus jemand war, sind wir frei, niemand zu sein. Weil Jesus außergewöhnlich war, sind wir frei, gewöhnlich zu sein.

Wahre Sklaverei ist Eigensinnigkeit und Abhängigkeit von sich selbst. Wahre Sklaverei ist ein Leben, in dem wir versuchen, ein Jemand zu werden. Aber dort hinein kommt das Evangelium und sagt, dass wir in Christus bereits alles haben, wonach wir uns sehnen, also sind wir frei, ein Leben der Aufopferung zu führen, voller Mut und Kühnheit.

Erst wenn »Jesus plus Nichts ist gleich Alles« deine Lebensweise wird – und nicht nur ein Motto, das dir gefällt –, wirst du die Freiheit und Erfüllung erleben, für die Gott dich gerettet hat.

11

IM JETZT

=

Ich staune immer wieder darüber, wie schwer es für mein Herz ist, etwas aufzunehmen, was mein Kopf bereits bejaht. Es fällt mir nicht schwer, mit jedem Teil meines Gehirns alles zu bejahen, was wir in diesem Buch zusammen angeschaut haben. Mit meinem ganzen Verstand glaube ich, dass Jesus plus Nichts gleich Alles ist und dass Alles minus Jesus gleich Nichts ist. Ich stimme allem zu, was die Bibel uns über Jesus und über unsere Sünde und über Gottes Gnade und über das Evangelium lehrt.

Mein Glaube und meine Überzeugung in diese Dinge wurden in den letzten Jahren wunderbar gestärkt. Gott befähigte mich durch seine Gnade, den Reichtum des Evangeliums neu zu entdecken. Diese Neuentdeckung half mir in einer sehr schwierigen Phase meines Lebens, besser zu verstehen, was es eigentlich bedeutet, dass Gott mich anerkannt, angenommen und erlöst, mir vergeben und mich von der Finsternis ins Licht versetzt hat.

Wenn ich jedoch mein Herz ehrlich prüfe, wird mir klar, dass ich mich im Alltag auf viele andere Dinge verlasse, die geringer sind als Jesus. Und ich bin mir sicher, das gilt auch für dich – es ist ein fortwährender Kampf, dass wir auch mit unserem Herzen das aufnehmen und schätzen, was unser Kopf bereits bejaht.

Ich kann beispielsweise mit großer Überzeugung behaupten, dass ich in Jesus auf ewig angenommen und anerkannt bin. Ich weiß, dass die Bibel das lehrt, und ich glaube, dass die Bibel wahr ist. Dennoch muss ich mir eingestehen, dass Anerkennung und Annahme von anderen meistens konkreter, lebendiger und ansprechender ist als die abstrakte Vorstellung von Gottes Anerkennung.

Das Evangelium zu bejahen und seine Kraft da zu erleben, wo es drauf ankommt, sind zwei völlig unterschiedliche Dinge.

Wie wird das vollbrachte Werk von Christus dort für mich *real,* wo ich es brauche? Wie wird das, was Christus für uns Sünder vor zweitausend Jahren erworben hat, im Augenblick der Versuchung oder wenn ich mich verzweifelt nach menschlicher Anerkennung und Zuneigung sehne, lebendig und konkret? Wie verändert mich, hilft und dient mir die Realität der fortwährenden Kraft des Evangeliums auf meinem Weg durch die Wildnis dieses Lebens im Hier und Jetzt? Welche Verbindung hat mein Alltagstrott mit dem Evangelium?

Um das zu beantworten, ist es hilfreich, nicht zu vergessen, wozu ich im Licht des Evangeliums berufen und bestimmt bin.

Unsere Rettung im Jetzt

Ich bin mir nicht sicher, ob ich die Bestimmung für mein Leben in einem Satz zusammenfassen kann, aber ich kann folgende ehrliche Aussage machen: Meine Leidenschaft als Prediger und Pastor und Christ ist, anderen zu zeigen, wie das Evangelium der Gnade mit einer praktischen Hoffnung in all das hineinspricht, womit gefallene Menschen in dieser kaputten Welt konfrontiert werden. Mein Ziel ist es, die Wahrheit dessen, was Jesus tat, für andere dort real zu machen, wo sie es am dringendsten brauchen.

Das eine, was die Bibel uns im Hinblick auf das Leben in dieser Welt verspricht, ist, dass es schwer sein wird, dass wir endlose

Prüfungen und Versuchungen und Bedrängnisse erleben werden. Nirgends verspricht die Bibel, dass wir unser bestes Leben jetzt haben – nirgends. Paulus sagt dem jungen Timotheus sogar: »Und alle, die gottesfürchtig leben wollen in Christus Jesus, werden Verfolgung erleiden« (2Tim 3,12).

Viele Christen leben mit einer sogenannten »überrealisierte Eschatologie«. Das bedeutet so viel wie bereits jetzt etwas zu erwarten, das Gott erst für einen späteren Zeitpunkt zugesagt hat. Das veranlasst uns dazu, mit unrealistischen Erwartungen in Bezug auf das zu leben, womit wir in dieser Welt konfrontiert werden.

Der Autor und Seelsorger Paul Tripp ist einer meiner Freunde und Helden des Evangeliums. Paul sagt, dass Christen eine radikale Neuorientierung zu den »Jetzt-Ismen« des Evangeliums brauchen. Mit anderen Worten, das Evangelium rettet uns nicht nur *von* der Vergangenheit und *für* die Zukunft; es rettet uns auch *in der Gegenwart* – von unseren Ängsten, unseren Unsicherheiten, unserer Begierde, unserer Gier, unserer Selbstsucht, unserem Stolz und vielem mehr. Die meisten Christen haben eine ziemlich gute Vorstellung davon, dass Jesus uns bereits von der Strafe der Sünde gerettet hat, und die meisten von uns haben eine ziemlich gute Ahnung davon, dass Jesus uns eines Tages von der Anwesenheit der Sünde erlösen wird; doch in dieser Zwischenzeit fällt es uns schwer, die gegenwärtige Kraft des Evangeliums zu verstehen.

Das Evangelium ist nicht nur eine intellektuelle Information; es ist die *Kraft Gottes* (siehe Röm 1,16).

Und es ist die *momentane* Kraft Gottes, die verfügbar ist, wenn wir etwas brauchen – was auch immer das sein mag. Wenn wir versuchen, das Leben als Christ auf eigene Faust zu führen und die Willenskraft aufzubringen, voranzukommen und vorwärts zu preschen, um Gott mit unserer »moralischen Akte« zu beeindrucken, werden wir nur abstürzen und ausbrennen.

Inwiefern also gilt für uns das Evangelium im Hier und Jetzt?

Alltägliche Mühen

Wie Paulus an die Kolosser schrieb, verstand er nur zu gut, dass jeder von uns jeden einzelnen Tag tausende verschiedene Möglichkeiten angeboten bekommt, wie er Gott mit etwas anderem ersetzen kann. (In unserer heutigen Zeit gibt die Werbeindustrie jedes Jahr Milliarden dafür aus, um dir mit verlockenden Angeboten Bedeutung, Sinn, Annahme, Anerkennung, Bedeutsamkeit und Respekt zu vermitteln.) Wie die Kolosser (nur noch mehr) werden wir ständig mit diesen Angeboten bombardiert. Wenn wir keine genaue Vorstellung davon haben, was wir bereits besitzen, geben wir dem Druck nach.

Doch bevor Paulus in Kolosser 2 darauf hinweist, *welches* Angebot die Kolosser auf keinen Fall annehmen sollten (was er in den Versen 8–23 zum Ausdruck bringt), verweist er darauf, *warum* sie es nicht annehmen sollten. Hier kommen die Verse 6 und 7 ins Spiel. Wir wollen sie noch einmal hören: »Wie ihr nun Christus Jesus, den Herrn, angenommen habt, so wandelt auch in ihm, gewurzelt und auferbaut in ihm und gefestigt im Glauben, so wie ihr gelehrt worden seid, und seid darin überfließend mit Danksagung.«

Paulus erinnert sie einmal mehr daran, was sie bereits besitzen, und er will uns wissen lassen, dass die Segnungen, die Jesus für uns Sünder erworben hat, immer die tiefsten Sehnsüchte unseres Herzens stillen werden; wir müssen nicht an anderen Orten suchen, wir müssen uns an nichts und niemanden anders als Jesus wenden, um die tiefsten Sehnsüchte und das Verlangen unseres Herzens zu stillen. Erst wenn wir besser verstehen, was wir in Jesus bereits besitzen, werden wir in der Lage sein, die gefälschten Angebote der Welt zu erkennen und ihnen dann zu widerstehen.

Ich schäme mich, es zugeben zu müssen, aber gelegentlich habe ich mehrere Minuten damit verbracht, meine Autoschlüssel zu suchen (nur um festzustellen, dass sie die ganze Zeit in meiner Hosentasche waren). Ich suchte nach etwas, das ich bereits hatte. Genau das sollen die Kolosser laut Paulus nicht tun. Es wäre dumm von ihnen gewesen, etwas zu suchen, das sie bereits hatten. Das war für sie der Schlüssel in ihrem Alltagsleben – genau wie es für uns auch so oft der Schlüssel ist.

Befragung in der Morgenstunde

Es ist jeden Tag aufs Neue eine Herausforderung und ein Abenteuer für mich, die tiefen Konsequenzen des Evangeliums zu Ende zu denken und ihre starke Realität auf alle Bereiche meines Lebens anzuwenden. Theologisch gesehen verstehe ich, dass das Evangelium mein Leben als Christ nicht nur entzündet hat, sondern dass es auch der Brennstoff ist, der mich jeden Tag weitergehen und wachsen lässt. Meine Herausforderung ist zu verstehen, wie das alles funktionieren soll. Darum folgen jetzt einige Fragen, zu denen ich immer wieder zurückkomme und die mir helfen, meinen inneren Alltagstrott mit dem in Berührung zu bringen, was Christus für mich erworben hat: Da Jesus mir Vergebung zugesichert und den Zorn des Vaters an meiner Stelle auf sich genommen hat, sodass es jetzt »keine Verdammnis mehr gibt für die, welche in Christus Jesus sind«, wie beeinflusst das mein Verlangen nach Anerkennung, meine Neigung zu Kontrolle und meine Angst vor dem Unbekannten? Wie beeinflussen das Leben, der Tod und die Auferstehung Christi meinen Hunger nach Sicherheit, Zuneigung, Schutz, Bedeutsam- und Sinnhaftigkeit? Wie also stillt das vollbrachte Werk des Einen, »der für uns entblößt, verunstaltet, zugrunde gerichtet und auferweckt wurde«, meine tiefsten täglichen Bedürfnisse, damit ich die befreiende Kraft des Evangeliums jeden Tag in jeglicher Hinsicht erleben kann?

Das alles zu durchdenken und diese Fragen zu stellen, ist die harte Arbeit, zu der ich glaube, berufen zu sein; es ist diese Art von Anstrengung, von der Paulus in Philipper 2,12 (ELB) spricht: »bewirkt euer Heil mit Furcht und Zittern«.

Ich sage nicht, dass das Leben als Christ mühelos ist; doch die wahre Frage ist: *Worauf konzentrieren wir unsere Bemühungen?* Arbeiten wir hart daran, Werke zu tun? Oder bemühen wir uns darum, in dem Werk Christi für uns zu ruhen?

Die Kraft zur Fülle

Auf der ersten Seite des Kolosserbriefs werden wir über all das auf deutliche Weise unterrichtet. Als Paulus für die Kolosser betet und ihnen dann darlegt, was er für sie betet, gibt er ihnen sozusagen eine Zusammenfassung ihres Lebens als Christ, eines Lebens der Fülle in Christus. Wir kehren jetzt noch einmal zu dieser Stelle zurück – und achten dabei auf die Sprache, die Paulus verwendet:

> *Deshalb hören wir auch seit dem Tag, da wir es vernommen haben, nicht auf, für euch zu beten und zu bitten, dass ihr erfüllt werdet mit der Erkenntnis seines Willens in aller geistlichen Weisheit und Einsicht, damit ihr des Herrn würdig wandelt und ihm in allem wohlgefällig seid: in jedem*

guten Werk fruchtbar und in der Erkenntnis Gottes wachsend, mit aller Kraft gestärkt gemäß der Macht seiner Herrlichkeit zu allem standhaften Ausharren und aller Langmut, mit Freuden, indem ihr dem Vater Dank sagt, der uns tüchtig gemacht hat, teilzuhaben am Erbe der Heiligen im Licht – Kolosser 1,9–12

Welcher Christ würde das, was Paulus hier erwähnt, nicht gerne in größerem Umfang erleben? Aber achte darauf, worin für ihn die Kraft für all diese Dinge liegt, die wahres Christentum ausmachen:

Er hat uns errettet aus der Herrschaft der Finsternis und hat uns versetzt in das Reich des Sohnes seiner Liebe, in dem wir die Erlösung haben durch sein Blut, die Vergebung der Sünden – Kolosser 1,13–14

Das ist das *Evangelium*. Wir können nur dann Gottes Willen besser verstehen, Gott gefallen, Frucht in guten Werken bringen, Gott kennen und freudig und geduldig ausharren, wenn wir das Evangelium besser verstehen und annehmen und stärker erkennen, dass er uns bereits berechtigt, befreit, versetzt, erlöst und vergeben hat. Erst dann werden diese Dinge zunehmend zu einer Realität für uns.

Paulus betet nicht, dass die Kolosser etwas finden, was sie nicht haben; er betet vielmehr, dass sie in dem Bewusstsein und Verstehen dessen wachsen, was sie bereits haben.

Fortschritt neu verstehen

Als mir klar wurde, dass man als Christ nicht wächst, indem man sich darum bemüht, etwas zu bekommen, was man nicht hat, sondern indem man sich darum bemüht, in der Realität dessen zu leben, was man *bereits hat*, veränderte diese Erkenntnis mein Leben radikal.

Das Evangelium zwang mich, das typische Denken über christliches Wachstum neu zu betrachten. Es zwang mich, geistliche Maßnahmen und Reife zu überdenken; was es bedeutet, sich zu verändern, sich zu entwickeln, zu wachsen; was das Streben nach Heiligkeit und das Ausleben von Gottesfurcht wirklich beinhaltet.

Wenn es um das Messen von geistlichem Wachstum und Fortschritt geht, drehen sich unsere natürlichen Instinkte aus vielen Gründen fast ausschließlich darum, wie wir unser Verhalten verbessern können.

Wenn wir beispielsweise Stellen wie Kolosser 3,5–17 lesen, in der Paulus die Gemeinde in Kolossä auffordert, »den neuen Menschen« anzuziehen, verwendet er viele Beispiele für schlechtes Verhalten, das wir abtöten sollen: »Unzucht, Unreinheit, Leidenschaft, böse Lust und die Habsucht, die Götzendienst ist«. Er fordert sie weiterhin dazu auf, »Zorn, Wut, Bosheit, Lästerung« und so weiter abzulegen. In Vers 12 schaltet er um und listet jede Menge Dinge auf, die wir anziehen sollen: »herzliches Erbarmen, Freundlichkeit, Demut, Sanftmut, Langmut«, um nur ein paar zu nennen.

Doch was ist die *Wurzel* dieser guten bzw. schlechten Frucht? Was *bringt* einerseits das gute und andererseits das schlechte Verhalten *hervor,* das Paulus hier anspricht?

Jede Versuchung zur Sünde ist, in dem jeweiligen Augenblick eine Versuchung, dem Evangelium keinen Glauben zu schenken –

die Versuchung, uns in diesem Augenblick etwas zu verschaffen, das wir noch nicht haben und unserer Meinung nach brauchen, um glücklich zu sein: Lebenssinn, Freiheit, Wertschätzung und so weiter. Schlechtes Verhalten ist die Folge davon, nicht zu glauben, dass wir in Christus bereits alles haben, was wir brauchen, und nicht an die reiche Versorgung zu glauben, die uns im Evangelium bereits gehört. Im Gegenzug ist gutes Verhalten die Folge dessen, dass wir jeden Tag in dem vollbrachten Werk Christi ruhen und es auf immer tiefere Weise empfangen, was jedes Gefühl zerschmettert, dass wir uns selbst etwas erwerben müssen, das über das hinausgeht, was Christus bereits für uns erworben hat.

Kolosser 3,5–17 liefert mit anderen Worten eine äußere Veranschaulichung dessen, was tief in unserem Inneren stattfindet (oder nicht stattfindet).

Wie ich bereits gesagt habe, dachte ich immer: Wenn der Apostel Paulus uns dazu auffordert, unser Heil zu bewirken, bedeute das, wir sollten uns das beschaffen, was wir nicht haben – mehr Geduld, mehr Kraft, mehr Freude, mehr Liebe und so weiter. Doch nachdem ich die Bibel genauer gelesen habe, verstehe ich jetzt, dass das Wachstum als Christ nicht aus der Anstrengung erfolgt, etwas zu bekommen, das man nicht hat. Christliches Wachstum erfolgt vielmehr aus der täglichen Anstrengung, in der Realität dessen zu schwimmen, was wir schon haben. Die Anstrengung, zu der wir berufen sind, *ist*, jeden Tag aufs Neue das Evangelium von Gottes geschenkter, rechtfertigender Gnade zu glauben – und darin zu ruhen.

Ich denke so darüber: Die Anstrengung des Wachstums als Christ besteht vor allem darin, täglich von der Tatsache ergriffen zu sein, dass Gottes Liebe für uns nicht an die Bedingung geknüpft ist, was wir tun oder nicht tun. Heiligung ist die Anstrengung, unsere Bemühungen der Selbstrechtfertigung aufzugeben.

Diese Bemühungen, zu denen wir von Natur aus neigen, machen den Heiligungsprozess so zermürbend und kontraintuitiv.

M. Night Shyamalan – Autor, Produzent und Regisseur des 2008 erschienen Films *The Happening* – beschreibt eine verrückte Geschichte über ein geheimnisvolles, unsichtbares Gift, das jeden, der damit in Berührung kommt, dazu bringt, Selbstmord zu begehen. Eines der ersten Anzeichen dafür, dass die ahnungslosen Opfer dieses selbstzerstörerische Gift eingeatmet haben, ist, dass sie anfangen, rückwärts zu gehen. Damit signalisieren sie, dass jeder natürliche Instinkt, weiterzuleben und ums Überleben zu kämpfen, umgekehrt wurde. Der angeborene Überlebensmechanismus wird auf den Kopf gestellt.

In gewissem Sinne muss uns genau das passieren, wenn wir über den Fortschritt im Leben als Christ nachdenken. Wenn wir die radikale, bedingungslose, geschenkte Gnade Gottes einatmen, dreht sie jeden natürlichen Instinkt, geistlich zu überleben und zu gedeihen, um. Unser Überlebensmechanismus besteht darin, geistliche Reife fast ausschließlich an Verhaltensweisen zu messen – was wir tun und was wir nicht tun. Nur das »Gift« der Gnade Gottes kann diesen Mechanismus auf den Kopf stellen. Echter geistlicher Fortschritt erfolgt, wenn unser typisches, natürliches Verständnis von Fortschritt entwurzelt wird. Der Schlüssel zu christlichem Wachstum ist nicht in erster Linie besseres Verhalten, sondern besserer Glaube – ein tieferer Glaube an das, was Jesus bereits errungen hat.

Das bedeutet, dass echte Veränderung nur geschehen kann, wenn wir das Evangelium ständig neu entdecken. Der Fortschritt des Lebens als Christ besteht »nicht darin, dass wir uns auf das Ziel zubewegen, sondern dass das Ziel sich auf uns zubewegt.«[53] Heiligung beinhaltet Gottes täglichen Angriff auf unseren Unglauben – darauf, dass wir uns selbstzentriert weigern zu glauben, dass Gott uns in Christus vollständig und abschließend anerkannt hat. Es geschieht, wenn wir täglich empfangen und in unserer bedingungslosen Rechtfertigung bleiben. G. C. Berkouwer sagte: »Das Herzstück der Heiligung ist ein Leben, das sich von Rechtfertigung nährt.«[54]

2. Petrus 3,18 beschreibt Wachstum auf prägnante Weise: »Wachst dagegen in der Gnade und in der Erkenntnis unseres Herrn und Retters Jesus Christus! Ihm sei die Ehre, sowohl jetzt als auch bis zum Tag der Ewigkeit! Amen.« Wachstum erfolgt immer »in der Gnade«. Mit anderen Worten, das eigentliche Maß unseres Wachstums ist nicht unser Verhalten (denn sonst wären die Pharisäer die frömmsten Menschen auf diesem Planeten gewesen); es ist unser Verständnis von Gnade – ein Verständnis, das beinhaltet, dass wir uns immer tiefer mit der Bedingungslosigkeit der Liebe Gottes arrangieren. Es ist außerdem ein Wachsen »in der Erkenntnis unseres Herrn und Retters Jesus Christus«. Das bedeutet nicht einfach, Fakten über Jesus zu lernen. Es bedeutet, in unserer Liebe zu Christus zu wachsen, auf der Grundlage dessen, was er bereits verdient und für uns erworben hat, und dann in einem lebendigeren Bewusstsein dieser Gnade zu leben. Unser Hauptproblem im Leben als Christ ist nicht, dass wir uns nicht genug anstrengen, um gut zu sein, sondern dass wir dem Evangelium nicht geglaubt und seine vollendete Realität nicht in alle Bereiche unseres Lebens aufgenommen haben.

Gerhard Forde stellt aufschlussreich (und transparent) unser typisches Denken über Heiligung und geistliche Fortschritte in Frage, wenn er schreibt:

Mache ich Fortschritte? Wenn ich wirklich ehrlich bin, scheint mir die Frage seltsam, sogar ein wenig lächerlich. Je älter ich werde und je näher der Tod kommt, umso weniger scheine ich besser zu werden. Ich werde ein bisschen ungeduldiger, ein bisschen ängstlicher, ob ich vielleicht etwas verpasst habe, was dieses Leben zu bieten hat, ein bisschen langsamer, unbeweglicher, ein bisschen starrer und festgelegter in meinen Wegen. Mache ich Fortschritte? Nun, es scheint, als sündigte ich weniger, aber das kann auch deshalb der Fall sein, weil ich müde werde! Es ist einfach zu anstrengend, weiter in den Begierden der Jugend zu schwelgen. Ist das Heiligung? Ich glaube nicht! Man sollte voranschreitende Senilität nicht mit Heiligung verwechseln! Aber hilft mir vielleicht gerade das bedingungslose Geschenk der Gnade, das alles zu erkennen und zuzugeben? Das hoffe ich. Die Gnade Gottes sollte uns dazu führen, die Wahrheit über uns selbst zu erkennen und eine bestimmte Klarheit, einen bestimmten Humor und eine bestimmte Bodenständigkeit zu gewinnen.[55]

Forde zeigt zu Recht, dass wir genau dann besser werden, wenn wir aufhören, uns narzisstisch auf unser Bedürfnis zu konzentrieren, besser zu werden! Wenn wir aufhören, uns zwanghaft damit zu beschäftigen, besser werden zu müssen, liegt genau darin unsere Besserung! Denk daran, der Apostel Paulus sprach von sich selbst als dem obersten aller Sünder, als er *am Ende seines Lebens* war! Seine Fähigkeit, das offen zuzugeben, zeigt seine geistliche Reife – er hatte nichts zu beweisen oder zu verteidigen, denn es ging nicht um ihn.

Mir wird klar, dass genau mein narzisstisches Verständnis von geistlichen Fortschritten die Sünde ist, die täglich entfernt werden muss. Ich denke zu viel darüber nach, wie es mir geht, ob ich wachse, ob ich es richtig mache oder nicht. Ich verbringe zu viel Zeit damit, über mein Versagen nachzudenken, über meinen geistlichen Erfolgen zu schweben und mich zu fragen, warum ich mich letzten Endes doch nicht wirklich gebessert habe. Kurzum, ich verbringe viel zu viel Zeit damit, über mich nachzudenken und über das, was ich tun muss, und viel zu wenig Zeit damit, über Jesus nachzudenken und über das, was er bereits getan hat. Und ich habe herausgefunden, dass mein Zustand ironischerweise umso schlimmer wird, je mehr ich mich auf mein Bedürfnis konzentriere, mich zu bessern. Ich werde neurotisch und ichbezogen. Wenn ich mich mehr mit meinen eigenen Werken beschäftige als mit dem Werk Christi, werde ich zunehmend ichbezogener und krankhaft introspektiv. Petrus begann erst dann zu sinken, als er seine Augen von Jesus abwendete und sich auf seine eigene Leistung konzentrierte. Mein Freund Rod Rosenbladt sagte kürzlich zu mir: »Immer wenn unsere natürliche *incurvitas* (Selbstbezogenheit) gerüttelt und geschüttelt und von sich selbst weggezogen wird zu dem Blut *dieses* Mannes, zu dem Kreuz *dieses* Mannes, zieht der Teufel den Kürzeren!« Je mehr ich in meinem eigenen Herzen Frieden suche, umso weniger finde ich ihn dort. Je mehr ich hingegen auf Christus und seine Zusagen für Frieden schaue, umso mehr werde ich ihn finden. Wachstum als Christ bedeutet, sich selbst zu vergessen!

Also, strengt euch unbedingt an! Doch die Anstrengung ist nicht das, was du denkst – deine persönliche Besserung und deine moralischen Fortschritte. Sie besteht darin, deine Hände von dir selbst reinzuwaschen und in dem Werk zu ruhen, das Christus für dich vollbracht hat – was zwangsläufig zu persönlicher Besserung und moralischen Fortschritten führen wird. Wir machen dann Fortschritte im Gehorsam, wenn unseren Herzen bewusst wird, dass die Liebe Gottes für uns nicht von unseren Fortschritten im Gehorsam abhängig ist. Martin Luther sagte: »Nicht die Nachahmung schafft die Söhne; sondern die Sohnschaft bringt Nachahmer hervor.«[56]

Die wahre Frage ist also: Was wirst du jetzt tun, wo du nichts mehr tun *musst*? Wie wird dein Leben aussehen, wenn es dieser Überzeugung folgt: »Es ist vollbracht«?

Du wirst herausfinden, dass du *alles* für Jesus tun willst, wenn das Evangelium dich erst freigemacht hat davon, dass du *irgendetwas* für Jesus tun musst, sodass du alles zur Ehre Gottes tust, »ob ihr nun esst oder trinkt oder sonst etwas tut«.

Diese Annahme des vollbrachten Werkes von Christus hilft uns, das zu erfahren, was Tripp als die »Jetzt-Ismen« des Evangeliums bezeichnet. Und darum sage ich mir selbst (und anderen) immer wieder: *Predige dir selbst jeden Tag das Evangelium.*

Volle Reife

Diese Anstrengung, von der wir gesprochen haben, sollte ein Ziel haben. Die Gnade Gottes bringt etwas hervor. Dieses Etwas ist unsere Reife, und die Bibel spricht letzten Endes von einer vollen und vollständigen Reife. Diese volle Reife, zu der wir berufen sind, ist ein Thema, das Paulus im gesamten Kolosserbrief immer wieder streift. Am Ende seines Briefes spricht er es noch einmal auf eine sehr interessante Weise an. Er erwähnt Epaphras, der offensichtlich der Gründer der Gemeinde in Kolossä war und jetzt mit Paulus zusammen in Rom im Gefängnis sitzt. Über ihn schreibt Paulus: »Es grüßt euch auch Epaphras, der ja ebenfalls von euch kommt. Er ist ein treuer Diener von Jesus Christus und kämpft in seinen Gebeten *ständig* für euch, damit ihr euch als *gereifte* Christen *voller Überzeugung* nach Gottes Willen richtet« (Kol 4,12 NEÜ). Durch das lebendige Beispiel dieses Dieners Gottes erinnerte Paulus die Kolosser wieder daran, dass sie die Fülle, zu der Gott uns in Christus beruft, im Evangelium erfahren sollen. Durch das Vorbild von Epaphras erinnerte er sie wieder einmal daran, wohin das Evangelium sie führen sollte.

Auch in seinem Brief an Philemon (der ungefähr zur selben Zeit geschrieben wurde wie sein Brief an die Kolosser) scheint dieser Gedanke durch. Paulus sagt: »Du praktizierst deinen Glauben, indem du anderen tatkräftig hilfst, und ich bete darum, dass du gerade dadurch zu einem *immer tieferen Verständnis* für all das Gute geführt wirst, das uns durch unsere Beziehung zu Christus geschenkt ist« (Phlm 6 NGÜ). Paulus will, dass sein Freund Umfang und Reichhaltigkeit des *Alles* in Christus erkennt.

Wir sehen diese Vision und das Ziel für die Fülle des Lebens als Christ auch in Paulus' Worten an die Römer: »Ich selbst habe aber, meine Brüder, die feste Überzeugung von euch, dass auch ihr selbst *voll* Gütigkeit seid, *erfüllt* mit aller Erkenntnis und fähig, einander zu ermahnen« (Röm 15,14). Und auch der Apostel Jakobus ermutigt die Gläubigen, ihre Prüfungen zu erdulden: »Ihr wisst doch: Wenn euer Glaube erprobt wird und sich bewährt, bringt das Standhaftigkeit hervor. Und durch die Standhaftigkeit soll das Gute, das in eurem Leben begonnen hat, zur *Vollendung* kommen. Dann werdet ihr *vollkommen* und *makellos* sein, und es wird euch *an nichts mehr fehlen*« (Jak 1,3–4 NGÜ).

Wie Veränderung geschieht

Wir alle verstehen in gewissem Maße, dass wir uns verändern müssen; und wir alle wollen uns in gewissem Maße auch verändern. Aufgrund der Sünde ist keiner von uns so in Ordnung, wie er ist. Wir alle müssen verwandelt werden.

Aber wie geschieht diese Veränderung?

Was genau muss verändert werden?

Was befähigt uns Christen, der Versuchung standzuhalten und die Sünde in unserem Leben zu töten? Was ist die Wurzel all dieser Sünde und wie kann man effektiv mit ihr fertig werden?

Paulus hilft uns, diese Frage mit den Worten aus Kolosser 3,3–4 zu beantworten (und ich hoffe, dass diese Worte dir immer vertrauter werden): »Denn ihr seid gestorben, und euer Leben ist verborgen mit dem Christus in Gott. Wenn der Christus, unser Leben, offenbar werden wird, dann werdet auch ihr mit ihm offenbar werden in Herrlichkeit.« In diesen zwei Versen deckt Paulus unsere Vergangenheit, unsere Gegenwart und unsere Zukunft ab. Er sagt, wir *sind gestorben*; unser Leben *ist* mit dem Christus in Gott verborgen (und Christus *ist* unser Leben); und wir *werden* mit ihm offenbar werden in Herrlichkeit.

Gott hat alles abgedeckt – unsere Vergangenheit, Gegenwart und Zukunft.

In den Versen, die unmittelbar auf diese beiden Verse folgen, nennt Paulus bestimmte sündhafte Verhaltensweisen, die wir aus unserem Leben beseitigen müssen, und ermutigt die Gläubigen, anders zu leben. Doch im gesamten dritten Kapitel erinnert er uns immer wieder daran, was bereits mit uns geschehen ist.

Er sagt den Gläubigen: »Unter ihnen [Menschen mit diesen sündigen Verhaltensweisen] seid auch ihr einst gewandelt, als ihr in diesen Dingen lebtet.« (V. 7); diese Dinge waren Teil eurer Vergangenheit. »*Jetzt* aber legt auch ihr das alles ab …, da ihr ja den alten Menschen *ausgezogen* habt mit seinen Handlungen und den neuen *angezogen* habt, der erneuert wird zur Erkenntnis, nach dem Ebenbild dessen, der ihn geschaffen hat« (V. 8–10).

Er sagt damit: »In dir hat eine radikale Veränderung stattgefunden – und wenn du erfolgreich gegen die Welt, das Fleisch und den Teufel ankämpfen willst, musst du diese Veränderung in dir anerkennen und somit auch die Mittel, die du bereits besitzt.«

Wir sind nicht mehr das, was wir früher einmal waren. Unser alter Mensch ist gestorben und wir wurden zu einer Neuheit des Lebens auferweckt. Gott verwandelt uns radikal von innen heraus. Er hat unser steinernes Herz entfernt und uns ein fleischernes gegeben, sodass wir jetzt eine neue Schöpfung sind. Das Alte ist vergangen, Neues ist geworden. Als Christ ist jeder von uns eine von Grund auf veränderte Person.

Doch wenn das wahr ist, fragst du vielleicht, warum kämpfe ich dann immer noch gegen dieselben schlechten Gewohnheiten? Warum gebe ich denselben Versuchungen immer wieder nach? Was ist da los?

Die Bibel macht deutlich, dass wir, wenn wir Christen sind, zwar bereits wirklich verändert wurden – aber noch nicht vollständig. Jeder von uns ist eine echte neue Schöpfung, aber wir sind noch keine völlig neue Schöpfung. Obwohl wir bereits von Grund auf neu sind, sind wir noch nicht völlig neu. Wir kämpfen immer noch gegen die Sünde an, weil die Sünde in unserem Leben noch nicht vernichtet wurde, obwohl sie bereits entthront ist und nicht länger in uns herrscht.

Wenn Jesus wiederkommt, werden wir schließlich völlig und absolut verändert werden. Wir werden mit nagelneuen Körpern und unbegrenzter Energie und ewiger Leidenschaft in Gottes neuer Welt leben, wobei wir uns an dem freuen, was am allererfreulichsten ist – Gott selbst – und zwar ohne Unterbrechung. Aber die Fülle all dessen liegt noch in der Zukunft.

Noch bist du keine völlig neue Person. Wenn Jesus wiederkommt und sein Königreich vollendet, wie im Himmel so auf Erden, und all die verherrlicht, die in Christus sind, wirst du völlig neu werden. Der Kern deines Wesens ist dann nicht mehr sündenzentriert, sondern gottzentriert.

Doch auch wenn die völlige Veränderung erst noch kommt, ist die Veränderung, die *bereits* stattgefunden hat, radikal und echt. Bevor wir Gott kannten, war die Sünde die herrschende Autorität in uns; sie war der König unseres Lebens, egal, ob wir das wussten und uns eingestanden oder nicht. Aber nun wurde die Sünde gestürzt. Jetzt ist Gott die herrschende Autorität in unserem Leben.

Wir haben immer wieder mit Sünde zu kämpfen – von demselben Kampf spricht Paulus in Römer 7 –, weil die Sünde wütend darüber ist, dass sie gestürzt wurde. Sie greift uns mit ihrer Guerilla-Kampf-Strategie weiterhin rücksichtslos an, um Gottes neuer, herrschender Autorität in und über uns zu widerstehen.

Doch inmitten dieses tobenden Konflikts will Paulus, dass wir unbedingt folgende Tatsache annehmen: *Wir sind im Kern unseres Wesens nicht mehr sündenzentriert.* Wir sind im Kern unseres Wesens jetzt *Gott*-zentriert.

Wenn du Christ bist, sehnst du dich selbst in den heißesten Momenten der Versuchung am meisten nach *Gott*, und nicht nach der Sünde – aufgrund der Verwandlung, die Gott in dir bewirkt hat. Er hat dich im Kern deines Wesens verändert. Er hat eine schwierige chirurgische Leistung in deinem Inneren vollbracht, deswegen bist du jetzt ein anderer Mensch.

Das ist der Grund, warum solch ein wichtiger Teil davon, die Versuchung abzuwehren – egal, ob es etwas von dem ist, was Paulus in den Versen 5 und 8 von Kolosser 3 erwähnt (»Unzucht, Unreinheit, Leidenschaft, böse Lust und die Habsucht, die Götzendienst ist« oder »Zorn, Wut, Bosheit, Lästerung, hässliche Redensarten aus eurem Mund«) oder etwas anderes – darin besteht, dass du zuerst mit dem übereinstimmst, *wer du bist* und wozu du von neuem geschaffen wurdest. Bringe diese Realität hinein in den Augenblick der Versuchung und lass dich vom Evangelium daran erinnern, wer du jetzt bist und was du am meisten willst – trotz des Betrugs der Sünde in Bezug auf das, was du wirklich willst. Identität (wer wir sind) kommt vor praktischer Anwendung (was wir tun).

Wenn wir nur innehalten und über das Evangelium nachdenken würden, würden wir feststellen, dass eigentlich Gott das ist, was wir am meisten wollen, selbst in unseren schlimmsten Momenten, ganz egal, wie stark die Versuchung ist, mit der wir kämpfen.

Dauerhafte Verhaltensänderung findet dann statt, wenn du im Verständnis des Evangeliums wächst und lernst, das zu empfangen und in dem zu ruhen, was Jesus für dich erworben hat – wenn du es am dringendsten brauchst.

Ist es wichtig, dass wir in dem Prozess der Veränderung voreinander Rechenschaft ablegen?

Zu unterschiedlichen Zeiten in meinem Leben war ich Teil einer »Seelsorgegruppe«, in der wir einander rechenschaftspflichtig waren. Du weißt sicher, wovon ich spreche – eine Kleingruppe von »Freunden«, die sich einmal pro Woche treffen, sich gegenseitig auseinandernehmen und Schicht um Schicht um Schicht die Sünden ans Licht bringen. Alle Beteiligten glauben, sie seien umso heiliger, je schuldiger sie sich fühlen. Du bekennst deinen Freunden deine Sünde, aber es ist nie genug; ganz egal, was du enthüllst, sie warten immer darauf, dass du etwas noch Tieferes, Dunkleres und Peinlicheres bekennst als das, was du bereits zugegeben hast. Normalerweise wird dieser »Eingriff« derart hartnäckig betrieben, dass du das Gefühl bekommst, die anderen suchen in dir verzweifelt nach etwas, das sie selbst besser dastehen lässt. Also, ich hasse solche Gruppen!

Der Grund, warum ich diese Art von Gruppen hasse, liegt darin, dass sie sich hauptsächlich (meiner Erfahrung nach fast ausschließlich) auf die Sünde konzentrieren und nicht auf unseren Retter. Deswegen sind diese Gruppen eine Brutstätte für Selbstgerechtigkeit, Schuldgefühle und die fast unwiderstehliche Versuchung, etwas vorzutäuschen und nicht ganz ehrlich zu sein. Ich kann dir nicht sagen, wie oft ich in solchen Gruppen war, in denen dem Evangelium nur wenig bis gar keine Aufmerksamkeit geschenkt wurde. Dort wird man nicht daran erinnert, was Christus mit unserer Sünde getan hat – uns nämlich von ihrer Schuld *und* Macht zu reinigen – und auch nicht an die Mittel, die uns durch unsere Einheit mit ihm bereits gehören. Diese Gruppen produzieren einen »Wir müssen noch mehr tun und uns noch mehr anstrengen«-Moralismus, der uns der Freude und Freiheit beraubt, für die Jesus teuer bezahlt hat. Sie erliegen der narzisstischen Annahme, es gehe beim Christentum nur um persönliche Besserung! *Aber das hat nichts mit Christsein zu tun!*

Wenn das Überwinden von Sünde zum einzigen Ziel wird, anstatt den Sieg unseres Retters in uns aufzunehmen und dadurch stärker und reifer zu werden, fangen wir genau genommen an, geistlich zu schrumpfen. Sinclair Ferguson sagt zu Recht:

> *All die, die ihre eigene Geistlichkeit fast völlig vergessen haben, weil sie sich so stark auf ihre Einheit mit Jesus Christus konzentrieren und auf das, was er vollbracht hat, wachsen und sind fruchtbar. Aus historischer Sicht war es immer so, wenn die Frömmigkeit einer bestimmten Gruppe sich nur auf die eigene Geistlichkeit konzentrierte, dann erschöpfte sich die Frömmigkeit letzten Endes durch ihre eigenen Mittel. Nur wenn wir in unserer Frömmigkeit uns selbst vergessen und uns auf Jesus Christus konzentrieren, wird unsere*

Frömmigkeit genährt werden von den fortwährenden Ressourcen, die der Geist uns von der Quelle aller wahren Frömmigkeit bringt, unserem Herrn Jesus Christus.[57]

Wie ich bereits weiter oben gesagt habe: Wenn wir (oder unsere Freunde) uns hauptsächlich darauf konzentrieren, dass wir uns bessern müssen, wird unser Zustand in Wirklichkeit schlechter. Wir werden neurotisch und selbstbezogen. Wenn wir uns hauptsächlich mit unserer Schuld beschäftigen (anstelle von Gottes Gnade), macht uns das immer kurzsichtiger und lenkt unser Interesse nur noch auf uns selbst. Gemäß dem Puritaner Jeremiah Burroughs, der im siebzehnten Jahrhundert lebte, kommt wahres christliches Wachstum »nicht so sehr von unseren Mühen, Bestrebungen und Entscheidungen, es kommt vielmehr aus unserer Einheit mit ihm zu uns geflossen.«

Sicherlich, wir sind dazu berufen, »das Fleisch abzutöten«, »die Taten des Leibes zu töten«, »unsere Hand abzuschlagen« und »unser Auge auszureißen«, wenn sie uns zur Sünde verleiten – und wir brauchen die Hilfe anderer Menschen, um das zu schaffen. Heiligung ist ein Gemeinschaftsprojekt.

Aber die Sünde, die unserem sündhaften Verhalten Auftrieb gibt, ist die Beschäftigung mit uns selbst. Das ist die Sünden-Wurzel, die abgetötet werden muss. Das ist die Sünde, die unter der Oberfläche liegt und unsere Missetaten gebiert. Unmoralisches Verhalten ist nicht die erste Sünde, die ausgerissen und angegriffen werden muss, sondern unmoralischer Glaube – der Glaube, dass es in meinem Leben als Christ nur um meine moralische und geistliche Entwicklung geht.

Es ist wieder so wichtig zu verstehen (und ich kann das nicht genug betonen), dass es im christlichen Glauben nicht zuerst um unsere Besserung, unseren Gehorsam, unser Verhalten und unseren täglichen Sieg über die verbleibende Sünde geht – so wichtig all das auch ist. Zuerst geht es um Jesus! Es geht um seine Person und sein stellvertretendes Werk – seine Menschwerdung, sein Leben, seinen Tod, seine Auferstehung, seine Himmelfahrt, seinen himmlischen Platz zur rechten Hand des Vaters und seine verheißene Rückkehr. Wir sind gerechtfertigt – und geheiligt – allein durch Gnade, allein durch Glauben an das vollbrachte Werk von Christus allein.

Darum brauche ich eine Rechenschaftspflicht, die meine Neigung korrigiert, auf mich selbst zu schauen – auf *meinen* Gehorsam (oder fehlenden Gehorsam), *meine* (gute oder schlechte) Leistung, *meine* Heiligkeit – anstatt auf Christus und *seinen* Gehorsam, *seine* Leistung und *seine* Heiligkeit für mich. Wir alle haben von Natur aus einen Hang dazu, aus Gottes Verkündigung der guten Nachricht – dass wir freigemacht wurden – ein narzisstisches Programm der Selbstverbesserung zu machen. Dafür müssen wir Rechenschaft ablegen!

Warum also »spornen wir uns nicht an zur Liebe und zu guten Taten«, indem wir einander täglich in demütiger Liebe an die Reichtümer erinnern, die wir in Christus bereits besitzen, anstatt uns gegenseitig in Ordnung bringen zu wollen? Das ganze »gute Zeug«, das uns in Christus bereits gehört, setzt sich am Boden ab, wenn wir uns mehr auf uns selbst als auf Jesus konzentrieren (Petrus sank auf dem See Genezareth übrigens auch erst, als er seine Augen von Jesus abwandte und sich auf seine Leistung konzentrierte).

Wir müssen unbedingt mehr auf Christus schauen als auf uns selbst, denn das Evangelium ist nicht unser Werk für Jesus, sondern Jesu Werk für uns. Sinclair Ferguson sagte: »Die evangelikale Orientierung richtet sich nach innen und ist subjektiv. Wir sind viel besser darin, nach innen zu schauen als nach außen. Wir sollten stattdessen unsere Energie darauf verwenden, Jesus Christus zu bewundern, zu erforschen, zu erheben und zu loben.« Wir brauchen das liebevolle Handeln unserer christlichen Brüder und Schwestern, die uns jeden Tag an das Evangelium erinnern – dieses Alles, das wir brauchen und in Dingen suchen, die geringer sind als Jesus, gehört uns »in Christus« bereits. Wenn wir das beherzigen, kommt das »gute Zeug« an die Oberfläche.

Lass mich dich nochmal an die alte puritanische Aussage erinnern, dass viel zu viele Christen weit unter dem Maß ihrer Privilegien leben. Ich brauche Menschen in meinem Umfeld, die mir jedes Mal, wenn ich sündige, sagen, dass ich gegenwärtig unter einer Identitätskrise leide: dass ich vergesse, zu wem ich *tatsächlich* gehöre, was ich im Kern meines neugeschaffenen Wesens *wirklich* will und was mir in Christus *bereits* alles gehört. Meine echten Freunde müssen mich daran erinnern – jeden Tag. *Bitte sagt mir immer wieder, dass Gott mich nicht mehr liebt, wenn ich gehorsam bin, und nicht weniger, wenn ich nicht gehorsam bin.* Das zu wissen macht mein Herz für Gott weit und lässt darum mein Verlangen nach der Sünde schrumpfen. *Also lasst es mich nicht vergessen.* Mein Leben hängt davon ab!

Ich bin sehr für Rechenschaftspflicht, aber für eine bestimmte Art davon – die Art, die uns zwingt, mit dem skandalösen Wesen der bedingungslosen Liebe Gottes zu uns zu rechnen, weil Christus sein Werk für uns vollbracht hat. Ich glaube daran, dass wir Buße tun und einander die Sünden bekennen müssen (siehe Jak 5,16). Aber nur wenn wir, trotz unseres fortwährenden Versagen, mit Gottes bedingungsloser Liebe rechnen, können wir uns auf ein aufrichtiges, von Herzen kommendes Sündenbekennen und Buße-Tun zubewegen. Denn immerhin soll »Gottes Güte uns zur Buße leiten« (Röm 2,4).

In dem herausragenden Artikel »Does Justification Still Matter?« (*Ist Rechtfertigung immer noch wichtig?*) spricht Mike Horton im Hinblick auf unsere natürliche Neigung, uns mehr nach innen zu richten als auf Christus, dasselbe Thema an wie ich. Er schreibt:

Die meisten Menschen auf den Kirchenbänken … sind einfach nicht vertraut mit der Lehre der Rechtfertigung. Das ist oft kein Bestandteil der Predigten und des Gemeindelebens, und noch viel weniger ein vorherrschendes Thema in der christlichen Subkultur. Sowohl »Fundamentalisten« als auch »Progressive« ersticken das Evangelium, entweder mit strikter Unerbittlichkeit oder mit fröhlichen Tipps für ein besseres Leben, im Moralismus – durch ständige Ermahnungen zur persönlichen Veränderung, das die Schafe immer auf sich selbst blicken lässt anstatt nach außen zu Christus. … Das durchschnittliche Leitthema in [christlichen Zeitschriften] oder christlichen Bestsellern befasst sich mit den Trends »guter Werke« in Bezug auf Geistlichkeit, soziales Engagement, Gemeindewachstum und Jüngerschaft. Es ist jedoch ziemlich deutlich, dass Rechtfertigung einfach nicht ins Auge gefasst wird. Auch wo sie nicht direkt abgelehnt wird, wird sie oft ignoriert. Vielleicht sind Sündenvergebung und Rechtfertigung angemessen, wenn man »errettet wird«, aber dann steigt man ins richtige Geschäft des Lebens als Christ ein – als ob es eine echte Heiligkeit des Lebens geben könnte, die nicht aus einer ständigen Zuversicht kommt, dass »es jetzt keine Verdammnis mehr [gibt] für die, welche in Christus Jesus sind« (Röm 8,1).[58]

Weil wir von Natur aus mehr auf uns selbst und unsere Leistung schauen als auf Christus und seine Leistung, müssen wir ständig an das Evangelium erinnert werden. Wie Horton sagt, kann es keine echte Heiligkeit des Lebens geben, die nicht aus einer ständigen Zuversicht kommt, dass »es jetzt keine Verdammnis mehr [gibt] für die, welche in Christus Jesus sind« (Röm 8,1). Die einzige Möglichkeit, langfristig mit der Sünde fertig zu werden, besteht darin – angesichts der herrlichen Annahme, Sicherheit und Vergebung, die wir in Christus bereits besitzen –, eine Abneigung gegen sie zu entwickeln. Ich muss die ganze Zeit, jeden Tag, daran erinnert werden. Denn Tatsache ist, dass Heiligkeit nicht durch Schuldgefühle hervorgebracht wird, sondern durch Gnade.

Was Paulus für die Kolosser getan hat (er hat sie immer wieder an den Schatz erinnert, den sie in Christus bereits hatten), müssen unsere christlichen Brüder und Schwestern ebenfalls für jeden von uns tun: Sie müssen uns zuerst an das erinnern, was getan wurde, bevor sie uns an das erinnern, was wir tun müssen.

Lieber Christ, das Fazit all dessen ist: Dank des Werkes Christi für dich reitet Gott nicht so auf der Sünde herum, wie du es tust. Also entspann dich, freu dich, dann wird es wirklich immer besser mit dir werden. Die Ironie ist natürlich, dass wir erst dann wirklich heiliger werden, wenn wir aufhören, uns zwanghaft damit zu beschäftigen, heilig werden zu müssen, und uns stattdessen auf die Schönheit der Heiligkeit Christi konzentrieren! Ganz zu schweigen davon, dass wir auch für andere viel umgänglicher werden.

Besser als nur Nachahmer

Michael Horton betont in seinem Buch *The Gospel-Driven Life,* dass wir in unserem Leben als Christ nicht dazu berufen wurden, Christus lediglich nachzuahmen, auch wenn es eine Ähnlichkeit mit Christus einschließt. Er erinnert uns daran, dass Paulus' Lehre über Christus uns »etwas viel Besseres gibt als nur ein Vorbild, das nachgeahmt werden soll«:

Er beruft uns nicht einfach nur, Nachahmer Christi zu sein, sondern mit ihm gekreuzigt, begraben und auferweckt zu werden. Da wir in Christus ***sind****, müssen wir entsprechend handeln: täglich die Werke der Ungerechtigkeit töten und die Frucht unserer Einheit mit ihm tragen. Doch bevor er einen Imperativ verwendet, verkündigt er zuerst den Indikativ des Evangeliums: dass das rettende Werk Christi weitaus mehr vollbracht hat, als wir uns vorstellen können. Das Werk des Geistes, uns mit Christus eins zu machen, macht uns nicht zu bloßen Nachahmern, sondern zu lebendigen Gliedern an seinem Leib. Wir sind eingegliedert – getauft – in den Tod, das Begräbnis und die Auferstehung Christi. Paulus sagt nicht: »Seid wie Jesus.« Er sagt: »Ihr* ***seid*** *wie Jesus. Er ist das Haupt, ihr seid die Glieder; er ist die Erstlingsfrucht und ihr seid die restliche Ernte. So wie der Kopf funktioniert, funktionieren auch die Glieder. Ihr werdet jetzt von eurem Vorläufer in die neue Schöpfung hineingezogen. Wie könnt ihr also noch so leben, als wäre all das nie geschehen?«*[59]

Elyse Fitzpatrick fasst das in einem einfachen Satz zusammen: »Seid, wer ihr seid.«[60]

Das Geheimnis der Reife

Das Geheimnis der Reife im Evangelium ist dieses: Wir werden geistlich reifer, wenn wir uns weniger auf das konzentrieren, was wir für Gott tun müssen und mehr auf alles, was Gott bereits für uns getan hat.

Das ist die Ironie des Evangeliums, und das finden wir überall in der Bibel. Das ist unvermeidlich und unausweichlich.

Wir vollbringen sogar bessere Werke in unserem Leben, wenn wir in der Erkenntnis wachsen, dass unsere Beziehung mit Gott auf dem Werk Christi für uns beruht, und nicht auf unseren Werken für ihn. Wir werden reifer, wenn wir uns weniger auf unsere Werke für Jesus konzentrieren und mehr auf das Werk Jesu für uns. Wir singen ja auch:

Da ich denn nichts bringen kann,
schmieg' ich an Dein Kreuz mich an.[61]

Das bedeutet Jesus plus Nichts ist gleich Alles.

Vergiss nicht

Am Anfang des zweiten Petrusbriefs, wo er uns sagt, dass Gott uns seine überaus großen und kostbaren Verheißungen gegeben hat und dass Gottes Kraft uns »alles geschenkt hat, was zum Leben und [zum Wandel in] Gottesfurcht dient«, sagt er auch, dass »ihr durch dieselben göttlicher Natur teilhaftig werdet, nachdem ihr dem Verderben entflohen seid, das durch die Begierde in der Welt herrscht« (2Petr 1,4).

Im weiteren Verlauf entfaltet er eine Vision unseres weiteren Wachstums und unserer Entwicklung in geistlicher Reife. Er fordert die Gläubigen dazu auf, zu wachsen und das auszuleben, was Gott in ihr Leben hineingelegt hat. Er schreibt: »so setzt eben deshalb allen Eifer daran und reicht in eurem Glauben die Tugend dar, in der Tugend aber die Erkenntnis, in der Erkenntnis aber die Selbstbeherrschung, in der Selbstbeherrschung aber das standhafte Ausharren, im standhaften Ausharren aber die Gottesfurcht, in der Gottesfurcht aber die Bruderliebe, in der Bruderliebe aber die Liebe« (V. 5–7).

Seine nächste Aussage erinnert uns erneut an die Fülle, die Gott für unser Leben als Christ vorgesehen hat: »Denn wenn diese Dinge bei euch vorhanden sind und zunehmen, so lassen sie euch nicht träge noch unfruchtbar sein für die Erkenntnis unseres Herrn Jesus Christus« (V. 8).

Dann zeigt er uns noch einmal, warum es so wichtig ist, dass wir in unserem Leben alles auf das Evangelium setzen. Er sagt: »Wem dagegen diese Dinge fehlen, der ist blind und kurzsichtig und *hat die Reinigung von seinen früheren Sünden vergessen«* (V. 9).

Die durch das Evangelium motivierte Veränderung gründet sich auf Erinnerung. Gott lässt uns wachsen und reifen und entfaltet uns, indem er uns an das erinnert, was er in Christus bereits für uns getan hat.

Wenn du in dem Bewusstsein wächst, was Christus bereits für dich getan hat, werden an dir immer mehr die christlichen Eigenschaften und Tugenden sichtbar, die Petrus in 2. Petrus 1 hervorhebt.

Gesetz und Evangelium

Bei allem, was ich in diesem Buch gegen Gesetzlichkeit geschrieben habe, fragst du dich vielleicht: »Welchen Platz sollte Gottes Gesetz im Leben eines Christen haben, vor allem, wenn wir größere Reife erlangen wollen?« Du denkst vielleicht: »Ich verstehe ganz deutlich, dass es nicht die Botschaft des Evangeliums ist, Regeln einzuhalten und sich selbst zu reinigen. Ich erkenne, dass unser rechter Stand bei Gott abhängig ist von Christi Gehorsam für uns, und nicht von unserem Gehorsam und unserer Fähigkeit, das Gesetz zu halten. Das habe ich begriffen. Aber welche Rolle sollen die Gebote Gottes in meinem Leben spielen, wenn sie überhaupt eine spielen sollten?«

Sehr wichtige Frage! Paulus sagt in Römer 7,12: »So ist nun das Gesetz heilig, und das Gebot ist heilig, gerecht und gut.« Er denkt dabei an die moralischen Gebote Gottes, die heute immer noch bindend für uns sind (und nicht an die Opfervorschriften und zeremoniellen Gesetze des Alten Testaments, die in Christus bereits vollständig erfüllt wurden). Dieses moralische Gesetz wird zusammengefasst in den Zehn Geboten und von Jesus sogar noch weiter zusammengefasst, als er sagte: »›Du sollst den Herrn, deinen Gott, lieben mit deinem ganzen Herzen und mit deiner ganzen Seele und mit deinem ganzen Denken‹. Das ist das erste und größte Gebot. Und das zweite ist ihm vergleichbar: ›Du sollst deinen Nächsten lieben wie dich selbst‹. An diesen zwei Geboten hängen das ganze Gesetz und die Propheten« (Mt 22,37–40).

Das moralische Gesetz Gottes ist durch und durch gut. All die Imperative in der Bibel, alles, wozu Gott uns auffordert, ist gut, weil Gott gut ist. Seine Gebote und Richtlinien und Vorschriften sind ein genaues Spiegelbild des Wesens Gottes.

Genau dieser Aspekt des Gesetzes – dass es gut ist und widerspiegelt, dass Gott gut ist – ist der Grund, warum das Gesetz Paulus seine eigene Sünde sehen lässt, wie er in Römer 7,7–14 erläutert. Das Gesetz ist wie ein Spiegel, der uns zeigt, wer wir wirklich sind und was wir wirklich brauchen.

Das Problem ist nicht Gottes Gesetz; das Problem, wie Paulus in Römer 7 verdeutlicht, sind wir. Das ist der innere Kampf, von dem Paulus in Römer 7 spricht (und der in allen Gläubigen tobt). Es ist ein schwerer, schmerzhafter Kampf zwischen Gottes Maßstäben und unserer Sünde. Paulus entfaltet in diesem Kapitel seinen eigenen Kampf in allen Einzelheiten. Am Ende schreit er: »Ich elender Mensch! Wer wird mich erlösen von diesem Todesleib?« (V. 24). Er weiß, dass er ohne Hoffnung und ohne Hilfe ist, wenn er auf das Gesetz Gottes blickt.

Aber seine Rettung kommt, als er seinen Blick auf Jesus richtet, was er im nächsten Vers tut: »Ich danke Gott durch Jesus Christus, unseren Herrn!« (V. 25). Weil Paulus an Christus glaubte, ließ er sich durch das Gesetz immer wieder zum Evangelium ziehen. Und das sollen wir auch tun.

Das wollen, was Gott will

Eines der Anzeichen, dass wir fest auf dem Pfad des christlichen Wachstums sind – eines der Kennzeichen eines wirklich heranreifenden Christen –, ist schließlich, dass wir beginnen, das zu mögen, was Gott mag, das zu wollen, was Gott will, und das zu hassen, was Gott hasst. In dieser Hinsicht leitet uns auch das Gesetz, und es leitet uns mit Weisheit. Es sagt uns, was Gott will und wer Gott ist. Ja, das Gesetz ist gut.

Aber obwohl das Gesetz uns leitet, gibt es uns nichts. Es hat die Kraft, die Sünde zu offenbaren, aber nicht die Kraft, die Sünde zu beseitigen. Es kann nicht hervorbringen, was es fordert. Das Gesetz zeigt uns, was Gottesfurcht ist, aber es kann uns, anders als das Evangelium, nicht gottesfürchtig machen. Das Gesetz zeigt uns, wie ein geheiligtes Leben aussieht, aber es hat nicht die heiligende Kraft des Evangeliums. Ohne das Evangelium ist das Gesetz daher vernichtend. Das Gesetz zeigt uns, was wir tun sollen. Das Evangelium verkündet, was Gott getan hat. Das Gesetz zeigt uns die Richtung, aber nur das Evangelium gibt uns den Antrieb. Es ist sehr wichtig, dass wir diese Unterschiede nicht vergessen.

Ich will noch einmal betonen: Es geht nicht darum, *ob* Gehorsam dem Gesetz Gottes gegenüber wichtig ist, entweder für uns oder für Gott. Natürlich ist Gehorsam wichtig. Die Frage ist: *Woher kommt die Kraft, um Gottes Gebote zu halten?* Kommt sie aus dem Evangelium – aus dem, was Gott für uns getan hat? Oder kommt sie aus dem Gesetz – aus dem, was wir tun müssen? Dieser Gegensatz ist nur eine andere Art, um zu fragen: Kommt die Kraft von *Gott* oder von *dir*? So einfach ist das.

In Römer 7 stellt Paulus die Intensität seines Kampfes dar, um klarzustellen, dass das Gesetz, obwohl es uns nicht mehr verdammen kann (weil Jesus es an unserer Stelle vollkommen gehalten hat), trotzdem unfähig ist, in uns das Bedürfnis zu erzeugen, es zu halten. Es kann uns nur sagen, was Gott fordert – was es auch tut. Aber das Gesetz ist nicht das Evangelium.

Paulus' Fazit in Römer 7 – »Ich danke Gott durch Jesus Christus, unseren Herrn!« – zeigt seine Dankbarkeit für die Tatsache, dass Jesus gekommen ist, um das für uns zu tun, was wir für uns selbst nie hätten tun können. Jesus hat an unserer Stelle das Gesetz Gottes vollkommen erfüllt, damit jetzt unser Stand bei Gott, unsere Beziehung mit Gott nicht zuerst auf unserem Gehorsam, sondern auf dem Gehorsam Christi beruht. In Jesus findet Paulus Hoffnung – und das müssen wir auch.

Von diesem Ausdruck der Dankbarkeit Jesus gegenüber geht Paulus weiter zu den belebenden Worten, die wir im gesamten achten Kapitel finden, angefangen mit dieser befreienden Aussage: »Also gibt es jetzt keine Verdammnis mehr für die, welche in Christus Jesus sind, die nicht gemäß dem Fleisch wandeln, sondern gemäß dem Geist. Denn das Gesetz des Geistes des Lebens in Christus Jesus *hat mich frei gemacht* von dem Gesetz der Sünde und des Todes« (V. 1–2).

Das Evangelium des Christus gibt uns die Freiheit, die uns das Gesetz nie geben könnte.

Für manche wird das wie eine faule Ausrede des Antinomismus (»gegen das Gesetz«, eine gesetzlose, unverbindliche Version des Christentums) klingen. Schließlich muss die Gemeinde in Amerika doch aus ihrer Wohlfühlzone herausgerissen werden, oder? Ja, aber das passiert nicht, indem man ihr das Gesetz verabreicht, sondern indem man ihr das Evangelium bringt.

Mein Freund Dane Ortlund schrieb eine Antwort auf einen Artikel, der kürzlich in der Zeitschrift *Christianity Today* erschienen war, in dem der Schreiber seiner Sorge Ausdruck verleiht, dass in dieser Generation von Christen persönliche Heiligkeit und radikaler Gehorsam nicht ausreichend betont werden. Dane Ortlund zeigt, dass es zwei Möglichkeiten gibt, damit umzugehen:

> *Eine Möglichkeit ist es, ein Gleichgewicht zwischen der Gnade des Evangeliums und den Ermahnungen zur Heiligkeit herzustellen, als bräuchten beide gleich viel Luft, damit wir nicht auf einer der beiden Seiten vom Pferd fallen – entweder in die Gesetzlichkeit (dem Vernachlässigen von Gnade) oder in den Antinomismus (dem Vernachlässigen von Heiligkeit). Die andere Möglichkeit – und ich glaube, das ist die richtige und biblische Möglichkeit – besteht darin, diese hemmungslose Kultur mit dem Evangelium der geschenkten Rechtfertigung aufzurütteln, damit die praktischen Rechtfertigungen menschlicher Anerkennung, moralischer Leistung, sexueller Maßlosigkeit oder fetter Bankkonten anfangen, ihren lasterhaften Bezug auf das menschliche Herz zu verlieren, und ihre betrügerische Leere zur Schau gestellt wird. Das klingt verkehrt, aber der Weg zur Heiligkeit führt durch das Evangelium, nicht daran vorbei, denn nur unverdiente Gnade*

kann Herzen wirklich zum Schmelzen bringen und verändern. Die Lösung für hemmungslose Unmoral ist nicht Moral. Die Lösung für Unmoral ist die geschenkte Gnade Gottes – Gnade, die so großzügig ist, dass sie von manchen als Freibrief zum straflosen Sündigen (miss-)verstanden wird. Der Weg, den das Neue Testament einschlägt, um zum radikalen Gehorsam aufzufordern, führt nicht über das Mäßigen von Gnade, sondern macht sie umso klarer. Lass uns nach Heiligkeit streben. Und lass uns das hauptsächlich dadurch tun, dass wir uns am Evangelium freuen, an eben diesem Evangelium, durch das wir »dazugehören« und an eben diesem Evangelium, das uns jeden Tag aufs Neue frei macht (siehe 1Kor 15,1–2; Gal 2,14; Kol 1,23;2,6) – ganz wie G. C. Berkouwer es so weise ausdrückte: »Das Herzstück der Heiligung ist ein Leben, das sich von Rechtfertigung nährt.«[62]

Wie ich schon gesagt habe, ist eine meiner Aufgaben als Pastor, die Menschen in ein tieferes Verständnis von Gehorsam zu führen – ihnen beizubringen, dass sie zu den Dingen nein sagen, die Gott hasst, und ja zu denen, die Gott gefallen. Doch viel zu oft habe ich den falschen Schluss gezogen, dass man zügellose Menschen nur bei der Stange halten kann, indem man ihnen noch mehr Regeln gibt – das Gesetz aufrichtet. Sowohl als Pastor als auch als Vater habe ich den Wunsch, dass die Menschen unter meiner Obhut in ihrem Gehorsam Gott gegenüber radikaler werden. Doch ich bin oft in die Falle gegangen, vom Gesetz (Abschneiden von Hoffnung) zum Evangelium (Vergebung und Leben) zu gehen und dann wieder zurück zum Gesetz, als könne das Evangelium zwar unsere Rechtfertigung bewerkstelligen, aber nicht unsere Heiligung. Doch die einzige Möglichkeit, um zügellose Menschen zum Gehorsam zu bringen, besteht tatsächlich darin, ihnen einen Geschmack davon zu geben, dass Gott Sünder radikal und bedingungslos annimmt. In Römer 6,1–4 reagiert Paulus auf Antinomismus (Gesetzlosigkeit) nicht mit noch mehr Gesetz, sondern mit noch mehr Evangelium! Paulus hätte an dieser Stelle ganz leicht die Gnade ausbremsen und das Gesetz betonen können, doch stattdessen gibt er noch mehr Gnade – Gnade um Gnade. Zügellose Menschen sind also nicht solche, die das Evangelium von Gottes großzügiger Gnade zu viel glauben, sondern zu wenig. Die Ironie der Heiligung auf der Grundlage des Evangeliums ist, dass am Ende diejenigen gehorsamer sind, denen immer mehr klar wird, dass ihr Stand bei Gott *nicht* auf ihrem Gehorsam, sondern auf Christi Gehorsam beruht. John Bunyans denkwürdige Worte waren:

»Run, John, run,« the law demands,
but gives me neither feet nor hands.
Better news the Gospel brings,
It bids me fly and gives me wings.

(Lauf, John, lauf«, verlangt das Gesetz,
doch verleiht mir weder Füße noch Hände.
Das Evangelium bringt bess're Kunde,
es heißt mich fliegen und verleiht mir Flügel.)

Wenn wir jedoch sagen, dass das Gesetz *keinesfalls* Kraft hat, uns zu verändern, schmälert das seine fortwährende Rolle im Leben eines Christen. Wir müssen nur verstehen, welche Rolle es für uns heute spielt. Das Gesetz dient uns, indem es uns zeigt, wie wir Gott und andere lieben sollen, und es macht uns dankbar für Jesus, wenn wir es brechen. Doch nur das Evangelium befähigt uns, das Gesetz zu halten. Und wenn wir es nicht schaffen, tröstet uns das Evangelium, indem es uns daran erinnert, dass Gottes Annahme und Wohlwollen uns gegenüber nicht davon abhängen, ob wir das Gesetz halten, sondern davon, dass Christus an unserer Stelle das Gesetz gehalten hat.

Und jetzt rate mal! Deshalb will ich ihm mehr gehorchen, und nicht weniger! Spurgeon schrieb: »Als ich glaubte, Gott sei hart, fand ich es einfach, zu sündigen; aber als ich entdeckte, wie freundlich, gut und überfließend barmherzig Gott ist, schlug ich mir auf die Brust und dachte, wie ich nur so rebellisch sein konnte gegen den, der mich so sehr liebte und nur mein Bestes im Sinn hatte.«[63]

Es ist daher nur das Evangelium (was Jesus getan hat), das unserem Gehorsam das Leben einhaucht, das Gott Ehre bringt. Die Kraft zum Gehorsam kommt daraus, dass wir von dem vollbrachten Werk Jesu für uns bewegt und motiviert werden. Der Brennstoff, um Gutes zu tun, kommt aus dem, was bereits getan wurde. Also auch hier wieder: Das Gesetz kann uns zwar die Richtung weisen, aber nur das Evangelium kann uns den Antrieb geben.

Ein Freund von mir hat das kürzlich folgendermaßen ausgedrückt: Das Gesetz ist wie ein paar Eisenbahngleise. Die Gleise liefern dem Zug keine Kraft, doch der Zug muss auf den Gleisen bleiben, um zu funktionieren. Das Gesetz verleiht niemals die Kraft, das umzusetzen, was es fordert. Nur das Evangelium hat die Kraft, um den sinnbildlichen Zug zu bewegen.

J. Gresham Machen, der erkannte, dass Christen das Evangelium auch weiterhin genauso brauchen wie Nichtchristen es anfangs brauchen, schrieb: »Zuallererst brauche ich nicht Ermahnung, sondern ein Evangelium; keine Richtlinien, wie ich mich selbst retten kann, sondern die Erkenntnis, dass Gott mich gerettet hat.«

Das Evangelium der erstaunlichen Gnade bringt uns hinein, bewahrt uns darinnen und wird uns letzten Endes über die Ziellinie bringen. Alles aus Gnade!

12

IN ALLEM HERRLICH

Diese Seiten haben dir und mir einen kleinen Einblick in das *Alles* gegeben, das uns in Christus gehört, und was das alles genau jetzt und hier bedeuten kann.

Lass uns das jetzt feiern – zumindest insofern, dass wir dieses Kapitel lesen und darüber nachdenken. Aber wir wissen auch, dass es sehr bald eine große, üppige und ewige Feier geben wird.

Wir sind bereits jetzt frei zu feiern, weil wir – deutlicher denn je – erkannt haben, dass unsere Identität, Bestimmung und Bedeutung nicht in etwas liegen, was wir tun oder erreichen können. Nein, alles liegt in Christus. Wir haben die Worte von Paulus in Kolosser 3,4 (NLB) vernommen: »Wenn Christus, der euer Leben ist …« Er sagte nicht: »Christus, der *ein Teil eures Lebens* ist«, sondern »Christus, der euer Leben ist«.

Jesus *ist* unser Leben.

Jakobus fragt uns: »Was ist euer Leben?« (Jak 4,14).

»Jesus«, können wir treu und wahrhaftig darauf antworten.

Er ist jetzt dein Leben, er ist jetzt mein Leben, und in Ewigkeit wird er für uns ein noch erfüllteres und freieres Leben sein, als wir uns je vorstellen könnten. Denn wir denken an die Zusage seines Wortes durch seinen Diener Paulus: »Euer *Leben* ist verborgen mit dem Christus in Gott« (Kol 3,3).

»Ich trutze Euch«

Die Kraft dieses letzten Verses wird in der berühmten Geschichte des Kirchenvaters Chrysostomos aus dem vierten Jahrhundert deutlich (hier zusammengefasst von Ray Ortlund):

> *Als Johannes Chrysostomos vor die Kaiserin Eudoxia gebracht wurde, drohte sie ihm mit Verbannung, falls er weiterhin auf seiner christlichen Unabhängigkeit als Prediger bestehen würde.*
>
> *»Ihr könnt mich nicht verbannen, denn diese Welt ist das Haus meines Vaters.«*
>
> *»Aber ich werde Euch töten«, sagte die Kaiserin.*
>
> *»Nein, das könnt Ihr nicht, denn mein Leben ist verborgen mit Christus in Gott«, sagte Johannes.*
>
> *»Ich werde Euch Eure Schätze wegnehmen.«*
>
> *»Nein, das könnt Ihr nicht, denn meine Schätze sind im Himmel, und dort ist mein Herz.«*
>
> *»Aber ich werde Euch von Euren Freunden wegjagen und es wird keiner mehr übrig sein.«*
>
> *»Nein, das könnt Ihr nicht, denn ich habe einen Freund im Himmel, von dem Ihr mich nicht trennen könnt. Ich trutze Euch, denn Ihr könnt nichts tun, um mir zu schaden.«*[64]

Diese Geschichte erzählte ich an einem Sonntagmorgen im September des Jahres 2009 in unserer Gemeinde. Das war der Morgen, an dem nach dem Gottesdienst eine weitere Gemeindeabstimmung darüber stattfinden sollte, ob ich des Pastorenamtes unserer Gemeinde enthoben werden sollte. Bevor diese Abstimmung stattfand, predigte ich; das war, gelinde gesagt, ein unangenehmes Umfeld für einen Prediger. Es waren jede Menge Menschen anwesend, die mich niedermachen wollten. Als ich predigte, starrten sie mich mit Blicken an, die töten könnten.

Ich predigte mir die Seele aus dem Leib – freier war ich auf der Kanzel noch nie gewesen. *In genau diesem Augenblick* erkannte ich, dass Jesus plus Nichts gleich Alles ist. Ich war mir der Realität deutlich bewusst, dass keiner der an diesem Morgen Anwesenden mir etwas von dem nehmen konnte, was ich von Jesus empfangen hatte, nämlich *alles*. Ich war frei! Vollkommen frei! Ich schloss meine Predigt an diesem Morgen mit folgenden Worten:

> *Gott segne alle, die bereit sind, sich zu verändern, zu dienen, zu wachsen, sich dehnen zu lassen und alles um Christi willen zu verlieren. Ich danke allen, die wie Jesus bereit sind, ihr Kreuz auf sich zu nehmen und »nach draußen, vor die Stadt« zu gehen, allen, die verstehen, dass Geben seliger ist als Nehmen und dass es besser ist, sich selbst zu opfern, als sich selbst zu dienen, und allen, die die Interessen der anderen über ihre eigenen stellen. An alle, die bereit sind, sich nicht von menschlichen Traditionen bestimmen zu lassen, sondern von den Reichtümern Christi, und für sie zu kämpfen – wir brauchen euch!*
>
> *Wir können Gott nicht aufhalten; egal, was passiert, er wird sich durchsetzen und am Ende siegen. Gott bringt mich nach vorne, so oder so, und ich erachte es als ein hohes und heiliges Vorrecht, denen zu dienen, die zu lieben, die zu lehren und mein Leben für die niederzulegen, die zusammen mit uns vorwärtsgehen. Wir werden zusammen vorwärtsgehen – Seite an Seite, Rücken an Rücken, um Gott in dieser Stadt und in unserer Zeit bekannt zu machen. Das Leben ist Christus und Sterben ist Gewinn!*

An diesem Morgen wappnete ich meine Gedanken und mein Herz nach dem mutigen Vorbild von Chrysostomos. Und die mutige Zuversicht, die uns als Gläubigen rechtmäßig gehört und die ich gerade frisch durch Paulus' Lehren im Kolosserbrief erfahren hatte, ermutigte mich noch mehr.

Ich blieb nach dem Gottesdienst nicht länger, da ich meinen Vater im Krankenhaus besuchen wollte, der nach einer Lebertransplantation im Sterben lag. Das war der schwerste Sonntag meines Lebens.

Es stellte sich heraus, dass die Gemeinde an jenem Tag mehrheitlich dafür stimmte, mich als Pastor zu behalten.

Und seit jener Zeit – vor zwei Jahren – freue ich mich sagen zu können, dass Gott in Coral Ridge begonnen hat, einen »Aufstand« des Evangeliums auszulösen. Das *Alles* im Evangelium macht die Menschen frei, schafft große Freude und erreicht unsere hilfebedürftige Stadt.

Aber was an jenem Tag viel wichtiger war als der »Sieg an der Wahlurne«, war die ewig-freimachende, gegenwärtig befähigende Dynamik des Evangeliums, die ich im gesamten Buch der Kolosser wiederentdeckte. Ich entdeckte aufs Neue die Freude, das Feiern und die Hoffnung, die mit der Freiheit des Evangeliums einhergehen.

Zur Vollendung gebracht

Du und ich – wir können feiern, weil der Tag kommen wird, an dem alles, was Gott in unserem Leben bewirkt hat – durch all diese Tage und Monate und Jahre der Herausforderungen und Widrigkeiten, und all diese Hürden und Geduldsproben, all diese Aufgaben und Gelegenheiten, all diese Herzschmerzen und Verluste –, schließlich zur Vollendung gebracht wird; dann ist das fertige Produkt sichtbar.

»Ich bin davon überzeugt«, sagt Paulus, »dass der, welcher in euch ein gutes Werk angefangen hat, es auch *vollenden* wird bis auf den Tag Jesu Christi« (Phil 1,6).

Paulus, der Mann, der immer für alle Gläubigen überall gebetet und uns aufgetragen hat, es ihm gleich zu tun (siehe Eph 6,8; Kol 2,1), wird bei uns sein, um die völlige Erhörung aller Gebete zu erleben – zum Beispiel:

> *Er selbst aber, der Gott des Friedens, heilige euch* ***durch und durch****, und euer ganzes [Wesen], der Geist, die Seele und der Leib, möge untadelig bewahrt werden bei der Wiederkunft unseres Herrn Jesus Christus! Treu ist er, der euch beruft; er wird es auch tun. – 1. Thessalonicher 5,23–24*

> *Deshalb beten wir auch* ***allezeit*** *für euch, dass unser Gott euch der Berufung würdig mache und* ***alles*** *Wohlgefallen der Güte und das Werk des Glaubens in Kraft zur Erfüllung bringe. – 2. Thessalonicher 1,11*

Wenn der Tag der Vollendung und des Ratschlusses kommt für all das, was Gott in und durch uns tut, werden wir nicht mehr zögern zu feiern. Und wir werden *jetzt* dafür bereit gemacht und lernen, sein Evangelium und alles, was es in unserem Leben bewirkt, immer tiefer zu verstehen. Zusammen mit David sagen wir: »Ich gedenke an die längst vergangenen Tage, rufe mir alle deine Taten in Erinnerung und sinne nach über die Werke deiner Hände« (Ps 143,5).

Jetzt schon singen wir feierlich mit den Psalmen: »Denn das Wort des Herrn ist wahrhaftig, und all sein Tun ist Treue«

(Ps 33,4); »Voll Majestät und Hoheit ist sein Tun, und seine Gerechtigkeit besteht ewiglich« (Ps 111,3).

Alles neu

Wir werden feiern, wenn wir unsere Augen, unseren Verstand und unser Herz weit öffnen, um das kosmische Ausmaß all dessen zu sehen, was Gott gerade tut und noch tun wird.

Wir werden die immerwährende Neuheit feiern, die er verheißen hat, denn in Jesajas Prophezeiung hören wir sein Wort an uns: »Von nun an lasse ich dich Neues hören und Verborgenes, was du nicht wusstest« (Jes 48,6).

Und mehr noch hören wir die laute und klare Stimme, die von seinem ewigen Thron ausgeht: »Siehe, ich mache alles neu!« (Offb 21,5). Und wir werden die Umsetzung dieses Wortes sehen.

Die kosmischen Seufzer, die Seufzer der »gesamten Schöpfung«, von denen Paulus in Römer 8,22 spricht, werden schließlich aufhören. Wenn Jesus wiederkommt, wird er den Prozess der Erneuerung aller Dinge abschließen. Der »Friede auf Erden«, den der Engel in der Nacht, in der Jesus geboren wurde, verkündete, wird eine umfassende, dauerhafte Wirklichkeit sein. Alles Krumme wird gerade werden, alles Raue wird weich werden, alles Falsche wird richtiggestellt werden; jede Ungerechtigkeit wird dauerhaft behoben werden. Der zerfranste Stoff unseres Lebens wird völlig und vollkommen neu gewoben. Alles, was mit Jesus verbunden ist, wird in vollkommener Harmonie leben, und der Schalom wird regieren. Alles wird so sein, wie es ursprünglich sein sollte.

Und das bedeutet, dass es für die, die im Evangelium von Christus Vergebung der Sünden gefunden haben, plötzlich keine Krankheit, kein Sterben, keine Tränen, keine Trennung und keine

Spannung mehr geben wird. Alle, die Jesus vertrauen, werden sich in einer völlig neuen Welt an neuen, sündlosen Körpern erfreuen. Alles, was uns Schmerzen und Unbehagen bereitet, wird zerstört werden. Wir werden in alle Ewigkeit in unvorstellbarer Erfüllung leben.

Das Beste kommt erst noch, denn Gott hat bewirkt, dass er im Evangelium von Christus »alles mit sich versöhnte, es sei auf Erden oder im Himmel, indem er Frieden machte durch sein Blut am Kreuz« (Kol 1,20 LUT).

Wir werden eine neue Stadt »von Gott aus dem Himmel herabsteigen« sehen (Offb 21,2), die unsere kaputte Welt erneuern und wiedererwecken wird. Jesus wird kommen, um die gesamte kosmische Ordnung wieder aufzurichten – so groß ist seine Erlösung. Und sie ruft nach der größten Feier aller Zeiten.

Mit Christus herrschen

Also werden wir feiern in dem Wissen, dass das *Alles*, was der Herr uns im Evangelium gibt, mit einschließt, dass wir mit ihm zusammen herrschen.

Es wird einfach so sein, wie Jesus gesagt hat: »Fürchte dich nicht, du kleine Herde; denn es hat eurem Vater gefallen, euch das Reich zu geben« (Lk 12,32).

Als unser Retter sich in seiner verherrlichten Erscheinung Johannes offenbarte, machte er uns diese Zusage: »Wer überwindet, dem will ich geben, mit mir auf meinem Thron zu sitzen, so wie auch ich überwunden habe und mich mit meinem Vater auf seinen Thron gesetzt habe« (Offb 3,21).

Wir feiern, weil wir wissen, dass uns die Güte und Gnade Gottes aufgrund des Evangeliums einen ewigen Lohn von Gott bringen werden. Wir werden die tatsächliche Erfüllung der Worte Jesu aus der Bergpredigt erleben: »Freut euch und jubelt, denn euer Lohn ist groß im Himmel« (Mt 5,12).

Ewig

Wir werden feiern in dem Wissen, dass unser *Alles* in Christus so viel und so groß ist, dass wir die ganze Ewigkeit brauchen werden, es zu empfangen und zu erfassen.

Wir werden ewig in ihm sein, ewig ihm nahe sein, gemäß seiner Verheißung: »So werden wir bei dem Herrn sein allezeit« (1Thess 4,17).

Die Fülle der Zeit wird die Fülle des Segens bringen; das Ewige, auf das wir *bereits* Anspruch erhalten haben – Gott, »der uns geliebt hat und uns einen *ewigen* Trost … gegeben hat« (2Thess 2,16), wie Paulus sagt –, werden wir dann tatsächlich und wirklich erfahren.

Wir werden in alle Ewigkeit feiern, weil die Ermutigung und der Trost und die Herrlichkeit ewig währen werden; die Fülle unserer Segnungen, unser *Alles*, wird »ein über die Maßen überreiches, ewiges Gewicht von Herrlichkeit« (2Kor 4,17 ELB) sein.

Besonderheiten

Doch jetzt mal eine Pause, denk noch mal nach. *Alles*. Manchmal erfassen wir das Wort nicht wirklich. Es kann so allgemein und vage scheinen – *alles?* Vor allem, wenn wir über unsere ferne ewige Zukunft in einem wiedergeborenen Zeitalter und Umfeld nachdenken. Wir haben zwar schon davon gehört, aber es bislang noch nicht wirklich erlebt.

Doch Jesus hilft uns dabei. In Gottes Verheißung für den, der »überwindet« – den, mit dem wir durch den Glauben verbunden sind – werden wir beehrt mit schönen und faszinierenden Besonderheiten, die all unsere Sinne in Verzückung versetzen und uns in unseren gegenwärtig schwierigen Momenten reichlich Zusicherung und Köstliches zum Nachdenken geben:

Wer überwindet, dem will ich zu essen geben von dem Baum des Lebens, der in der Mitte des Paradieses Gottes ist. – Offenbarung 2,7

Wer überwindet, dem wird kein Leid geschehen von dem zweiten Tod. – Offenbarung 2,11

Wer überwindet, dem werde ich von dem verborgenen Manna zu essen geben; und ich werde ihm einen weißen Stein geben und auf dem Stein geschrieben einen neuen Namen, den niemand kennt außer dem, der ihn empfängt. – Offenbarung 2,17

Und wer überwindet und meine Werke bis ans Ende bewahrt, dem werde ich Vollmacht geben über die Heidenvölker, und er wird sie mit einem eisernen Stab weiden, wie man irdene Gefäße zerschlägt, wie auch ich es von meinem Vater empfangen habe; und ich werde ihm den Morgenstern geben – Offenbarung 2,26-28

Wer überwindet, der wird mit weißen Kleidern bekleidet werden; und ich will seinen Namen nicht auslöschen aus dem

Buch des Lebens, und ich werde seinen Namen bekennen vor meinem Vater und vor seinen Engeln. – Offenbarung 3,5

Wer überwindet, den will ich zu einer Säule im Tempel meines Gottes machen, und er wird nie mehr hinausgehen; und ich will auf ihn den Namen meines Gottes schreiben und den Namen der Stadt meines Gottes, des neuen Jerusalem, das vom Himmel herabkommt von meinem Gott aus, und meinen neuen Namen. – Offenbarung 3,12

Ich rate dir, von mir Gold zu kaufen, das im Feuer geläutert ist, damit du reich wirst, und weiße Kleider, damit du dich bekleidest und die Schande deiner Blöße nicht offenbar wird; und salbe deine Augen mit Augensalbe, damit du sehen kannst! – Offenbarung 3,18

Wer überwindet, dem will ich geben, mit mir auf meinem Thron zu sitzen, so wie auch ich überwunden habe und mich mit meinem Vater auf seinen Thron gesetzt habe. – Offenbarung 3,21

Er ist unser Alles wert

Also feiern wir. Wir feiern mit Lobpreis, denn das Alles unseres Herrn ist unser Alles wert.

Wir feiern, weil er uns auf den Weg gebracht hat, der unsere tiefste Sehnsucht erfüllt; es ist das gleiche tiefgreifendste Verlangen, das auch David verspürt hatte: »*Eines* erbitte ich von dem Herrn, nach diesem will ich trachten: dass ich bleiben darf im Haus des Herrn mein ganzes Leben lang, um die Lieblichkeit des

Herrn zu schauen und [ihn] zu suchen in seinem Tempel« (Ps 27,4). Auch wenn wir früher nicht speziell danach gesucht haben, so ist es das durch die Gnade des Evangeliums von Christus jetzt doch tatsächlich das »Eine« geworden. Durch das Evangelium sind wir zu dem Schluss gekommen, dass er allein es wert ist, unser Alles zu empfangen. Sieh dir die Worte der Anbetung an, die wir in der Offenbarung finden: »Würdig bist du, o Herr, zu empfangen *den Ruhm und die Ehre und die Macht«* (Offb 4,11).

Jesus wurde zu Nichts, damit wir Alles haben könnten. So machen wir uns eins mit dem Lobpreis der Engel, »die mit lauter Stimme sprachen: Würdig ist das Lamm, das geschlachtet worden ist, zu empfangen Kraft und Reichtum und Weisheit und Stärke und Ehre und Ruhm und Lob!« (Offb 5,12).

Bald wird der Tag kommen, an dem wir uns für immer diesem ewigen Lobopfer anschließen werden, doch wir feiern auch jetzt schon. Schon jetzt sagen wir mit David: »Ich will den Herrn loben *von ganzem Herzen*, ich will *alle* deine Wunder erzählen (Ps 9,2).

Die ganze Welt betet ihn an

Wir feiern und schließen uns der Anbetung an, die alles um uns herum einfängt und festhält.

Gottes Aufforderung zur Anbetung *wird* vollkommen umgesetzt werden: »Alles, was Odem hat, lobe den Herrn! Hallelujah!« (Ps 150,6); »Alle Menschen sollen den Herrn achten und in Ehrfurcht vor ihm stehen« (Ps 33,8 NLB); »Himmel und Erde sollen ihn rühmen, die Meere und alles, was sich in ihnen regt!« (Ps 69,35).

Wir schließen uns den Engeln an, wenn sie ihrem Auftrag Folge leisten, Jesus zu verherrlichen: »Und alle Engel Gottes sollen ihn anbeten!« (Hebr 1,6).

Die kosmische Anbetung, die Jesus vom Kreuz aus vorhersehen konnte, wird ihre Erfüllung finden (vorhergesagt in den messianischen Worten von Psalm 22; Worte, auf die sich Jesus in seinem Leiden bezog):

Daran werden gedenken und zum Herrn umkehren alle Enden der Erde, und vor dir werden anbeten alle Geschlechter der Heiden. Denn das Königreich gehört dem Herrn, und er ist Herrscher über die Nationen. Es werden essen und anbeten alle Großen der Erde; vor ihm werden ihre Knie beugen alle, die in den Staub hinabfahren, und wer seine Seele nicht lebendig erhalten kann. Ein Same wird ihm dienen, wird dem Herrn als Geschlecht zugezählt werden. Sie werden kommen und seine Gerechtigkeit verkündigen dem Volk, das geboren wird, dass er es vollbracht hat. – Psalm 22,28–32

Paulus lehrt uns, dass die Welt zur Anbetung bestimmt ist:

Darum hat ihn Gott auch über alle Maßen erhöht und ihm einen Namen verliehen, der über allen Namen ist, damit in dem Namen Jesu sich alle Knie derer beugen, die im Himmel und auf Erden und unter der Erde sind, und alle Zungen bekennen, dass Jesus Christus der Herr ist, zur Ehre Gottes, des Vaters. – Philipper 2,9–11

Wir stimmen ein in den Lobpreisgottesdienst, den Paulus für den Tag der Wiederkunft Christi im Voraus sehen konnte, »an jenem Tag, wenn er kommen wird, um verherrlicht zu werden in seinen Heiligen und bewundert in denen, die glauben« (2Thess 1,10).

Unsere erfüllte Erde

Wir feiern, weil etwas über diese Welt hinwegfegt. Die ganze Erde wird bereits von der Fülle Gottes berührt, doch in Kürze wird noch etwas Größeres geschehen.

Schon rufen die Seraphim sich zu: »Heilig, heilig, heilig ist der Herr der Heerscharen; *die ganze Erde ist erfüllt von seiner Herrlichkeit*!« (Jes 6,3).

Schon David preist Gott: »Er liebt Gerechtigkeit und Recht; die Erde ist *erfüllt* von der Güte des Herrn« (Ps 33,5). Ja, schon der Psalmist verkündet ihm: »Herr, die Erde ist *erfüllt* von deiner Güte; lehre mich deine Anweisungen!« (Ps 119,64).

Aber es kommt eine noch größere Sättigung, wie ein globaler Tsunami, der anschwillt und niemals nachlässt: »Denn die Erde wird erfüllt werden von der Erkenntnis der Herrlichkeit des Herrn, gleichwie die Wasser den Meeresgrund bedecken« (Hab 2,14). Das *Alles* des Herrn, die Fülle, die er schon jetzt mit uns teilt und die wir eines Tages vollkommen erfahren werden, ist eine Flutwelle der Herrlichkeit.

Wie groß ist seine Herrlichkeit

Wir feiern, weil wir seine Herrlichkeit sehen und Anteil daran haben werden. Wir haben uns die Zusage Gottes zu Herzen genommen, die er mit Hilfe von Paulus' Worten an die Kolosser an uns richtet: »Wenn der Christus, unser Leben, offenbar werden wird, dann werdet auch ihr mit ihm offenbar werden in Herrlichkeit« (Kol 3,4).

Wir betrachten den Tempel des Herrn – den echten, nicht den Schatten – und wir werden erleben, dass die folgenden Worte real sind: »In seinem Tempel ruft alles ›Herrlichkeit!‹« (Ps 29,9).

Wir beugen unsere geistlichen Muskeln unter dem »über die Maßen überreichen, ewigen Gewicht von Herrlichkeit« (2Kor 4,17 ELB), indem wir uns mit der Größe des Herrn beschäftigen, sie lieben, sie bejubeln und sie mehr und mehr erkennen.

Du wirst mir und ich werde dir zurufen: »Erhebt mit mir den Herrn, und lasst uns miteinander seinen Namen erhöhen!« (Ps 34,4). Wir werden in das Loblied Marias einstimmen: »Meine Seele erhebt den Herrn, und mein Geist freut sich über Gott, meinen Retter« (Lk 1,46–47).

Schließlich werden wir das, was Paulus in 2. Korinther 1,20 über Jesus gesagt hat, völlig verstehen: »Denn so viele Verheißungen Gottes es gibt — in ihm ist das Ja, und in ihm auch das Amen, Gott zum Lob durch uns!«

Wir werden diese Herrlichkeit sogar jetzt schon feiern, denn du und ich wurden dazu befähigt, zusammen mit Paulus zu sagen: »Denn ich bin überzeugt, dass die Leiden der jetzigen Zeit nicht ins Gewicht fallen gegenüber der Herrlichkeit, die an uns geoffenbart werden soll« (Röm 8,18).

Immer voller Freude

Wir teilen die Umstände von Paulus und wie er das Alles in diesem Leben und in dieser Welt erlebt, wie wir »in ihm wandeln« (Kol 2,6) angesichts des Evangeliums des Christus »als Betrübte, aber immer fröhlich, als Arme, die doch viele reich machen; als solche, die nichts haben und doch alles besitzen« (2Kor 6,10). In unseren gegenwärtigen Umständen kann das Leid so schmerzlich real sein und unser Gefühl des Mangels als sehr stark empfunden werden (vor allem innerlich).

Doch wir hören die Verheißungen unseres Retters. Wir hören, wie er sagt: »So habt auch ihr nun Traurigkeit; ich werde euch aber wiedersehen, und dann wird euer Herz sich freuen, und niemand soll eure Freude von euch nehmen« (Joh 16,22). Unsere Freude wird uns ewig anhaften.

Also feiern wir, weil wir wissen, dass bald alles, was wir an Leid, Sehnsucht und Unvollständigkeit durchmachen, vergessen sein wird. Jesus, die Quelle unseres Alles, tröstet und ermuntert uns mit diesen Worten: »Glückselig seid ihr, die ihr jetzt hungert, denn ihr sollt *gesättigt* werden! Glückselig seid ihr, die ihr jetzt weint, denn ihr werdet *lachen*!« (Lk 6,21). Sein *Alles* wird uns letztlich vollständig ausfüllen – das gilt auch für sein Lachen!

In dem Wissen, dass das überschwängliche, ausgelassene und laute Lachen bald kommen wird, können wir jetzt alles ertragen. Nicht dass wir Kummer und Leid nicht kennen würden. Und wenn es in den Stunden und Tagen, die wir in diesem Leben noch haben, schlimmer wird, wird uns das nicht unvorbereitet treffen, denn er hat uns bereits in aller Ernsthaftigkeit, und doch ruhig und liebevoll gesagt: »Meine lieben Freunde, erschreckt nicht über die schmerzhaften Prüfungen, die ihr jetzt durchmacht, als wären sie etwas Ungewöhnliches. Freut euch darüber, denn dadurch seid ihr im Leiden mit Christus verbunden, und ihr werdet euch auch sehr darüber freuen, wenn er in seiner Herrlichkeit erscheint« (1Petr 4,12–13 NLB).

Bald wird der Tag kommen, an dem wir sein Alles, und noch mehr, völlig begreifen können; all das, was uns in seinem herrlichen Evangelium Christi zugesagt wurde. An jenem Tag wird die ewige Freude an ihm in dir und in mir vollständig entfesselt werden. Also feiere *jetzt*, heute, in dieser Stunde und ruhe freudig in ihm.

Es ist vollbracht

Am Ende dieses Buches will ich eine Geschichte meines Freunds Steve Brown wiedergeben, die gut veranschaulicht, wie Gott gemäß dem vollbrachten Werk Christi mit uns umgeht.

Er erzählt, dass seine Tochter Robin sich einmal in einem sehr schwierigen Kurs für englische Literatur befand, aus dem sie unbedingt aussteigen wollte. An ihrem ersten Tag saß sie da und dachte: »Wenn ich nicht den Kurs wechseln kann, werde ich versagen. Die anderen in diesem Kurs sind viel schlauer als ich. Ich schaffe das nicht.« Mit Tränen in den Augen kam sie nach Hause und flehte ihren Papa an, ihr zu helfen, aus dem Kurs herauszukommen, um einen normalen Englischkurs zu belegen. Steve sagte: »Na klar.« Am nächsten Tag brachte er sie also in die Schule und sie gingen zu der jüdischen Leiterin des Fachbereichs Englisch, einer großartigen Lehrerin. Steve erinnert sich in diesen Worten an das Erlebnis:

> *Sie (die Leiterin des Fachbereichs Englisch) schaute auf und sah mich neben meiner Tochter stehen. Robin war den Tränen nahe. Ein paar andere Schüler standen in der Nähe und weil die Lehrerin nicht wollte, dass es peinlich für Robin würde, schickte sie die Schüler mit den folgenden Worten weg: »Ich möchte mit den beiden allein sprechen.« Sobald die Schüler weg waren und die Tür hinter uns geschlossen wurde, fing Robin an zu weinen. Ich sagte: »Ich bin hier, um meine Tochter aus diesem Englischkurs zu nehmen. Er ist zu schwer für sie. Meine Tochter hat das Problem, dass sie zu pflichtbewusst ist. Können Sie sie also in einen normalen Englischkurs wechseln lassen?« Die Lehrerin sagte: »Ich verstehe, Mr. Brown.« Dann sah sie Robin an und sagte: »Kann*

ich kurz mit Robin sprechen?« »Natürlich«, sagte ich. Sie sagte: »Robin, ich weiß, wie du dich fühlst. Wie wäre es, wenn ich dir eine Eins versprechen würde, ganz egal, wie du dich in dem Kurs anstellst? Wärst du bereit, den Kurs zu belegen, wenn ich dir eine Eins geben würde, bevor du überhaupt angefangen hast?« Meine Tochter ist nicht blöd! Sie fing an zu schniefen und sagte: »Ich glaube schon.« Die Lehrerin sagte: »Ich werde dir für den Kurs eine Eins geben. Die Eins hast du bereits, also kannst du jetzt in den Kurs gehen.«

Später erklärte die Lehrerin Steve, was sie getan hatte: Sie hatte Robin die Angst vor einer schlechten Note genommen, damit sie englische Literatur lernen konnte. Robin schrieb in diesem Kurs letztendlich aus eigenen Stücken lauter Einsen.[65]

Genauso geht Gott mit uns um. Aufgrund des vollbrachten Werkes Christi haben alle Christen bereits eine Eins. Die Angst vor dem Versagen, der Verurteilung und der Verdammnis wurde uns genommen. Wir sind drin – für immer! Wir können unsere Note durch nichts, was wir tun, besser oder schlechter machen. Christus, unser Stellvertreter, hat uns in seinem Leben, durch seinen Tod und mit seiner Auferstehung das *Alles* erworben, die *Eins*, nach der wir uns sehnen, wenn wir auf diese Welt kommen, und die wir uns selbst nicht beschaffen können. Alles, wonach wir uns sehnen und was wir brauchen – Vergebung, Anerkennung, Bestimmung, Rettung, Sinn, Gerechtigkeit, Reinigung, Bedeutsamkeit, Wert und Liebe – gehört uns in Christus bereits. Wir müssen dem nichts hinzufügen. Die wirksame Kraft, die dich zu einem Christen macht, ist dieselbe wirksame Kraft, die dich ein Christ bleiben lässt: die bedingungslose, uneingeschränkte, unverdiente, unbändige Gnade Gottes in dem vollendeten Werk Christi.

Ich sagte es bereits, das Banner, unter dem Christen leben, lautet: »Es ist vollbracht!« Also entspann dich und freue dich. Jesus plus Nichts ist gleich Alles; Alles minus Jesus ist gleich Nichts.

Du bist frei!

SECHSUNDZWANZIG BÜCHER ÜBER DAS EVANGELIUM

Ich sagte bereits, dass ich früher davon ausging – und mit mir die riesige Mehrheit bekennender Christen –, das Evangelium sei lediglich etwas, das Nichtchristen glauben müssen, um gerettet zu werden, während wir anschließend in tiefere theologische Gewässer vordringen. Doch ich bin zu dem Schluss gekommen, dass es nicht Gottes Plan ist, die Sünder, die er gerettet hat, über das Evangelium hinaus zu führen, sondern sie tiefer in es hineinzubringen. Das Evangelium ist also nicht nur die Kraft Gottes, die dich rettet, sondern auch die Kraft Gottes, die dich wachsen lässt, wenn du erst einmal gerettet bist.

Der Gedanke, dass das Evangelium für Christen genauso wichtig ist wie für Nichtchristen, ist für viele scheinbar neu; doch in Wirklichkeit ist er sehr alt.

Es gibt viele Bücher (abgesehen von der Bibel natürlich), die mir geholfen haben zu verstehen, wie Gott uns durch die Realität des Evangeliums formen und befreien will.

Die nachfolgende Liste von (hauptsächlich englischsprachigen) Büchern ist nicht vollständig, doch wenn du diese Bücher liest, wirst du dich in die richtige Richtung bewegen und ein besseres, biblischeres Verständnis des Evangeliums erlangen und darüber, wie du es dir selbst jeden Tag predigen kannst.

Niemand wird mit allem, was in diesen Büchern steht, übereinstimmen. Einige dieser Bücher vertreten in den Feinheiten zu evangeliumsbasierter Heiligung sogar unterschiedliche Standpunkte. Manche der Autoren sind in einigen Dingen unterschiedlicher Meinung. Aber sie alle zu lesen und mit ihnen zu ringen, wird dich weise machen.

Ich bitte dich auch, ein gewissenhafter und geflissentlicher Leser zu sein. Markiere und unterstreiche dir die Schlüsselwörter und -sätze und mach dir Randnotizen. C. S. Lewis sagte einmal: »Am besten liest man mit dem Buch im Schoß, dem Stift in der Hand und der Pfeife zwischen den Zähnen.« Also genieß diese Bücher – aber sei sparsam mit dem Tabak.

Mein Gebet für dich (und für die gesamte Gemeinde) ist, dass du zu einem besseren Verständnis der Länge und Breite des Evangeliums kommst und jeden Tag aufs Neue von dem Gott erobert wirst, »der keine Kosten und Mühen scheut« und dir alles gegeben hat, damit es dein Eigen wird.

Alexander, Donald, Hrsg., *Christian Spirituality: Five Views on Sanctification.* Downers Grove, IL: InterVarsity, 1988.

Bridges, Jerry. *The Discipline of Grace: God's Role and Our Role in the Pursuit of Holiness.* Colorado Springs, CO: NavPress, 1994.

Bridges, Jerry. *Transforming Grace: Living Confidently in God's Unfailing Love.* Colorado Springs, CO: NavPress, 2008.

Brown, Steve. *A Scandalous Freedom: The Radical Nature of the Gospel.* New York: Howard, 2004.

Chapell, Bryan. *Holiness by Grace: Delighting in the Joy That is Our Strength.* Wheaton, IL: Crossway, 2003.

Clark, R. Scott, Hrsg., *Covenant, Justification, and Pastoral Ministry: Essays by the Faculty of Westminster Seminary.* Phillipsburg, NJ: P&R, 2007.

Dawson, Gerrit Scott. *Called By a New Name: Becoming What God Has Promised.* Nashville: Upper Room, 2008.

Ferguson, Sinclair. *In Christ Alone: Living the Gospel Centered Life*. Lake Mary, FL: Reformation Trust, 2007.

Fitzpatrick, Elyse. *Because He Loves Me: How Christ Transforms Our Daily Life*. Wheaton, IL: Crossway, 2008.

Fitzpatrick, Elyse und Dennis Johnson. *Counsel From the Cross: Connecting Broken People to the Love of Christ*. Wheaton, IL: Crossway, 2008.

Forde, Gerhard O. *Justification by Faith: A Matter of Death and Life*. Mifflintown, PA: Sigler, 1991.

Forde, Gerhard O. *On Being a Theologian of the Cross: Reflections on Luther's Heidelberg Disputation, 1518*. Grand Rapids, MI: Eerdmans, 1997.

Hedges, Brian. *Christ Formed in You: The Power of the Gospel for Personal Change*. Wapwallopen, PA: Shepherd, 2010.

Horton, Michael. *Christless Christianity: The Alternative Gospel of the American Church*. Grand Rapids, MI: Baker, 2008.

Horton, Michael. *The Gospel-Driven Life: Being Good News People in a Bad News World*. Grand Rapids, MI: Baker, 2009.

Keller, Tim. *Es ist nicht alles Gott, was glänzt: Was im Leben wirklich trägt*. Gerth Medien, 2001.

Keller, Tim. *Bedingungslos geliebt: Von zwei verlorenen Söhnen und einem liebenden Vater*. Fontis – Brunnen Basel, 2015.

Marshall, Walter. *The Gospel Mystery of Sanctification*. Mulberry, IN: Sovereign Grace, 2001.

Miller, Rose Marie. *From Fear to Freedom: Living as Sons and Daughters of God*. Colorado Springs, CO: Shaw, 1994.

Senkbeil, Harold L. *Dying to Live: The Power of Forgiveness*. St. Louis, MO: Concordia, 1994.

Smith, Scotty. *Everyday Prayers: 365 Days to a Gospel-Centered Faith*. Grand Rapids, MI: Baker, 2011.

Smith, Scotty. *The Reign of Grace: The Delights and Demands of God's Love.* West Monroe, LA: Howard, 2003.

Tripp, Paul: *Broken Down House: Living Productively in a World Gone Bad.* Wapwallopen, PA: Shepherd, 2009.

Walther, C. F. W. *Die rechte Unterscheidung von Gesetz und Evangelium.* Saint Louis, MO, Evangelisch-lutherische Synode von Missouri, 1946.

Zahl, Paul. *Grace in Practice: A Theology of Everyday Life.* Grand Rapids, MI: Eerdmans, 2007.

Zahl, Paul. *Who Will Deliver Us: The Present Power of the Death of Christ.* Eugene, OR: Wipf & Stock, 2008.

ANMERKUNGEN

Kapitel 2: Alles wollen

1. Blaise Pascal, *Pensées (Gedanken, deutsche Fassung übersetzt von Karl A. Blech).*
2. Paul David Tripp, *A Shelter in the Time of Storm: Meditations on God in Trouble* (Wheaton, IL: Crossway, 2009), S. 33–34.
3. C. S. Lewis, *Christentum schlechthin,* Herder 1959, S. 118.

Kapitel 3: Immer noch auf der Suche

4. C. S. Lewis, *Dienstanweisungen für einen Unterteufel,* Brendow, 2013 (Kindle Edition, Pos. 1253).
5. Michael Horton, *Christless Christianity: The Alternative Gospel of the American Church* (Grand Rapids, MI; Baker, 2008).
6. http://www.desiringgod.org/articles/the-gracious-rescue-of-surprises (abgerufen am 14.03.2016).

Kapitel 4: Schwarze Löcher

7. Friedrich Nietzsche, *Götzendämmerung oder Wie man mit dem Hammer philosophiert,* Hamburg: SEVERUS Verlag, 2015, Vorwort.
8. A. W. Pink, *Studies in the Scriptures,* Bd. 8 (Mulberry, IN; Sovereign Grace, 2001), S. 376.
9. Gerhard Forde, *A More Radical Gospel* (Grand Rapids, MI: Eerdmanns, 2004), S. 142.
10. Leo Tolstoi, *Meine Beichte,* e-artnow, 2014, Kindle-Edition, Pos. 125.

Kapitel 5: Jesus, alles und noch mehr

11. John Piper, *Sehnsucht nach Gott,* (2005, 3L-Verlag, Waldems) e-book, S. 30–31.
12. Matthew Henry, *Commentary on the Whole Bible,* Bd. 2 (1708; Nachdruck Old Tappan, NJ: Revell), Kommentar zu Nehemia 8,10–11, S. 1096.
13. Curtis Vaughan, *Colossians,* Bd. 11, Expositors Bible Commentary, hrsg. v. Frank E. Gabelein (Grand Rapids, MI: Zondervan, 1978), S. 184.
14. Ebd., S. 185.
15. Johannes Calvin, *Auslegung der Heiligen Schrift. Auslegung der kleinen paulinischen Briefe,* Neukirchen-VLuyn: Neukirchener Verlag, 1963, S. 295f., zu Kol 1,19.
16. Ebd., S. 293, zu Kol 1,15.
17. Curtis Vaughan, *Colossians,* Bd. 11, Expositors Bible Commentary, hrsg. v. Frank E. Gabelein (Grand Rapids, MI: Zondervan, 1978), S. 181.
18. C. S. Lewis, *Das Gewicht der Herrlichkeit und andere Essays,* Brunnen Verlag Basel (2005), S. 93–94.

Kapitel 6: Die größte und beste Nachricht

19. Paul F. M. Zahl, *Who Will Deliver Us: The Present Power of the Death of Christ* (Eugene, OR: Wipf & Stock, 1983), S. 76.
20. John Piper, *God's Passion for His Glory: Living the Vision of Jonathan Edwards,* Wheaton Illinois: Crossway, 1998, S. 36.

Kapitel 7: Völlig entäußert

21. Timothy Keller, *Es ist nicht alles Gott, was glänzt,* (Gerth Medien GmbH, Asslar, 2011), S. 17–19.
22. Ebd., S. 29.
23. Michael Horton, *Christless Christianity: The Alternative Gospel of the American Church* (Grand Rapids, MI: Baker, 2008), S. 17–18.
24. Michael Horton, *The Gospel-Driven Life: Being Good News People in a Bad News Life* (Grand Rapids, MI: Baker, 2009) S. 150, 152.
25. Jerry Bridges, *The Gospel for Real Life: Turn to the Liberating Poser of the Cross … Every Day* (Colorado Springs, CO: NavPress, 2002), S. 11.
26. Elyse Fitzpatrick, *Because He Loves Me: How Christ Transforms our Daily Life* (Wheaton, IL: Crossway, 2008), S. 44; Hervorhebungen durch die Autorin.
27. Michael Horton, *Christless Christianity: The Alternative Gospel of the American Church* (Grand Rapids, MI; Baker, 2008), S. 243.
28. Ebd., S. 61.
29. Ebd.
30. Ebd., S. 240.
31. Horton, *The Gospel-Driven Live,* S. 149–150.
32. Ebd., S. 145.

Kapitel 8: Heraus aus dem Schatten

33. Harold Senkbeil, *Dying to Live: The Power of Forgiveness* (St. Louis, MO: Concordia, 1994), S. 13.
34. Harold Senkbeil, in *Justified: Modern Reformation Essays on the Doctrine of Justification,* Bd. 1, Herausgeber Ryan Glomsrud und Michael Horton (CreateSpace, 2010), o. S.
35. C. S. Lewis, »Gültiges und Endgültiges« aus *Ich erlaube mir zu denken: Essays zu zeitgemäßen und unzeitgemäßen Fragen* (Brunnen Verlag Basel, 1982), S. 16.
36. http://www.hebrew4christians.com/Holidays/Winter_Holidays/Purim/Yom_Kippur/yom_kippur.html (abgerufen am 4.1.2017).
37. Auszug aus dem Lied, »Hallelujah, what a Savior!« von Philip P. Bliss, 1875.
38. Timothy Keller, *Es ist nicht alles Gott, was glänzt,* Asslar: Gerth Medien GmbH, 2011, S. 214–215.
39. Paul F. M. Zahl, *Who Will Deliver Us: The Present Power of the Death of Christ* (Eugene, OR: Wipf & Stock, 2008), S. 10.
40. Elyse Fitzpatrick, *Because He Loves Me: How Christ Transforms Our Daily Life* (Wheaton, IL: Crossway, 2008), S. 193.

41. S. Gerhard Forde, *A More Radical Gospel: Essays on Eschatology, Authority, Atonement, and Ecumenism* (Grand Rapids, MI: Eerdmans, 2004), S. 140.

Kapitel 9: Jetzt schon alles und später noch mehr

42. Michael Horton, *The Gospel-Driven Life: Being Good News People in a Bad News World* (Grand Rapids, MI: Baker, 2009), S. 133, 144.
43. Paul F. M. Zahl, *Who Will Deliver Us: The Present Power of the Death of Christ* (Eugene, OR: Wipf & Stock, 2008), S. 11.
44. Jerry Bridges und Bob Bevington, *The Bookends of the Christian Life* (Wheaton, IL: Crossway, 2009), S. 24–26.
45. John Murray, *Redemption Accomplished and Applied* (Grand Rapids, MI: Eerdmans, 1955), S. 21–22.
46. Michael Horton, »Obedience Is Better Than Sacrifice«, in *The Law Is Not of Faith: Essays on Works and Grace in the Mosaic Covenant* (Phillipsburg, NJ: P&R, 2009), S. 320.
47. http://www.heidelberger-katechismus.net/8060-0-227-50.html (abgerufen am 24.03.2016).
48. »Oh, the Deep, Deep Love of Jesus«, Text von Samuel Trevor Francis, ca. 1890; deutsche Übersetzung unbekannt.

Kapitel 10: Das Ausmaß unserer Reaktion

49. *ESV Study Bible* (Wheaton, IL: Crossway, 2008), zu Kol 1,23.
50. Johannes Calvin, *Auslegung der Heiligen Schrift. Auslegung der kleinen paulinischen Briefe,* Neukirchen-VLuyn: Neukirchener Verlag, 1963, S. 311, zu Kol 2,6.
51. Ebd., zu Kol 2,7.
52. Teil der Predigt von John Piper mit dem Titel »Called to Suffer and Rejoice: To Finish the Aim of Christ's Afflictions«, 30. August 1992; http://www.desiringgod.org/resource-library/sermons/called-to-suffer-and-rejoice-to-finish-the-aim-of-christs-afflictions (abgerufen am 29.03.2016). Piper schreibt die Geschichte Michael Card zu, aus »Wounded in the House of Friends«, *Virtue*, März/April 1991, S. 28–29, 69. Die Geschichte ist auch enthalten in Michael Cards *Immanuel: Reflections on the Life of Christ* (Nashville: Nelson, 1990), S. 172–174.

Kapitel 11: Im Jetzt

53. Gerhard Forde, *Justification by Faith* (Mifflintown, PA: Sigler, 1991), S. 51.
54. Zitat aus Dane Ortlund, »The Radical Gospel, Defiant and Free«, s. Webseite der Gospel Coalition, https://www.thegospelcoalition.org/article/the-radical-gospel-defiant-and-free (abgerufen am 04.04.2016).
55. Donald Alexander, Hrsg., *Christian Spirituality: Five Views on Sanctification* (Downers Grove, IL: IVP Academic, 1988), S. 32.
56. Weimarer Ausgabe II, 518, 16.
57. Sinclair Ferguson auf der Webseite von Monergism: https://www.monergism.com/topics/gospel/gospel-centered-life (abgerufen am 03.05.2016).

58. Michael Horton, »Does Justification Still Matter?« *Modern Reformation,* Bd. 16 (Sept/Okt 2007), S. 11.
59. Michael Horton, *The Gospel-Driven Life: Being Good News People in a Bad News World* (Grand Rapids, MI: Baker, 2009), S. 150.
60. Elyse Fitzpatrick, *Because He Loves Me: How Christ Transforms Our Daily Life* (Wheaton, IL: Crossway, 2008), S. 110.
61. Aus dem Lied »Fels des Heils« (engl.: »Rock of Ages«) (Text von Augustus M. Toplady, 1776). http://www.jesus-web.de/media/texte/rockofages.htm (abgerufen am 30.03.2016).
62. Dane Ortlund, »The Radical Gospel, Defiant and Free«, auf der Webseite der Gospel Coaliton: http://thegospelcoalition.org/blogs/tgc/2011/01/26/the-radical-gospel-defiant-and-free/ (abgerufen am 04.04.2016).
63. Charles H. Spurgeon, in seiner Predigt »Repentance after Conversion«, 12. Juni 1887; Predigt Nr. 2419 in der *Metropolitan Tabernacle Pulpit;* Spurgeon Gems-Webseite, http://www.spurgeongems.org/vols40-42/chs2419.pdf (abgerufen am 04.04.2016).

Kapitel 12: In allem herrlich

64. Wiedergegeben von Ray Ortlund, http://thegospelcoalition.org/blogs/rayortlund/?s=-Chrysostom (abgerufen am 04.04.2016); Einzelheiten von R. Kent Hughes in *Romans: Righteousness form Heaven,* Preaching the Word Wheaton, IL: Crossway, 1991), S. 171; weiter erläutert in Ortlunds Gespräch mit dem Kirchenhistoriker Tom Nettles, The Southern Baptis's Theological Seminary, Louisville, KY.
65. Steve Brown, *Born Free: How to Find Radical Freedom and Infectious Joy in an Authentic Faith* (Maitland, FL: Key Life Network, 1993), S. 108.

PERSONEN- UND THEMEN-INDEX

WEITERFÜHRENDES MATERIAL

FACEBOOK

facebook.com/TullianT

TWITTER

twitter.com/TullianT

PREDIGTEN

Die Predigten von Pastor Tullian Tchividjian können kostenlos von iTunes heruntergeladen werden.

STIMMEN ZUM BUCH

»In unserer evangelikalen Kultur, in der vielen von uns nicht bewusst ist, dass das Evangelium nicht nur Kraft hat, uns zu retten, sondern auch, uns zu stärken und zur Reife zu bringen, macht dieses Buch unmissverständlich klar, welche Kraft das Evangelium tatsächlich für den Gläubigen birgt. Egal, ob du schon dein Leben lang in einer Gemeinde bist oder dich erst kürzlich bekehrt hast, dieses Buch wird deine Liebe zu unserem großartigen Gott und König entfachen.«

Matt Chandler, Hauptpastor der »The Village Church«, Dallas (Texas, USA)

»Es wird gerade sehr viel über das Evangelium geredet. Manche denken, dies sei nur ein Trend, der sich irgendwann wieder beruhigen und vorübergehen wird. Oh, ich hoffe nicht. Ich hoffe, dass das Evangelium und der Wunsch, das Evangelium tiefer zu ergreifen, immer mehr zunehmen werden, bis unsere von der Sünde müden, ungläubigen, moralistischen, vergesslichen Herzen davon verwandelt und für Jesus in Brand gesteckt werden. *Jesus + Nichts = Alles* wird uns an die uralte und doch ewig aktuelle Wahrheit erinnern, dass wir alles, was wir brauchen, in der Vollkommenheit Jesu finden – nicht in uns, nicht in unserem guten Ruf, unseren Beziehungen, unserem Wohlstand oder unseren Errungenschaften –, *einzig und allein* in Christus. Wenn du bisher nicht in dem vollbrachten Werk Christi geruht hast, ist dieses Buch genau das Richtige für dich. Und wenn du schon seit Jahrzehnten darin ruhst, ist dieses Buch genauso gut für dich. Warum? Weil wir vergessen. Und weil wir – obwohl wir Jesus lieben – blind dafür sind, was sein Werk mit unserem alltäglichem Leben zu tun hat, und wir uns fragen, warum Freude und Begeisterung Fremdwörter für uns sind. Kauf dieses Buch. Lies es. Es wird dir helfen, tiefer in das Evangelium vorzudringen, und wird die frohe Botschaft noch tiefer in jeden Winkel deines Lebens bringen. Tullian Tchividjian versteht wie kaum ein anderer, dass das Evangelium in verzweifelten Situationen wie ein Leuchtturm der Hoffnung ist. Hör ihm zu – er wird dir dabei helfen, den Retter noch mehr zu lieben.«

Elyse Fitzpatrick, Autorin der Bücher *Because He Loves Me* und *Comforts from the Cross*

»Tullian Tchividjian schreibt genauso, wie er predigt: als ein Mann, der nur Jesus und die lebensspendende Kraft der Gnade Gottes kennt. Die Botschaft des Evangeliums verändert alles und jeden, der sie annimmt. Dieses Buch erinnert mich daran, dass Jesus nicht nur alles ist, was wir brauchen – er ist alles, was wir wollen!«

Jack Graham, Pastor der *Prestonwood Baptist Church*, Plano (Texas, USA)

»Man vergisst so leicht, worum es im christlichen Glauben geht. Viel zu oft verbreiten und glauben wir religiösen Lügen, die uns bis zur Verzweiflung treiben. Diese Finsternis ist mir sehr vertraut, denn mit diesem religiösen Zeug kenne ich mich gut aus – ich habe mich so oft abgemüht, mich so sehr angestrengt und so oft versagt, dass ich befürchte, ein zynischer alter Prediger zu werden. *Jesus + Nichts = Alles* ist wie kühles, klares, erfrischendes Wasser für einen durstigen Prediger und eine ausgetrocknete Gemeinde. Wenn du dieses Jahr nur ein Buch liest, dann lies dieses Buch. Wenn du dieses Jahr ein Buch verschenken willst, dann verschenk dieses Buch. Wenn du dich nach Erweckung in der Gemeinde sehnst, dann unterstreiche dir Dinge in diesem Buch und erzähl anderen davon, was du gelernt hast. Dann wirst du mit mir ›aufstehen und den Autor glücklich preisen‹. Aber noch viel wichtiger: Du wirst den Gott verherrlichen, der uns so sehr liebt.«

Steve Brown, Professor em. der angewandten Theologie am *Reformed Theological Seminary* in Orlando; Radiosprecher bei *Key Life*

»Mach dich gefasst auf einen Evangeliums-Tornado! Tullian spricht *aus* seinem Herzen *zu* unseren Herzen und fordert den ›guten‹ Teil der guten Nachricht auf mutige und befreiende Weise zurück. Allen, die unter der Schwerkraft innerlicher und äußerlicher Gesetzlichkeit leiden (also uns allen), zeigt *Jesus + Nichts = Alles* anhand vieler kraftvoller Beispiele, dass es nur einen einzigen Rettungsanker gibt – die überwältigende, jetzt vorhandene Freiheit der uns rechtfertigenden Gnade Gottes. Kein Wenn und Aber – nur das belebende und befreiende Wort in all seiner Tiefe. Wenn du weißt, was dir guttut, dann wirst du es immer und immer wieder lesen (aber natürlich *musst* du nicht)!«

David Zahl, Direktor von *Mockingbird Ministries*; Chefredakteur des *Mockingbird Blog*

»Ich hatte das Vorrecht zuzuschauen, wie dieses Buch entstand, lange bevor die Tinte ihren Weg auf das Papier fand. Aus diesem Grund ist Tullians Titel *Jesus + Nichts = Alles* alles andere als nur eine Formel oder Floskel. Glücklicherweise wurde aus dem geistlichen Sturm, in den Tullian gerufen wurde, bald eine Geburtsstätte für das Evangelium. Daraus hat sich nicht nur eine wortgetreue und frische Auslegung des Kolosserbriefs entwickelt, sondern auch ein Pastor und eine Gemeinde, die es wagen, das Evangelium der Gnade Gottes so ernst wie möglich zu nehmen. Ein tolles Buch mit einer noch tolleren Geschichte!«

Scotty Smith, Pastor der *Christ Community Church*, Franklin (Tennessee, USA)

»Tullian Tchividjian weiß aus der Bibel und aus persönlicher Erfahrung, dass die größten Gefahren für die Gemeinde nicht außerhalb, sondern innerhalb der Gemeinde liegen und dass die größte dieser Gefahren das (auf Gesetzlichkeit beruhende) unterschwellige, trügerische und verlockende Vertrauen auf das eigene Selbst ist. Der vielleicht beste Beitrag dieses Buches ist die eindringliche Bitte an die Gemeinde, keine Angst vor den herrlichen Reichtümern und der Freiheit zu haben, die in der Gnade zu finden sind.«

Paul Tripp, Vorsitzender der *Paul Tripp Ministries*, Autor von *Werkzeuge in Gottes Hand* und *What Did You Expect?*

»Das Ziel meines Lebens ist, Jesus mehr als alles andere zu genießen. Dieses Buch hat mir dabei geholfen! Tullian nimmt uns auf eine tiefgreifend theologische und doch sehr persönliche Weise mit in die Tiefen des Evangeliums von Christus allein und bringt uns erneut zum Staunen darüber, was Gott in seiner großen Liebe für uns getan hat. Lies es. Du wirst nie wieder etwas anderes wollen oder brauchen als Christus.«

Britt Merrick, Gründer der *Reality family of churches*; Pastor der *Reality*-Gemeinde in Santa Barbara (USA)

Weitere Bücher über
das Evangelium der Gnade
findest du auf:
www.gracetoday.de